Verhandlungen, Mitteilungen

und

Berichte

des

Centralverbandes Deutscher Industrieller.

№ 120.

Herausgegeben
von
Dr. jur. Schweighoffer,
Generalsekretär des Centralverbandes Deutscher Industrieller,
Berlin W, Karlsbad 4a.

Telephon: Amt VI, Nr. 2527.

Januar 1911.

Berlin 1911.
J. Guttentag, Verlagsbuchhandlung,
G. m. b. H.

Inhaltsverzeichnis.

Centralverband Deutscher Industrieller.

Sitzung des Ausschusses

am 8. Dezember 1910, abends 6 Uhr, zu Berlin im „Hotel Adlon".

Der Vorsitzende, Herr Landrat a. D. Rötger, gibt zunächst die Namen der seit der letzten Sitzung verstorbenen Mitglieder des Ausschusses bekannt. Es sind die Herren Fabrikbesitzer Franz Clouth in Köln, Kommerzienrat Wilhelm Funke in Hagen, Geheimer Kommerzienrat Görtz in Mülfort-Odenkirchen, Geheimer Kommerzienrat Gustav Hartmann in Dresden-Chemnitz, Geheimer Kommerzienrat Paul Heckmann in Berlin und Rechtsanwalt König in Nürnberg. Die Versammlung erhebt sich zu Ehren des Andenkens der Verstorbenen von den Plätzen.

Sodann teilte der Vorsitzende mit, daß das Direktorium in seiner am Morgen des 8. Dezember abgehaltenen Sitzung den Beschluß gefaßt hat, an Stelle des mit dem 1. Januar 1911 in den Ruhestand tretenden Geschäftsführers Herrn H. A. Bueck den bisherigen stellvertretenden Geschäftsführer Herrn Regierungsrat a. D. Dr. jur. Schweighoffer zum Geschäftsführer zu bestellen. Der Ausschuß stimmt dem Beschluß des Direktoriums zu.

Der für das Jahr 1911 aufgestellte Etat wird genehmigt.

Es folgt die Zuwahl von Mitgliedern in den Ausschuß. Der Delegiertenversammlung werden vorgeschlagen: An Stelle des ausgeschiedenen Mitgliedes Herrn Geh. Kommerzienrat Meyer zum Mitgliede dessen Sohn, Herr Rechtsanwalt Wilhelm Meyer (Hannover), Vorsitzender des Vereins Deutscher Eisen- und Stahlindustrieller; zu stellvertretenden Mitgliedern Herr Kommerzienrat Emil Amann, Vorsitzender des Aufsichtsrats der Vereinigten Kunstseidefabriken in Bönnigheim in Württemberg, an Stelle des Herrn Geh. Kommerzienrat Görtz, und Herr Kommerzienrat Reusch-Oberhausen von der Guten Hoffnungshütte an Stelle des Herrn Regierungsrat Scheidtweiler. Ferner wurden kooptiert: Als Vertreter des Vereins deutscher Maschinenbau-Anstalten der Vorsitzende dieses Vereins, Herr Kommerzienrat Klein-Dahlbruch, und der Geschäftsführer des Vereins, Herr Ingenieur Frölich-Düsseldorf; als Vertreter des Verbandes deutscher Tonindustrieller dessen derzeitiger Vorsitzender, Herr Baurat Max Ehrhardt in Weimar. Als Vertreter des Gesamtverbandes deutscher Metallindustrieller war Herr Direktor Schimpff-Breslau in den Ausschuß seinerzeit kooptiert worden. Er hat sein Amt niedergelegt. Gemäß dem Vorschlage des Gesamtverbandes wird an dessen Stelle Herr Direktor Laval in Firma Schäffer & Budenberg G. m. b. H., Magdeburg-Buckau, kooptiert; gemäß Vorschlag des Bayerischen Industriellen-Verbandes in München an Stelle des ausgeschiedenen Ausschußmitgliedes, Herrn Geh. Kommerzienrat Gabriel Sedlmayr, Herr Kommerzienrat Hch. Bock, Direktor des Würzburger Brauhauses in Würzburg; von der Stabeisenkonvention deren Vorsitzender, Herr Direktor Müller von der Firma Gebr. Stumm, Neunkirchen; vom Verein deutscher Motorfahrzeugindustrieller der Vorsitzende, Herr Generaldirektor Vischer-Untertürkheim. Weiter werden zugewählt die Herren Geh. Finanzrat Hugenberg, Vorsitzender des Direktoriums der Firma Fried. Krupp, Hugo Stinnes-Mülheim a. Rh., Kramer in Firma Raab, Karcher & Co., Duisburg, Geheimer Bergrat Uthemann, Generaldirektor von Georg von Giesches Erben, Zalenze (Kreis Kattowitz, O.-S.), Baurat Baur von der Germaniawerft in Kiel.

Von der Erstattung eines Geschäftsberichts wird der Geschäftsführer mit Rücksicht auf den für die Delegiertenversammlung bestimmten Bericht herkömmlicher Weise entbunden. Ebenso wird auf Vorschlag des Vorsitzenden mit dem Referat des Herrn Regierungsrat Dr. Schweighoffer verfahren, betreffend die Verhandlungen der Kommission des Reichstags über die

Reichsversicherungsordnung.

Die vorgeschlagene Resolution wird jedoch, nach Verlesung der einzelnen Absätze, eingehend erörtert, indem die grundsätzliche Diskussion sich an den letzten Punkt anknüpft.

Der Entwurf lautet:

Erklärung zur Reichsversicherungsordnung.

Der Centralverband Deutscher Industrieller gibt im Anschluß an seine in der Versammlung der Delegierten am 12. April d. J. zur Reichsversicherungsordnung gefaßte Entschließung der Befriedigung darüber Ausdruck, daß die Reichstagskommission für die Reichsversicherungsordnung mit den bisher beschlossenen Abänderungen des Gesetzentwurfs in mancher Hinsicht den vom Standpunkte der Industrie vorgetragenen Bedenken Rechnung getragen hat. Es wird insonderheit mit Genugtuung begrüßt, daß die Errichtung besonderer selbständiger Versicherungsämter abgelehnt worden ist und die Kosten für die an Stelle der Versicherungsämter tretenden Abteilungen für Arbeiterversicherung bei den unteren Verwaltungsbehörden, sowie auch der Oberversicherungsämter den einzelnen Bundesstaaten auferlegt worden sind.

Volle Zustimmung findet ferner der Beschluß der Kommission, durch welchen das Zuständigkeitsgebiet dieser Abteilungen für Arbeiterversicherung wesentlich eingeschränkt und die erstinstanzliche Spruchtätigkeit der Aemter auf dem Gebiete der Unfallversicherung beseitigt worden ist.

Um so nachdrücklicher muß aber der Centralverband Deutscher Industrieller seine Stimme erheben gegen eine Anzahl von Beschlüssen, von denen im Falle der endgültigen Annahme schwerwiegende Nachteile für die weitesten Kreise der Industrie zu befürchten sind.

I. Versicherungsbehörden.

Es wird Einspruch dagegen erhoben, daß die Träger der Unfall- und Invalidenversicherung bei der Wahl der Arbeitgebervertreter für die Oberversicherungsämter und das Reichsversicherungsamt fortan völlig ausgeschaltet sein sollen. Bei dem von der Kommission beschlossenen Wahlverfahren würde die Bedeutung dieser beiden Versicherungsträger in keiner Weise zu ihrem Rechte kommen und das eigentliche Unternehmertum gegenüber den Kleingewerbetreibenden bei den Spruch- und Beschlußkollegien der höheren Instanzen eine völlig ungenügende Vertretung finden.

II. Krankenversicherung.

1. Schwere Besorgnis erregt das bisherige Ergebnis der Verhandlungen der Kommission über den Fortbestand und die Errichtung der Betriebskrankenkassen. Es wird dringend verlangt,

daß dieses Kassensystem, das den Kassenmitgliedern auf dem Gebiete der Krankenfürsorge größere Vorteile zu bieten vermag als irgendeine andere Kassenart und vielerorts noch einen starken Zusammenhalt zwischen Arbeitgebern und Arbeitnehmern bildet, ungeschmälert erhalten wird und alle den Fortbestand oder die Errichtung der Betriebskrankenkassen irgendwie erschwerende Bestimmungen abgelehnt werden.

2. Es müssen entschieden alle hinsichtlich der Regelung der Arztfrage gemachten Vorschläge zurückgewiesen werden, die über die von der Kommission in der ersten Lesung gefaßten Beschlüsse hinaus die rechtlichen Beziehungen zwischen den Kassen und den Aerzten einseitig im Interesse der Aerzte ohne die erforderliche Rücksicht auf die Existenzbedingungen der Kassen regeln würden.

3. In gleicher Weise spricht sich der Centralverband Deutscher Industrieller gegen den Beschluß der Kommission aus, durch welchen die derzeitige Drittelung des Stimmrechts und der Beiträge der Arbeitgeber und der Versicherten bei den Kassenverwaltungen gegenüber der im Entwurf vorgesehenen Hälftelung wiederhergestellt worden ist. Die gleiche Zumessung des Stimmengewichts an Arbeitgeber und Versicherte in den Kassenorganen wird als eine unbedingte Voraussetzung erachtet, um die politische Ausnutzung der staatlichen Einrichtungen der Krankenkassen von seiten der Sozialdemokratie zu verhindern und den Arbeitgebern eine positive Mitarbeit zu ermöglichen.

III. Unfallversicherung.

Grundsätzliche Bedenken müssen gegen die Beschlüsse der Kommission erhoben werden, durch welche die Entschädigungspflicht der Unternehmer in immer weitergehendem Maße ausgedehnt wird. Es wird erwartet, daß auf die finanzielle Tragfähigkeit der Versicherungsträger bei der endgültigen Feststellung der Gesetzesvorschriften die unbedingt notwendige Rücksicht genommen wird und der Grundsatz mehr Beachtung findet, daß die staatliche Fürsorge für die Arbeiter ihre Grenzen finden muß in der Notwendigkeit, unsere deutsche Industrie auf dem Weltmarkte konkurrenzfähig zu erhalten.

Unter diesem Gesichtspunkte kann auch der von der Regierung vorgeschlagenen Gleichstellung der Inländer und Ausländer auf dem Gebiete der Unfallfürsorge solange nicht zugestimmt werden, bis nicht die ausländischen Staaten eine der deutschen materiell gleichwertige Gesetzgebung in dieser Hinsicht eingeführt haben.

IV. Hinterbliebenenversicherung.

Der Centralverband Deutscher Industrieller hat sich in seiner Delegiertenversammlung vom 12. April d. J. mit der Einführung einer Hinterbliebenenfürsorge trotz der damit verbundenen weiteren großen Belastung der Gewerbetätigkeit grundsätzlich einverstanden erklärt. Verwahrung muß er aber gegen eine jede Erhöhung dieser Belastung durch die Gewährung neuer Zuschußrenten einlegen, da die andauernde Zunahme der sozialen Lasten in ihrem Enderfolge die Unternehmungslust unterbinden, die Produktivität der Arbeit herabsetzen und die Wettbewerbsfähigkeit mit dem Auslande lahm legen muß.

Herr Generalsekretär Stumpf, der die Diskussion eröffnet, vermißt in der Resolution den Hinweis, daß die hohe, stets wachsende Belastung der Industrie schließlich in ihren Folgen dazu führen müsse, die Selbstkosten unserer Warenerzeugung zu erhöhen und infolgedessen auch die Preise zu steigern, so daß durch übertriebene soziale Wohltaten tatsächlich weiteren Kreisen die Lebenshaltung verteuert werde, ganz abgesehen von der Konkurrenz des Auslandes und unserer Wettbewerbsfähigkeit auf dem Weltmarkte. Der Vorsitzende und Regierungsrat Dr. Schweighoffer äußern aus praktischen Gründen Bedenken, diese allgemeinen Gesichtspunkte in dem Zusammenhang zum Ausdruck zu bringen und die Resolution noch um ein ganzes Stück zu erweitern. Herr Direktor Meesmann-Mainz möchte den Gedanken des Herrn Stumpf in der Richtung unterstützen, daß man vielleicht in die allgemeinen Bemerkungen am Eingang einen solchen Satz einfüge, wogegen dann das unter Punkt III Gesagte fortfallen oder geändert werden könne. Herr Kommerzienrat Dr. Kauffmann-Wüstegiersdorf hält es nach mancher Hinsicht bedenklich, dem Gedanken des Herrn Stumpf hier in der Resolution Ausdruck zu geben. Namentlich bestreitet Redner, daß alle Industriellen in der glücklichen Lage seien, die in immer höherem Maße ihnen aufgebürdeten sozialpolitischen Lasten auf die Verbraucher abzuwälzen. Bei der von ihm vertretenen, in sehr ungünstiger Lage befindlichen Textilindustrie blieben vielmehr alle diese Lasten auf der Industrie selbst sitzen. Im Reichstag und bei den Regierungen herrsche ohnedies zuviel der Gedanke, die Industrie selbst trage ja alle diese Lasten nicht, sie wälze sie ja doch ab. Bezüglich der weiteren Anregungen des Herrn Meesmann erklärte Herr Regierungsrat Dr. Schweighoffer, es sei kaum angängig, all die Punkte, wie Rekursverfahren usw., welche er in seinem Referate natürlich erwähnen werde, auch in die Resolution hineinzubringen, da diese doch nur ein Resumee des Vortrages geben und in kurzer Fassung die Hauptbedenken gegen die Kommissionsbeschlüsse darlegen solle. Herr Dr. Tille-Saarbrücken möchte den Satz über die soziale Belastung in den ersten Abschnitt setzen; der Abschnitt über die Unfallversicherung sei hierfür kein geeigneter Platz, da tatsächlich in der Hinterbliebenenversicherung und der Krankenversicherung die Lasten viel schwerer seien. Der Reservefonds aber müsse an dieser Stelle gedacht werden. Herr Dr. Voltz-Kattowitz hält die Anregung des Herrn Stumpf für sehr dankenswert. Er schlägt noch eine Verschärfung der Resolution dahin vor, zum Schluß zu sagen: wenn man den gewichtigen Bedenken zu diesen vier Punkten nicht Rechnung trägt, dann wäre der Centralverband der Ansicht, daß man lieber die ganze Reichsversicherungsordnung ablehne. Herr Stumpf führt aus, durch das Hineinbringen des von ihm vorgeschlagenen Satzes wolle er viel weniger auf die Mitglieder des Reichstags wirken als auf .die weitesten Kreise des Volkes. Man fasse doch Resolutionen, um dadurch zu wirken. Herr Geheimer Kommerzienrat Kirdorff-Rheinelbe bei Gelsenkirchen vertritt eine ähnliche Ansicht wie Herr Kommerzienrat Kauffmann, daß ein großer Teil der Industrien die Lasten nicht abwälzen könne. Die Kohlenindustrie werde dazu nicht in der Lage sein, sobald die großen Verbände fallen, welche im Laufe der Jahre nicht stärker, sondern schwächer geworden seien. Redner ist gegen den Antrag Stumpf. Herr Geheimer Baurat Schrey-Danzig stimmt ihm darin bei. Die große Gefahr sei, daß bei Ueberlastung die Träger der Versicherung einmal in kritischer Zeit zusammenbrechen. Das könne man in den einleitenden Bemerkungen zum Ausdruck bringen. Redner möchte der Frage der Reservefonds bei ihrer großen Bedeutung besonderen Ausdruck gegeben wissen, etwa unter Punkt III. Herr Kommerzienrat Dr. Gottstein-Breslau will keinen Antrag zur Aenderung der Resolution stellen, betont indeß, wie beinahe alle Fertigindustrien oder wenigstens ein großer Teil derselben nicht in der Lage seien, die Last abzuwälzen. Andererseits wäre wohl bedenklich, -wenn immer wieder hier erklärt wird, daß die Lasten zu hoch werden und die Industrie sie nicht mehr ertragen kann. In die Resolution sei das nicht aufzunehmen, aber der Centralverband sollte doch die Frage weiter verfolgen.

Der Vorsitzende schlägt vor, um betreffs der verschiedenen Anregungen praktisch weiterzukommen, eine Kommission zu ernennen, welche alsbald zusammentritt und die Resolutionsabänderungen formuliert. Der Vorschlag findet allgemeine Zustimmung, doch möchte Herr Dr. Voltz zunächst getrennt abgestimmt wissen über zwei Punkte: 1. ob man wünsche, dem Gesichtspunkt des Herrn Stumpf Rechnung zu tragen wegen der übergroßen Belastung der Industrie; 2. ob man wünsche, unter Berücksichtigung dieses Gesichtspunktes zu sagen, daß, wenn unseren Bedenken zu I bis IV nicht Rechnung getragen wird, wir dafür eintreten, daß die ganze Reichsversicherungsordnung abgelehnt wird. Ferner macht Herr Dr. Tille noch spezifizierte Vorschläge von Aenderungen und Einschaltungen. Herr Regierungsrat Dr. Schweighoffer hebt hervor: der Ausschuß habe am 12. April sich prinzipiell durchaus einverstanden erklärt mit der Einführung der Hinterbliebenenfürsorge, mit der Erweiterung der Unfallversicherung und mit verschiedenen anderen Punkten. Wenn heute eine Resolution gefaßt werde, in der der Wunsch ausgesprochen wird, die ganze Reichsversicherungsordnung fallen zu lassen, so stehe das im Gegensatz zu dem, was der Centralverband am 12. April beschlossen habe. Tatsächlich sei am Zustandekommen der Reichsversicherungsordnung nicht mehr zu zweifeln. Jetzt könne es sich nur darum handeln, zu den Ergebnissen der Kommissionsberatung Stellung zu nehmen. Herr Dr. Voltz bestreitet, daß er sich in Gegensatz zu den April-Beschlüssen stelle.

Bei der Abstimmung wird der Antrag Tille angenommen auf Zusammenziehung dessen, was im Schlußabsatz gesagt ist, mit dem, was im Anfang gesagt ist, unter Beachtung namentlich auch des ausländischen und des inländischen Marktes. Der Antrag Stumpf, wonach über diesen Rahmen hinaus von der Verteuerung gesprochen werden soll, wird abgelehnt. Der Antrag Voltz auf eventuelle Ablehnung der ganzen Reichsversicherungsordnung wird angenommen. Die Kommission, bestehend aus den Herren Dr. Tille, Dr. Voltz, Stumpf, Meesmann und Dr. Schweighoffer, geht sofort zur entsprechenden Umformulierung der Resolution, unter Berücksichtigung der Anträge Tille und Voltz, an die Arbeit und berät fast 1½ Stunde.

Unterdessen wird in den dritten Punkt der Tagesordnung, Beleihung der Buchforderungen, eingetreten. Wir lassen hier des besseren Zusammenhanges wegen einen Abriß des Schlusses der Debatten über die Reichsversicherungsordnung gleich folgen.

Herr Regierungsrat Dr. Schweighoffer berichtet: Die Kommission schlägt zunächst einige redaktionelle Aenderungen vor, die Hauptänderungen aber beginnen beim Absatz 3: Unfallversicherung. Es wird folgende Fassung vorgeschlagen:

III. Unfallversicherung.

Grundsätzliche Bedenken müssen gegen die Beschlüsse der Kommission erhoben werden, durch welche die Entschädigungspflicht der Unternehmer in immer weitergehendem Maße ausgedehnt wird. Ferner ist aufrichtig zu bedauern, daß zahlreichen Vorstellungen der Berufsgenossenschaften insbesondere gegen die Anhäufung übergroßer Reservefonds nicht Rechnung getragen worden ist.

Der von der Regierung vorgeschlagenen Gleichstellung der Inländer und Ausländer auf dem Gebiete der Unfallfürsorge kann solange nicht zugestimmt werden, als nicht die ausländischen Staaten eine der deutschen materiell gleichwertige Gesetzgebung in dieser Hinsicht eingeführt haben.

IV. Hinterbliebenenversicherung.

Der Centralverband hat sich in seiner Delegiertenversammlung vom 12. April d. J. mit der Einführung einer Hinterbliebenenfürsorge trotz der damit verbundenen weiteren großen Belastung der Gewerbetätigkeit grundsätzlich einverstanden erklärt. Er muß aber einer jeden Erhöhung dieser Belastung durch Gewährung neuer Zuschußrenten entschieden widersprechen.

Der Centralverband faßt seine Stellungnahme dahin zusammen, daß die Erhaltung der Leistungsfähigkeit der deutschen Erwerbstätigkeit der oberste Gesichtspunkt auch auf dem Gebiete der Arbeiterversicherung bleiben muß.

Eine über die zulässigen Grenzen hinausgehende Belastung der Versicherungsträger würde nicht nur die Wettbewerbsfähigkeit der deutschen Volkswirtschaft schädigen, sondern schließlich sogar die Wohltaten der gesamten deutschen Lohnarbeiterversicherung in Frage stellen. Sollte es daher nicht möglich sein, bei der endgültigen Fassung der Reichsversicherungsordnung den oben dargelegten Gesichtspunkten Rechnung zu tragen, so müßte sich der Centralverband auf das entschiedenste gegen die Annahme der ganzen Gesetzvorlage aussprechen.

Der Vorsitzende konstatiert unter Zustimmung, daß die letzten drei Sätze wohl als besonderer Absatz gedacht seien, der nicht unter IV gehört, also durch den Druck scharf davon zu unterscheiden ist. Es sei das, im Gegensatz zu den ursprünglichen Anregungen, nicht vorn in die Einleitung gesetzt, sondern, wohl um mehr Nachdruck auf die Sache zu legen, an den Schluß gebracht worden. In der neueröffneten Diskussion ergreift zuerst das Wort Herr Generalsekretär Bueck, um genauer darzulegen, wie sich der Centralverband mit der Reichsversicherungsordnung schon sehr eingehend beschäftigt hat. Eine entschiedene Erklärung gegen das Gesetz, eine Aeußerung, daß man das ganze Gesetz ablehnen lassen möchte, ist bei den wiederholten

Beratungen und Kundgebungen niemals angenommen worden, wie Herr Bueck aktenmäßig nachweist. Sonach bittet er, den letzten Satz auch heute fallen zu lassen, trotzdem er von so hervorragend sachkundiger Seite wie Herr Dr. Voltz vorgeschlagen worden. Die Bitte, das ganze Gesetz abzulehnen, werde unter keinen Umständen Erfüllung finden; wir würden also von vornherein etwas ganz Aussichtsloses und Unmögliches fordern; das würde nur der neuerdings gegen den Centralverband inszenierten Hetze weitere Nahrung geben. Ein weiterer Redner schließt sich der Anregung des Herrn Bueck, den letzten Absatz zu streichen, an, ebenso Herr Geheimer Kommerzienrat Vorster; man werde sonst sagen, der Centralverband stelle sich wieder einmal auf die reine Negation. Herr Dr. Voltz bestreitet, daß mit der vorgeschlagenen Fassung man sich unbedingt gegen die ganze Gesetzesvorlage ausspreche. Wir bäten doch nicht, das ganze Gesetz abzulehnen, sondern wir sagten bloß: macht ein Gesetz, das laufen kann, das die Industrie tragen kann. Aber man müsse endlich einmal sagen: „Bis hierher und nicht weiter!" Wir wollen sagen: die Industrie trägt das nicht mehr. Wir wollen endlich auch einmal Abgeordnete haben, die nein sagen, und da fangen wir an, nein zu sagen. Herr Dr. Tille steht ebenfalls auf dem Standpunkt, daß mit dem jetzigen Beschluß der Centralverband keine Inkonsequenz begehe. Man dürfe doch nicht vergessen, daß die ganzen früheren Beschlüsse unter der Voraussetzung gefaßt worden seien, daß die Reichsversicherungsordnung uns wenigstens etwas brächte, wo wir aufs bitterste auf dem sozialen Felde jahrzehntelang geklagt haben, nämlich die Halbierung der Beiträge und des Stimmrechts in den Krankenkassen. Das war ein Punkt, der die Industrie mit sehr vielen schweren, neuen Auflagen versöhnt hat, die die Reichsversicherung mit sich brachte. Dieser Punkt sei in der Kommission gefallen und damit habe die ganze Vorlage für uns die Bedeutung verloren, die sie gehabt hätte, wenn er daringeblieben wäre. Der Centralverband habe sich nach Ansicht des Redners, um der öffentlichen Meinung gewisse Zugeständnisse zu machen, vielleicht in der letzten Zeit ein bischen sehr vorsichtig und zu taktisch ausgedrückt. Wir müßten einmal laut nein sagen. Deshalb bittet Redner dringend, damit heute den Anfang zu machen, und um den Preis, daß die Hälftelung nicht angenommen wird, die Vorlage abzulehnen. Herr Dr. Gottstein-Breslau kann die Stimmung sehr wohl begreifen, welche hier in den Reden der Herren Dr. Voltz und Dr. Tille zum Ausdruck komme. Deshalb brauche man aber heute nicht nein sagen in einem Fall, wo es wohl nicht ganz berechtigt sei, wo die Folge noch beweisen könne, daß wir uns in diese Verhältnisse noch hineinzufinden vermögen. Herr Geheimer Kommerzienrat Kirdorf-Gelsenkirchen spricht sich für ein entschiedenes Nein in dieser Frage aus. Die sachliche Behandlung der Reichsversicherungsordnung durch den Centralverband sei doch aus dem Gesichtspunkte geschehen, aus dem sie auch nach den Erklärungen der Regierung zuerst entstanden war: um der mißbräuchlichen Ausbeutung der Krankenkassengesetzgebung durch die Sozialdemokratie etwas Abbruch zu tun. Aber das lasse man jetzt fallen, und es bleibe schließlich, wenn die Reichsversicherungsordnung herauskomme, nur eine weitere Belastung der Industrie übrig. Die wachsenden Lasten aber würden dazu führen, daß in kritischer Zeit die Träger der Lasten sie nicht mehr aufbringen können. Die Verbände in der Großindustrie ständen auf schwachen Füßen, und wenn unter ihrem Zusammenbruch wilder Wettbewerb eintrete, so werde diese Industrie nicht mehr in der Lage sein, die Lasten zu tragen.

Herr Generalsekretär Stumpf-Osnabrück schlägt für den umstrittenen Satz eine vermittelnde Fassung dahin vor, daß man sage: Das Zustandekommen eines Gesetzes, in dem den oben dargelegten Gesichtspunkten keine Berücksichtigung zuteil würde, müßte den Centralverband Deutscher Industrieller mit allerernstester Sorge erfüllen. Herr Direktor Meesmann-Mainz schließt sich diesem Vorschlag an, Herr Dr. Voltz bekämpft ihn; es müsse endlich einmal nein gesagt werden. Herr Generalsekretär Bueck weist darauf hin, daß der Centralverband stets gebührend und energisch vor der Gefahr der unerträglich werdenden Belastung der Industrie gewarnt habe. Er stimme ganz Herrn Geheimrat Kirdorf zu und habe das selbst schon ausgesprochen, daß der Zusammenbruch unserer großen Kartelle und Syndikate die schwerste Krisis herbeiführen werde. Außerordentlich überrascht aber haben ihn die Bemerkungen, die den Centralverband anschuldigen, gewissermaßen immer pflaumenweich gewesen zu sein. Dann müßte Redner seine ganze Tätigkeit im Centralverband als verfehlt und wertlos bezeichnen. Das könne er nicht zugestehen. Sehe man die Resolutionen des Centralverbandes alle an, so werde man finden, daß da nicht immer nach den Regierungen usw. gefragt worden ist. Wir haben uns freilich von verständigen Erwägungen leiten lassen, und eine solche Erwägung möchte er auch heute durchgreifen lassen: man sollte nicht etwas beschließen, was keine Bedeutung habe, keinen Eindruck mache, sondern dem Centralverband bloß Nackenschläge zufügen werde. Deshalb bittet Redner nochmals: lehnen Sie diesen Antrag ab! Herr Dr. Tille erklärt, daß der Gang, den die Entwickelung in der Gesetzgebung schließlich nimmt, wesentlich davon abhängt, welche Gegensätze sich gegenüberstehen, und wenn die eine Seite immer weiter nach links zerrt, und die andere zerrt nicht nach rechts, dann rückt die mittlere Linie immer weiter nach links. Deshalb müsse man endlich einmal sich schroff auf den negierenden Standpunkt stellen.

In seinem Schlußwort schließt sich der Berichterstatter, Herr Regierungsrat Dr. Schweighoffer, dem an, was Herr Generalsekretär Bueck vorgebracht hat. Wenn man nein sagen wollte, so hätte das geschehen müssen, wie die neue Vorlage kam. Aber er sehe keinen Zweck und keinen Erfolg darin, jetzt diesen negierenden Standpunkt einzunehmen. Regierungsseitig werde dem gegenübergehalten werden können, daß andere Industrielle ihr Einverständnis im Prinzip bereits erklärt hätten. Die sämtlichen, von anderen wirtschaftlichen Verbänden gerade in letzter Zeit gefaßten Resolutionen hätten gleichfalls sich nur auf die Darlegung der Bedenken zu den Kommissionsbeschlüssen beschränkt, nicht aber jetzt für die Ablehnung des ganzen Gesetzes plädiert. Der Centralverband würde daher der einzige sein, der prinzipiell ein entschiedenes Nein aussprechen würde. Persönlich bemerkt noch Herr Dr. Voltz, seine Stellung zu der Frage schließe absolut keine Kritik der bisherigen Stellungnahme und der bisherigen Arbeiten des Centralverbandes ein.

Der Vorsitzende möchte zuerst abstimmen lassen über die Fassung der Kommission als den weitestgehenden Antrag; dann, wenn dieser nicht angenommen werden sollte, über die Fassung des Herrn Stumpf, und wenn diese nicht angenommen wird, dürfe er annehmen, daß die Versammlung sich mit dem Wegfall des Schlußsatzes einverstanden erklärt, und dann würde er über die gesamte Resolution abstimmen lassen.

Nach einigen Einwendungen, die zurückgezogen werden, wird demgemäß verfahren. Der Berichterstatter verliest nochmals die drei Schlußsätze, die den Gegenstand der Erörterung gegeben haben, sowie den Antrag Stumpf. Herr Geheimer Baurat Schrey-Danzig möchte zur Aufklärung eine Frage stellen. Wenn er recht gehört habe, sei von der „Lohnarbeiterversicherung" die Rede; liege ein besonderer Grund vor, von „Lohnarbeiterversicherung" zu sprechen statt von „Arbeiterversicherung"? Herr Dr. Tille legt Wert darauf, daß nicht der Marxsche Ausdruck „Arbeiter" gebraucht werde, der uns alle als Drohnen bezeichne, sondern der deutliche Ausdruck „Lohnarbeiter". Herr Geheimrat Schrey bittet dringend, die alte gesetzliche Bezeichnung „Arbeiterversicherung" beizubehalten; er glaube nicht, daß man uns deswegen in den Verdacht bringen werde, die geistige Arbeit minder einzuschätzen.

Es wird nunmehr abgestimmt über die Fassung der Kommission. Sie wird, unter Probe und Gegenprobe, mit Mehrheit abgelehnt. Die Vermittelungs-Fassung Stumpf wird mit überwiegender Mehrheit angenommen, ebenso die ganze Resolution mit dieser Abänderung Stumpf. Der Ausdruck „Lohnarbeiter" statt „Arbeiter" wird abgelehnt.

Ueber die weiter auf der Tagesordnung stehende Frage der

Beleihung der Buchforderungen

referierte Herr Rechtsanwalt Jehle, Geschäftsführer des Württembergischen Industriekartells in Stuttgart: Meine Herren! Die Diskontierung von Buchforderungen und die Beleihung der Buchforderungen, diese beiden Ausdrücke werden als Synonyma gebraucht. Wir werden zu Eingang dieser Erörterungen zu untersuchen haben, ob das zutreffend ist.

Die Diskontierung von Buchforderungen ist der Verkauf offener Buchforderungen gegen bar und die Abtretung offener Buchforderungen infolge dieses Verkaufs. Es ist also die Diskontierung kein Verpfändungsgeschäft, sondern ein Umsatzgeschäft.

Die Abtretung offener Buchforderungen, d. h. solcher Forderungen, die nicht durch eine Urkunde verbrieft sind, und deren Beweis auch nicht an eine Urkunde geknüpft ist, kann sich bekanntermaßen nach den Vorschriften unseres bürgerlichen Rechtes vollziehen durch einen formlosen Vertrag, auch durch einen mündlichen Vertrag, und ist nicht geknüpft an die Voraussetzung der Anzeige an den Drittschuldner.

Auf diese Weise kommen wir zu zwei sehr verschiedenen Wegen, auf denen das Geschäft gehandhabt werden kann, nämlich entweder mit der Benachrichtigung der Drittschuldner oder aber ohne die Benachrichtigung der Buchschuldner. Die letztere Form, ohne Benachrichtigung der Buchschuldner, verlangt natürlich ein großes Maß von Vertrauen in die Solidität dessen, der seine Buchforderungen verkauft, weil die Gefahr der Doppeldiskontierung hier vorhanden ist. Diese Gefahr ist selbstverständlich ausgeschlossen, wenn die Anzeige an den Buchschuldner erfolgt.

Die Diskontierung von Buchforderungen ist der Verkauf derselben an den Geldgeber, und zwar der Verkauf gegen bar. Selbstverständlich wird die Zinsvergütung, welche für die Zwischenzeit bis zum Eingang der Forderung erhoben werden muß, abgezogen. Es wird aber die Forderung nicht voll ausgezahlt, sondern in der Regel nur in Höhe eines gewissen Prozentsatzes, der in normalen Fällen

80 pCt. beträgt. Der Ueberbetrag wird vom Geldgeber einbehalten zum Zwecke seiner Deckung im Falle von Ausfällen.

Es ist also — und das ist für diese Erörterung meines Erachtens grundlegend und wesentlich — die Diskontierung von Buchforderungen ein Umsatzgeschäft und ist wesentlich nicht verschieden von dem Verkauf von Waren gegen bar. Die Diskontierung von Buchforderungen ist auch wesentlich nicht verschieden von der Diskontierung akzeptierter Kundenwechsel und sie ist von dieser Art des Umsatzes von Geschäftsvermögen nicht zu unterscheiden.

Welche Ursachen führen nun zur Diskontierung von Buchforderungen? — Sie wissen, daß die heutige Konkurrenz die Geschäftsleute zwingt, dem Konkurrenten zuvorzukommen, nicht nur durch Qualität der Ware, nicht nur durch möglichste Preisverbilligung, sondern auch dadurch, daß die Bedingungen für die Zahlung möglichst leicht gemacht werden. Das liegt nun einmal so und das werden wir vorläufig auch nicht zu ändern vermögen. Jedenfalls ist es Tatsache, daß in vielen Branchen nicht nur dreimonatige, sondern auch sechsmonatige, ja noch mehr, neunmonatige und zwölfmonatige Ziele vorkommen. — Diejenigen Geschäfte, meine Herren, welche mit der Landwirtschaft arbeiten, wissen, daß die Ernteverhältnisse, daß überhaupt die Verhältnisse in der Landwirtschaft auf die Zahlung einwirken; davon hängt es ab, ob der Landwirt zu bezahlen in der Lage ist, und die Lieferanten solcher Geschäfte werden natürlich nicht darüber hinwegkommen, daß auch sie auf diese Verhältnisse Rücksicht zu nehmen haben. Sie werden diese Außenstände nicht rücksichtslos eintreiben können, sondern sind von diesen Konjunkturen in der Landwirtschaft abhängig und werden eben mit ihnen gehen müssen.

Aber nicht bloß in agrarischen Gebieten, in Gebieten, wo vorwiegend Landwirtschaft getrieben wird und wo vorwiegend mit Landwirten gearbeitet wird, sondern auch in industriellen Gebieten ist es selbstverständlich, daß derartige Geldknappheiten allgemeiner Art vorkommen, und daß der Einzelne sich nicht dagegen zu wahren vermag. Auf diese Weise kommt es vor, daß ein sehr hoher Prozentsatz des Geschäftsvermögens in Außenständen festliegt; bis zu 50 und 60 pCt. des Geschäftsvermögens werden oft in Außenständen festliegen.

Diese Kalamität macht sich natürlich am meisten fühlbar für denjenigen Geschäftsmann, welcher nicht über so viele Reserven oder nicht über so viel fremde Hilfe in Form von Blankokredit verfügt, daß er sich die nötige Bewegungsfreiheit wahren kann, und die Bewegungsfreiheit beim Einkauf ist ja unerläßliche Voraussetzung für ein günstiges

Geschäft, denn, wenn der Geschäftsmann hier festgelegt ist, wenn er seinen zukünftigen Geschäftsgewinn schon im voraus seinen Lieferanten verschreiben muß, dann ist es schlimm um ihn bestellt. Das wirft ihm die ganze Grundlage seiner Kalkulation über den Haufen.

Man hat daher immer nach Mitteln gesucht, um derartigen Unzuträglichkeiten zu begegnen, um derartige Unzuträglichkeiten zu beseitigen. Man kann dem dadurch einigermaßen steuern, daß man ein hohes Kassaskonto verspricht, um die Abnehmer zum Zahlen zu veranlassen; man kann auch die Kundschaft zur Hergabe von Akzepten veranlassen, um diese weiterzugeben. Aber das alles sind kleine Mittel; es sind Mittel, die nicht immer zum Erfolg führen. Es ist nicht von jedermann ein Wechsel zu erhalten, und nicht jeder läßt sich durch ein großes Kassaskonto zur Zahlung verleiten, namentlich dann nicht, wenn er eben im Moment nicht zahlen kann.

Ein Mittel, um derartige Geldknappheiten systematisch und in geordneter Weise zu beheben, ist das Mittel der Diskontierung von Buchforderungen, und wir haben nun zu besprechen, ob gegen dieses Mittel nicht Bedenken allgemeiner Art bestehen. Ich möchte in dieser Richtung einige kurze Sätze aufstellen, welche geeignet sind, diese Bedenken, von welchen Sie ja auch schon zweifellos gelesen haben werden, zu zerstreuen.

In erster Linie glaube ich: Die Diskontierung von Buchforderungen ist keine Rückbildung gegenüber dem heutigen Kreditsystem. — Man hat gesagt, der Wechsel sei das höhere Mittel zur Beschaffung von Kredit, und es wäre sehr zu bedauern, wenn wir in Deutschland mit unserem ausgebildeten Wechselverkehr auf die Diskontierung von nichtverbrieften Forderungen zurückkommen würden. Das ist nicht richtig, denn derjenige, der in der Lage ist, Wechsel diskontieren zu lassen, wird stets billiger fahren als derjenige, der Buchforderungen diskontieren lassen muß. Aber, wenn einer nicht in der Lage ist, Wechsel diskontieren zu lassen, so ist ja hierfür eben die Diskontierung von Buchforderungen angebracht. Wo also der Wechsel seine Berechtigung hat und wo er eingeführt ist und wo er gegeben wird, da wird er auch bleiben und es wird keine Rückbildung eintreten. Aber ich weiß nicht, ob die Empfehlung des Wechsels so sehr angebracht ist. Ich bin im Gegenteil der Meinung, daß bei uns in Deutschland vielfach der Wechsel zu leicht und zu leichtsinnig gegeben wird und namentlich oft gegeben wird in Verhältnissen, in welchen er nicht am Platze ist. Es gibt genug Geschäftsleute, denen es außerordentlich viel Schwierigkeiten macht, die Zahlung auf einen ganz bestimmten Tag zu versprechen, und die Folgen der Nichteinhaltung dieses Termins sind außerordentlich schwerwiegend für den Kredit; der Wechsel und der Wechselprotest, der daraus folgt, sind oft der Anfang vom Ende.

Diese Empfehlung des Wechsels scheint mir übrigens äußerst bedenklich zu sein, und es wäre zweifellos hierin mehr Vorsicht am Platze. Ich erinnere an den vielfachen Mißbrauch, der bei einer Geldknappheit mit den Wechseln getrieben wird, an die Finanzwechsel, von denen man tagtäglich lesen und hören kann und deren Folgen so oft in bedauerlicher Weise über die Betreffenden hereinbrechen.

Die Diskontierung von Buchforderungen — das ist der zweite Satz — veranlaßt nicht eine künstliche Steigerung des Warenabsatzes. Es ist gesagt worden, es werde geradezu ein Anreiz geschaffen, daß nun der Geschäftsmann möglichst viele Waren hinausschickt und verkauft, um nur nachher die Waren zu Geld machen zu können, also um sich in unsolider Weise zu Mitteln zu verhelfen und seinen Ertrag künstlich zu steigern. Das ist unrichtig. Der Buchforderungskredit kann natürlich, wie jeder Kredit, nur in einer gewissen Grenze, die von vornherein festgelegt werden muß, gewährt werden. Kein Institut wird sich finden, wenigstens kein solides Institut kann sich finden, das Jemand Buchforderungen ins Unbegrenzte diskontiert. Es wird im Vorhinein den Geldsuchenden gesagt werden, daß er einen Kredit bis zu 10 000, bis zu 20 000, bis zu 50 000 M. erhält, und diesen Kredit darf er nie überschreiten. Es ist also ganz ausgeschlossen, daß infolge einer künstlichen Steigerung des Umsatzes der Betreffende sich mehr Geld zu verschaffen imstande ist, als gerechtfertigt ist, denn die Höhe des Kredits wird selbstverständlich bemessen mit Rücksicht auf die allgemeinen Verhältnisse.

Endlich — und das ist der dritte Satz —: es begünstigt die Diskontierung von Forderungen und offenen Buchforderungen nicht das Borgwesen. Es ist gesagt worden: „Ja, anstatt daß man darauf hinwirkt, daß nicht mehr so viel geborgt wird, wird durch die Diskontierung von Buchforderungen das Uebel nur vergrößert, denn jetzt hat ja niemand mehr Interesse, einen kurzfristigen Kredit zu gewähren, weil er durch die Diskontierung von Buchforderungen das Geld hereinbekommt." — Auch dieser Vorwurf ist unbegründet, denn jedes Institut, das Buchforderungen krediitiert, wird im allgemeinen gezwungen sein, nur solche Buchforderungen in Geld umzusetzen, welche in drei Monaten fällig werden, und diejenigen, die Buchforderungen haben diskontieren lassen, haben geradezu ein Interesse daran, daß die betreffenden Buchforderungen im Rahmen dieser drei Monate eingehen, denn nach Ablauf dieser drei Monate sind sie gezwungen, den Kredit in irgendeiner Form abzutragen. Es wird also das gerade Gegenteil der Fall sein. Es wird ein Anreiz geschaffen, möglichst nur dreimonatigen Kredit zu gewähren und möglichst auch auf den Eingang der Forderungen zu sehen.

Endlich — und das ist ein Haupteinwand der Lieferanten — wird gesagt: „Die Diskontierung der Buchforderung bewirkt eine Entwertung des Geschäftes; es wird dem Geschäft der Kern genommen, man kann sich jetzt auch auf die Außenstände nicht mehr verlassen, denn wenn die Sache zum Konkurs geht, dann ist nichts mehr da.“ — Auch dieser Einwand ist nur zum Teil richtig. Wenn Sie, meine Herren, die deutsche Konkursstatistik ansehen, dann werden Sie finden, daß in 75 pCt. aller Konkurse nur eine Dividende von 1 bis 20 pCt. erzielt worden ist, und daß diejenigen Konkurse weit in der Mehrzahl sind, in welchen die Dividende nahe an die 1 heruntergeht, in welchen die Dividende außerordentlich niedrig ist. Bei dieser Sachlage kann ich mir nicht denken, daß der Kredit, den ein Abnehmer genießt, nach dem Gesichtspunkt bemessen wird, wie sich die Sache im Falle eines Konkurses stellt; und, meine Herren, wenn wirklich ein Geschäftsmann vor dem Konkurs steht, so gibt es ja gerade auch heute genügend Mittel, um das, was da ist, zu beseitigen. Ich glaube, jeder hat schon zu seinem Schaden erfahren, in wie ausgiebigem Maße das heutzutage leider geschieht. — Also das wird für niemand einen Kreditmaßstab bilden können, was der betreffende Mann im Konkurs hat. Auch darf man wohl Krediteinrichtungen, die geschaffen werden sollen, nicht nach dem Gesichtspunkt beurteilen, wie sich die Sache im Falle eines Konkurses stellt, denn glücklicherweise sind die Konkurse die Ausnahme.

Aber es ist doch, wie gesagt, nur zum Teil richtig, oder es ist nicht richtig, daß die Diskontierung von Buchforderungen dem Geschäft den inneren Wert entzieht, denn an Stelle der Buchforderungen tritt ja das bare Geld, und dieses bare Geld wird sich in irgendeiner Form in Geschäftsvermögen umsetzen, sei es nun, daß dadurch Schulden bezahlt werden, so daß die Schuldenmasse geringer werden wird, oder daß das Geld in Waren oder sonstigen Werten umgesetzt wird, so daß andere Werte an die Stelle treten, und es ist auch hier wieder darauf zurückzukommen: ein wesentlicher Unterschied zwischen dem Barverkauf einer Ware und der Diskontierung einer Warenlieferungsforderung ist nicht einzusehen. Dasjenige Geschäft, das in der glücklichen Lage ist, an seine Kundschaft nur gegen bar abzusetzen, hat ja auch keine Außenstände, und derjenige, der Buchforderungen diskontieren läßt, setzt eben einen Teil seiner Buchforderungen auf indirekte Weise in Bargeld um, was der andere Glücklichere sofort tut.

Ich komme zu den Grundsätzen, die allerdings, um Schädigungen zu vermeiden, innegehalten werden müssen.

Einmal ist zu verlangen, daß die sorgfältigste Auswahl unter denjenigen getroffen wird, die zum Buchforderungsdiskont zugelassen werden, und um eine Auswahl in besonders sorgfältiger Weise zu ermöglichen, ist die Bildung von Genossenschaften vorgeschlagen worden, die Bildung von Genossenschaften, bei denen der einzelne Geldnehmer finanziell mit interessiert ist an der Solidität des Unternehmens. Selbstverständlich ist es auch, daß derjenige, der sich Buchforderungen diskontieren läßt, sich eine Kontrolle durch das Geldinstitut gefallen lassen muß, und selbstverständliche Voraussetzung ist es ferner, daß der Geldnehmer eine zuverlässige kaufmännische Buchführung haben muß. In dieser Beziehung ist eine erzieherische Wirkung des Instituts auf die Geschäftswelt zu erwarten.

Endlich, was die Gefahr der Doppeldiskontierung betrifft, so ist sie allerdings dann vorhanden, wenn die Buchschuldner nicht benachrichtigt werden. Die Praxis in Oesterreich hat aber gezeigt, daß trotz dieser Gefahr die Institute, die gut verwaltet werden, nennenswerte Verluste nicht erlitten haben, und was in Oesterreich und bei den österreichischen Geschäftsleuten möglich ist, das sollte meines Erachtens auch in Deutschland möglich sein, denn wir haben doch wohl nicht unsolidere Verhältnisse als in Oesterreich.

Die Genossenschaft, welche hier gebildet wird, muß sich selbstverständlich an eine Bank anschließen, und es ist dabei Voraussetzung, daß die Mitglieder des Vereins im wesentlichen auch Kunden der Bank sind, so daß auf diese Weise eine Wechselwirkung zwischen dem Verkehr mit der Bank und dem Verkehr mit den Genossenschaften entsteht und eine ganz klare Kenntnis in beiden Instituten von den Verhältnissen des Geldnehmers herrscht.

Wenn jemand diesen Kredit für zu gefährlich für den Geldgeber hält, so sprechen dagegen, wie gesagt, die Erfahrungen, die in Oesterreich gemacht worden sind, aber nicht bloß in Oesterreich, sondern auch in Frankreich und Amerika. Auch in Amerika ist diese Art der Geldbeschaffung durchaus üblich. Obwohl in Amerika im allgemeinen ein viermonatiges Ziel eingehalten wird, hält es auch der praktische Amerikaner doch für besser, möglichst bald flüssiges Geld zu machen, um wieder frei disponieren zu können.

Es kommt nun zum Schluß noch die Bedürfnisfrage. Meine Herren, man hört sagen: „Ja, wir in Deutschland brauchen diese Art der Geldbeschaffung nicht, denn wir haben andere, wir haben bessere

Kreditverhältnisse als die anderen Länder. Oesterreich kann hier nicht maßgebend sein, weil es vorwiegend Agrarstaat ist; deshalb sind die Verhältnisse eben dort ganz anders."

Dagegen ist zu erwidern, daß die Einrichtung der Diskontierung von Buchforderungen keine österreichische Spezialität ist, sondern daß sie auch in Amerika und in Frankreich durchaus geübt wird. Endlich aber hat die Direktion der Deutschen Bank seit Februar 1909 die Diskontierung der Buchforderungen in ihrem Geschäftskreis eingeführt, und ich glaube, es ist das doch eine außerordentlich kompetente Stelle, welche über die Bedürfnisfrage zu entscheiden hat. Auch die Deutsche Effekten- und Wechsel-Bank in Frankfurt a. Main hat seit einiger Zeit die Diskontierung der Buchforderungen eingeführt, und die Abteilung, welche sich hiermit befaßt, beschäftigt heute schon eine große Zahl von Angestellten, obwohl sie die Einrichtung erst seit kurzer Zeit geschaffen hat. Endlich, meine Herren, wird von den Handelskammern konstatiert, daß diese Art der Geldbeschaffung immer mehr und mehr aufkomme. Ich glaube also, die Bedürfnisfrage ist auch nicht zu bestreiten.

Die Einzelheiten der Technik der Diskontierung der Buchforderungen hier anzugeben, würde zu weit führen.

Ich komme zum Schluß meiner Erörterungen dahin: Die Diskontierung von Buchforderungen ist ein reelles und solides Geschäft, wenn sie vorsichtig gehandhabt wird und wenn sie auf genossenschaftlicher Grundlage aufgebaut wird. Sie ist nicht eine Ueberspannung des Kredits, wie vielfach gesagt wird. Merkwürdigerweise kann man nämlich da und dort in Kundgebungen lesen, es würde das zu der Ueberspannung des Kredits, die wir jetzt oft in Deutschland haben, eine neue Spannung hinzufügen. Das ist ganz falsch, denn die Diskontierung der Buchforderungen bewirkt gerade eine Entspannung des Kredits, indem sie einen Teil der festgelegten Außenstände, einen Teil des im Kredit festgelegten Geschäftsvermögens freimacht und zur weiteren Disposition dem Geldbedürftigen gibt.

Wenn nun gefragt wird, welche Geschäftswelt sich für diese Art der Geldbeschaffung besonders eigne, so werden es insbesondere die jungen Betriebe sein, welche noch nicht genügend fundiert sind, um über die Geldschwierigkeiten und über Geldknappheiten hinwegzukommen, und in der hier skizzierten Weise gebraucht und in dieser Weise ausgeübt, wird die Diskontierung von Buchforderungen sicherlich dazu beitragen, die Entwickelung auch in industriellen Kreisen zu fördern. (Beifall.)

Mitberichterstatter Syndikus Dr. **Büttner**, Generalsekretär des Vereins Süddeutscher Baumwollindustrieller und Syndikus der Handelskammer Augsburg:

Bei Behandlung dieses Problems im Centralverband Deutscher Industrieller steht nicht die rechtliche und sachliche Konstruktion, sondern die volkswirtschaftliche Würdigung dieser neuen Kreditform im Vordergrund der Erörterung. Diese wird sich im wesentlichen auf folgende Punkte zu erstrecken haben:

1. Ist für diese neue Kreditform ein volkswirtschaftliches Bedürfnis gegeben?
2. Welche wirtschaftlichen Wirkungen vorteilhafter oder nachteiliger Art äußert sie
   a) für die daran unmittelbar Beteiligten,
   b) für die Volkswirtschaft als Ganzes?

Zwei Strömungen sind es, welche in Deutschland auf eine Propagierung des Buchforderungsdiskontes hinarbeiten. Die erste derselben ist eine mittelstandsfreundliche Bewegung, welche dem mittleren und kleinen Kaufmann sowie dem mit kleinem Kapital arbeitenden Gewerbetreibenden mit dem Buchforderungsdiskont eine — ihm bisher anscheinend aus Zufall unbekannt gebliebene — Geldquelle und Kreditunterlage eröffnen will. Es sind besonders handwerkliche und kleingewerbliche Vereinigungen, die sich seit einiger Zeit das Evangelium predigen lassen, daß der Gewerbetreibende in den ihm so lästigen, meist einen bedeutenden Teil seines ohnehin geringen Kapitals festlegenden Ausständen ja eine treffliche, merkwürdigerweise bisher nicht oder nur als letztes Mittel vor dem Zusammenbruch benützte Kreditunterlage besitze.

Hier ist nun sofort vor der von den Beteiligten nur allzu gläubig aufgenommenen Auffassung zu warnen, daß die Diskontierung von Buchforderungen eine neue, von den bisherigen Krediteinrichtungen unabhängige Kreditquelle, eine neue Kreditunterlage erschließe, daß neben dem bisher schon in anderer Form genossenen Kredit nunmehr neuer selbständiger Kredit erlangt werden könne.

Die sympathische Aufnahme, welche der Gedanke einer Diskontierung von Buchforderungen in gewissen Kreisen des Detailhandels und bei den kleinen und mittleren Gewerbetreibenden gefunden hat, ist vielfach darauf zurückzuführen, daß diesen Kreisen noch nicht mit der erforderlichen Schärfe zum Bewußtsein gekommen ist, daß neben sonstigem Kredit die Abtretung von Buchforderungen nur neue Kreditform, nicht aber neue Kreditquelle sein kann.

Diese Erwägung ist um so wichtiger, als diejenigen Kreise, welche die Ausbreitung des Buchforderungsdiskonts besonders laut begrüßt haben, seine Einführung keineswegs deshalb verlangen, weil sie bisher überhaupt keinen Kredit trotz Kreditwürdigkeit hatten erlangen können. Sie fordern die Einführung der Diskontierung von Buchforderungen vielmehr, weil sie in ihr ein Mittel zur Steigerung des ihnen bisher zur Verfügung stehenden Kredits sehen zu können glauben, weil sie meinen, damit eine neue bisher nicht verwertete Kreditunterlage zu erhalten, die ihnen den bisherigen Kredit beläßt und neuen eröffnet.

Selbst auf die Gefahr hin, diesen Kreisen eine Enttäuschung zu bereiten, ist hier zu sagen, daß — abgesehen von dem bisher schon gedeckten Kredit, insbesondere von dem Immobiliarkredit — der bis heute von dem Kreditsuchenden genossene anderweitige Kredit, zumal der ungedeckte Betriebskredit, der Blankokredit der Bank oder eines sonstigen Geldgebers durch die Diskontierung von Buchforderungen immer insoweit in seinen Grundlagen eine Beschneidung erfährt und damit in seiner Höhe und in der Aussicht auf sein Fortbestehen eine notwendige Einschränkung bedingt, als Kredit auf der Grundlage der Forderungsabtretung beansprucht und erlangt wird.

Dem bisherigen ungedeckten Kredit, ohne den heute kaum irgendein Geschäftsmann arbeitet, wird durch den Buchforderungsdiskont notwendig ein Teil seiner Grundlagen entzogen. Die Folge ist ebenso notwendig die Einschränkung des bisherigen Kredits. Es ist mit Nachdruck festzustellen, daß, soweit ein Buchforderungskredit in Anspruch genommen wird, ein bisher gewährter Blankokredit in Wegfall zu kommen hat. Demgegenüber muß man sich allerdings fragen: zerstört das System der Kreditgewährung gegen Forderungsabtretung nicht mehr als es aufbaut? Ist es nicht richtiger, daß die Gesamtkreditwürdigkeit einer Persönlichkeit oder eines Unternehmens ins Auge gefaßt wird, wobei das Vorhandensein von Außenständen, von Forderungen natürlich nur einen einzelnen Punkt der Betrachtung bildet, und daß dann auf dieser Grundlage so weit Kredit gegeben wird, als die Gesamtvermögenslage des Kreditsuchenden sowie dessen persönliche Qualitäten es möglich erscheinen lassen?

Es liegt im Wesen der Sache, daß die Diskontierung von Außenständen bei einer anderen Stelle versucht werden wird als derjenigen, die den bisherigen Blankokredit gegeben hat. Bei der letzteren hätte ja eine gesonderte Verpfändung der Außenstände keinen Sinn. Das führt dazu, daß dem bisherigen Kreditgeber wichtige Unterlagen des von ihm bislang gewährten Kredits entzogen werden. Erfährt er es, so wird eine Reduktion des von ihm gegebenen Kredits eintreten und die Diskontierung hat ihren Zweck verfehlt. Erfährt er es nicht — und das ist bei der Heimlichkeit, mit der sich die Diskontierung von Buchforderungen abspielt, die Regel —, dann riskiert er unter Umständen sehr bedeutende Schädigungen. Diese Möglichkeit ist eine der bedenklichsten Schattenseiten, welche der neuen Kreditform eigen ist. Wie man das Problem anfassen mag: bei reellem Gebahren ist es nicht möglich, in der Diskontierung von Buchforderungen eine Quelle neuen Kredits zu finden, ohne daß bisheriger anderweitiger Kredit erschüttert oder beschränkt würde. Buchforderungskredit einerseits, ungedeckter Betriebskredit andererseits schließen sich aus.

Die zweite Strömung, welche auf die Einführung der Diskontierung von Buchforderungen hinarbeitet, geht von einzelnen großen Banken aus. Hier ist es das Interesse, zu geschäftlichen Zwecken Kredit zu geben, für überschüssige Kapitalien neue Abflußkanäle zu schaffen, mit neuen Kreditformen neue Einflüsse und Beziehungen zu gewinnen. Ist den mittelständlerischen Hoffnungen manche Unklarheit über das Erreichbare beigemischt, so kann man das von den Bestrebungen der Banken auf Einführung der Diskontierung von Buchforderungen nicht sagen.

Sie wissen sehr gut, was sie für Ziele mit diesem neuen Unternehmen erreichen wollen, bei welchem sie vielleicht nur die Gefahren und die Kosten der Durchführung etwas optimistisch beurteilen. Von den übrigens maßgebenden und vorbildlichen Bedingungen, welche die Deutsche Bank für den von ihr im Februar 1909 aufgenommenen Geschäftszweig der Diskontierung von Buchforderungen aufgestellt hat, heißt der erste Satz der Ziffer 1:

> „Der Kreditnehmer hat der Bank auch seine sonstigen bankmäßigen Geschäfte zuzuweisen."

Für die Banken, welche diesen Geschäftszweig aufnehmen wollen, ist er ein geschäftliches Unternehmen, wie jedes andere dazu bestimmt, Erträgnisse abzuwerfen, neue Verbindungen zu schaffen.

Was nun die Frage des Bedürfnisses anlangt, so wird bekanntlich dafür ins Feld geführt, daß die Konzentration, welche einerseits in der Großindustrie, andererseits im Bankgewerbe vor sich gegangen ist, umfangreiche Schichten des mittleren Handels und Gewerbes in eine Art von Kreditnot versetzt habe. Während Konventionen, Kartelle und Syndikate der Lieferanten mit dem System langfristigen Kredits gebrochen und einheitliche straffe Zahlungsbedingungen mit kurzen Zahlungsterminen eingeführt hätten, seien gleichzeitig zahlreiche Privat- und Kleinbankiers verschwunden, welche mit großer persönlicher Initiative und in individueller Würdigung der Verhältnisse der Kreditsuchenden das Kreditgeschäft gepflegt hätten.

Die Behauptungen von einer Kreditnot sind mit Vorsicht aufzunehmen. Die Kreditbedürftigen neigen dazu, eine solche Kreditnot auch da zu behaupten, wo es nicht an der Möglichkeit der Kreditbeschaffung, sondern wo es an der Kreditwürdigkeit fehlt. Das Verschwinden zahlreicher kleiner Bankiers hat allerdings vielfach hemmend und störend eingewirkt. Immerhin ist dieser Ausfall zu einem guten Teil wieder wettgemacht dadurch, daß die allenthalben aus dem Boden schießenden Filialen und Depositenkassen der großen Banken heute direkt genötigt sind, sich auch der mittleren und kleinen Kundschaft anzunehmen und dem Kreditverkehr eine mehr persönliche Note zu geben. Was dann die Veränderung in den Zahlungs- und Lieferungsbedingungen der Großindustrie anlangt, so wird auch in der Verweisung auf diese Verhältnisse viel übertrieben. Die Konventionen, Syndikate und Kartelle der Großindustrie haben zwar mit Nachdruck auf klare und gute Zahlungssitten hingewirkt und im allgemeinen mit Erfolg auf eine Verkürzung der Zahlungsfrist gedrängt. Das ist aber in den meisten der beteiligten Branchen nicht ohne ganz augenfällige günstige Rückwirkungen auf den Handel und das weiterverarbeitende Gewerbe geschehen, das — teils angeleitet, teils gezwungen — es vielfach mit Erfolg unternommen hat, auch seinerseits unter Berufung auf die eigene Lage bei den Abnehmern entsprechend kurze Ziele einzuführen. Es ist richtig, daß das nicht allenthalben gelungen ist und daß in der einen oder anderen Branche der Ausgleich der Fristen in den Zahlungsverpflichtungen einerseits, in den Forderungen andererseits noch nicht oder noch nicht völlig hat hergestellt werden können. Die Entwickelung drängt aber offensichtlich nach dieser Richtung, und wenn aus diesem Grunde über Kreditnot geklagt wird, so handelt es sich dabei vielfach nur um vorübergehende Zustände. Schließlich sind auch die Geschäftszweige, in denen kurze Zahlungsfristen durch straffe Konditionen eingeführt sind, leider noch nicht so zahlreich, daß man nicht, auf das Ganze gesehen, sagen könnte, daß den langfristigen Außenständen in der Regel auch durchschnittlich ebenso langfristige Verbindlichkeiten gegenüberstehen, so daß es nicht zutrifft, aus einem Mißverhältnis zwischen der Befristung der Außenstände und der Befristung der eigenen Verpflichtungen eine Kreditnot herzuleiten.

Im allgemeinen kann man von den deutschen Verhältnissen sagen, daß die Schärfe des Wettbewerbes der Großindustrie, des

Großhandels und des Bankgewerbes heute eine wirkliche Kreditnot da, wo Kreditwürdigkeit gegeben ist, nicht aufkommen läßt und daß heute im Durchschnitt eher zu viel als zu wenig Kredit gewährt wird. Viele werden freilich immer geneigt sein, ihre Kreditwürdigkeit höher einzuschätzen, als dies Dritte tun, und dann über Kreditnot zu klagen. Das sind aber nur Fälle von eingebildeter Kreditnot, von Kreditunfähigkeit. Ebenso hat mit Kreditnot der Umstand nichts zu tun, daß bei dem Sinken des Geldwertes, dem Steigen der Löhne und Rohmaterialpreise heute zur Gründung und zum Betrieb eines Geschäftes überhaupt größere Kapitalien erforderlich sind als dies früher der Fall war. Kreditnot ist nur da vorhanden, wo ein Mißverhältnis zwischen begründetem Anspruch auf Kredit und der Möglichkeit der Erlangung von solchem besteht.

In einzelnen Fällen mag nun wohl die Menge der Außenstände eine unangenehme Belastung des Geschäfts und eine Hemmung seiner Entfaltung bedeuten. Das nötigt aber noch keineswegs dazu, nun das System der Diskontierung von Forderungen als einzige Abhilfe zu propagieren. Ein generelles Bedürfnis für die Ausbreitung der Diskontierung von Buchforderungen liegt nicht vor. Und nur um eine Ausbreitung des Buchdiskonts handelt es sich. An sich ist ja die Verpfändung oder der Verkauf von Außenständen zur Beschaffung von flüssigen Mitteln eine längst bekannte und geübte Sache. Sie bildete aber bis jetzt nur eine Ausnahme, eine vereinzelte Maßregel, nicht eine reguläre Kreditform, während es sich heute darum handelt, die Ausnahme zur Regel, die Buchforderungsdiskontierung zu einer gangbaren allgemeinen Kreditform zu machen.

So wenig als die Bedürfnisfrage kann die weitere Frage, ob die in der Einrichtung liegenden Vorteile größer sind als die von ihr verursachten Nachteile, bejaht werden. Die Vorteile bleiben unter allen Umständen hinter den Gefahren und Schäden zurück, welche die Einrichtung für die an ihr Beteiligten, dann aber auch für die gesamte Volkswirtschaft aufweist.

1. Was den Kreditgeber betrifft, so ist für ihn die Diskontierung von Buchforderungen voll von Schwierigkeiten und Gefahren. Die Kreditinstitute, welche den Buchforderungsdiskont betreiben, müssen nicht nur die Verhältnisse des Buchgläubigers, sondern auch die seiner Drittschuldner auf das genaueste verfolgen, wollen sie nicht zu Schaden kommen. Das Geschäft wird also unausgesetzte, individualisierende Aufmerksamkeit und den Aufwand von relativ viel Mühe und Zeit erfordern. Eine besondere Gefahr liegt darin, daß, wie die Dinge heute

liegen, bei der Diskontierung von Buchforderungen dem Kreditnehmer zugestanden werden muß, daß der Schuldner von der Forderungsabtretung in der Regel nicht, sondern nur ausnahmsweise verständigt wird. Dieser Mangel einer Abtretungsanzeige birgt für den Kreditgeber viel Bedenkliches. Die Einziehung der Forderungen soll nach wie vor dem Kreditnehmer obliegen, der Einzahlungen auf die Forderungen nur als anvertrautes Gut betrachten darf und an die Bank abzuliefern hat. Hier drängt sich schwachen Elementen, die vorwiegend zum Buchdiskont greifen werden, manche schwere Versuchung auf, die auch nicht durch den Ausblick auf die möglicherweise eintretenden Folgen ausgeschaltet wird.

Was die Sicherheit der Bank anlangt, so wird diese auch durch den Wechsel des Kreditnehmers natürlich nur solange gewährleistet, als dieser selbst etwas hat.

Eine erhebliche Schwierigkeit liegt ferner darin, daß es sich hier nicht, wie bei der Diskontierung von Kundenwechseln, um in jeder Richtung liquid gestellte Forderungen handelt, sondern daß die zu verwertenden Außenstände bei ihrer Abtretung nach Rechtsbeständigkeit, Höhe und Fälligkeit vom Schuldner nicht anerkannt zu sein brauchen, und in der Regel eine solche Anerkennung auch nicht beigebracht werden kann. Nun wickelt sich ja allerdings im Warenverkehr der größere Teil der Forderungen glatt ab, wo aber Bemängelungen der Ware erfolgen, wo Ansprüche auf Wandlung, auf Annullierung des Geschäfts erhoben werden, wo die Ware zur Verfügung gestellt wird, wo Kaufpreisminderungen oder Stundungen verlangt, wo Einwendungen aus Gegengeschäften usw. gemacht werden, in allen diesen, recht zahlreichen, oft nicht wenig komplizierten Fällen läuft der Bank, abgesehen von der Arbeit, die darin besteht, daß sie sich mit allen diesen Dingen befassen, sie in den Kreis ihrer Erwägungen ziehen muß, die Gefahr einer Schmälerung der Grundlage ihres Kredits unter. Ich bezweifle, ob diesen Gefahren genügend dadurch vorgebeugt werden kann, daß Forderungen nur mit 80 pCt. beliehen werden sollen. Auch die Pfändung der Forderung durch einen Dritten kann, nachdem die schon erfolgte Abtretung dem Drittschuldner nicht mitgeteilt wird, den Kreditgeber seiner Deckung berauben. Schließlich ist auch die Gefahr betrügerischer Manipulation bei diesem Geschäft besonders groß, so die doppelte Zession von Forderungen und insbesondere die Fingierung von Warenforderungen zum Zwecke einer Krediterlangung. Man halte sich vor, daß die Bedingungen der Deutschen Bank Rückfragen beim angegebenen Drittschuldner gänzlich ausschließen!

Der Gefahr einer doppelten Zession kann nur durch Errichtung einer immerhin kostspieligen Evidenz-Zentrale nach österreichischem Vorbild vorgebeugt werden. Sie würde aber in Deutschland nicht so leicht erreichbar sein, denn hier sind es Großbanken, dort Genossenschaften der Kreditnehmer, die den Buchforderungsdiskont betreiben.

Große Bankinstitute werden weniger leicht als Genossenschaften geneigt sein, einer Evidenz-Zentrale die Namen derjenigen ihrer Kunden aufzugeben, welche Buchforderungsdiskont in Anspruch nehmen und zugleich auch der Zentrale mitzuteilen, in welcher Höhe, an welche Drittschuldner usw. die abzutretenden Forderungen bestehen.

Die österreichische Evidenz-Zentrale hat laut ihres Jahresberichts für 1909 sich auch die Aufgabe gestellt, der Gefahr einer Fingierung von Forderungen vorzubeugen. Das geschieht dadurch, daß sie bei einzelnen Drittschuldnern vertraulich und in unauffälliger Weise anfragen läßt, ob Forderungen, welche bei der Evidenz-Zentrale von deren einzelnen Mitgliedern als bei ihnen zur Beleihung eingereicht, gemeldet worden sind, auch in der Tat zu Recht bestehen. Nach Mitteilung des Jahresberichts der österreichischen Evidenz-Zentrale für 1909 wurden in 1909 für 12 Mitglieder der Zentrale

2203 vertrauliche Anfragen

ausgesandt. Von diesen wurden 1575 beantwortet, während bei 728 eine Auskunftserteilung nicht zu erreichen war. Von diesen 1575 Antworten lauteten

998 = 63 pCt. der Fälle,

daß die Forderungen zu Recht bestehen, während in

477 = 37 pCt. der Fälle

das Bestehen der Forderungen ganz oder teilweise bestritten wurde. Auch unter der Annahme, daß nur solche Fälle zum Gegenstand einer solchen vertraulichen Information gemacht worden sind, die von vornherein zweifelhaft erschienen, ist doch die Prozentziffer derjenigen Fälle, in denen durch Rückfragen sich eine Nichtübereinstimmung von Kreditnehmer und Drittschuldner über Bestehen, Höhe und Liquidität der Forderung ergab, eine überraschend große.

Dem kreditgewährenden Institut erwachsen also aus dem Forderungsdiskontgeschäft, insbesondere wenn dieses gerade dem gewerblichen und kaufmännischen Mittelstand dienstbar gemacht werden soll und wenn die Diskontierung, wie bei der Deutschen Bank, heruntergehen soll bis zu Forderungen im Betrage von 150 M., sehr schwierige, große Aufmerksamkeit, individuelle Behandlung und große Urteilsgabe erfordernde Aufgaben, zu denen die möglichen Erträgnisse aus diesem Geschäftszweig wahrscheinlich außer Verhältnis stehen werden.

2. Was die Stellung des Kreditnehmers betrifft, so ist vor allem zu sagen, daß ihm der Buchdiskont nicht billig zu stehen kommen kann. Nach den Bedingungen der Deutschen Bank hat der Kreditnehmer dem Institut jede gewünschte Einsicht in seine Geschäftsverhältnisse zu gewähren sowie auf Verlangen beglaubigte Abschriften der von beeidigten Bücherrevisoren geprüften Bilanzen einzureichen. Die Bank hat sich nicht nur über die Solvenz ihres Kreditnehmers, sondern auch über die Solvenz der verschiedenen, oft zahlreichen Drittschuldner zu informieren. So heißt es im § 3 der Bedingungen der Deutschen Effekten- und Wechselbank zu Frankfurt a. M.: „Die Bank wird ihrerseits die eingereichten Forderungen prüfen. Sie behält sich vor, nach ihrem Ermessen weitere Informationen einzuholen. Sie empfiehlt gleichzeitig, zur Beschleunigung der Prüfung sowie zur Ersparung von Informationskosten die Auskünfte, welche der Buchgläubiger über den Buchschuldner besitzt, sowie seine geschäftlichen Erfahrungen mit diesem zur Verfügung der Bank zu stellen."

Die Erkundigungsspesen, welche sich nach der Anzahl der angebotenen Forderungen richten, fallen nach § 6 der Bedingungen der Deutschen Bank und nach § 13 der Bedingungen der Deutschen Effekten- und Wechselbank dem Kreditnehmer zur Last. Dazu kommt die Provision, welche dadurch akzeptabel gemacht werden soll, daß in den Bedingungen erklärt wird, sie werde unter dem Kassenskonto bleiben, den der Kreditnehmer von seinem Lieferanten dann erhält, wenn er den Diskonterlös zum Bareinkauf verwendet. Eine der Buchdiskont gewährenden Banken behält sich ferner vor, durch Revisionen der Geschäftsbücher, Korrespondenzen und Unterlagen beim Kreditnehmer den jeweiligen Stand der diskontierten Forderungen, sowie überhaupt die Ordnungsmäßigkeit der Bücher prüfen zu lassen, was ohne Kosten auch nicht zu erreichen sein wird. Man wird daher sagen müssen, daß der Buchforderungsdiskont jedenfalls ein teurer Kredit sein wird.

Neben den Kosten müssen für den Kreditnehmer auch die weitgehende Einsichtnahme und Kontrolle, welche die Bank über sein Geschäft übt, als etwas Bedenkliches, ihn in seiner freien Bewegung unter Umständen Hemmendes erscheinen. Der Buchgläubiger muß es über sich ergehen lassen, daß die Bank seinen ganzen Kundenkreis erfährt. Er muß ihr alle seine Beziehungen zu den einzelnen Kunden bloßlegen, sogar die Erfahrungen schildern, die er mit ihnen gemacht hat, über ihre Solvenz Auskünfte beibringen und dergleichen. Daneben erkundigt sich die Bank noch selbständig über die Güte der Kunden. Sie kontrolliert damit das ganze Geschäft des Kreditnehmers. Sie verlangt auch, daß er ihr alle sonstigen bankmäßigen Geschäfte zuweist. Bei richtiger Handhabung der Diskontierung von Buchforderungen muß sie sogar noch verlangen, die Verwendung des Diskonterlös vorschreiben und kontrollieren zu dürfen. Damit muß die Diskontierung von Buchforderungen zu einem starken Verhältnis von Abhängigkeit von den Banken führen, das volkswirtschaftlich sicherlich nicht erwünscht ist.

Die Kreditmöglichkeit, welche der Buchdiskont eröffnet, verführt ferner nicht allzu schwer den Geschäftsmann, der von ihm Gebrauch macht, dazu, mehr Ware von seinem Lieferanten zu beziehen, als den Verhältnissen seines Unternehmens angemessen ist, dann auch seinem eigenen Kunden leichter, als er es sonst tun würde, Kredit zu geben. Die Besorgnis ist gegeben, daß in manchen Fällen nur gekauft und verkauft wird, nicht um des regulären Gewinns wegen, sondern, unter Verzicht auf einen solchen, nur um augenblicklich Geld für irgend einen außerhalb des eigentlichen Geschäftsinteresses liegenden Zweck flüssig zu machen oder aber dem Geschäft nach außen einen Umfang zu geben, der innerlich nicht solid ist und zu Zusammenbrüchen führen muß.

3. Auch der Drittschuldner wird in seinen Interessen tangiert dadurch, daß sein Gläubiger Buchforderungsdiskont in Anspruch nimmt. Es ist ganz erklärlich, daß es ihm in vielen Fällen nicht paßt, wenn dritte Personen, die außerhalb der geschäftlichen Verbindung zu ihm und seinem Gläubiger stehen, erfahren, woher er bezieht, was er bezieht, wann er bezieht, welche Höhe und welche Frist des Kredits er in Anspruch nimmt, wie und wann er reguliert. Es wird heute aus einem recht wohl begreiflichen Gefühl heraus die Diskontierung von Buchforderungen seitens eines Gläubigers ohne Zustimmung seines Schuldners sogar als eine geschäftliche Indiskretion betrachtet. Auch ist recht wohl zu erklären, daß manche Käufer sich heute schon dazu entschlossen haben, bei ihren Bezügen sich ausdrücklich auszubedingen, daß die gegen sie gerichtete Warenforderung nicht abgetreten werden darf. Sodann ist es manchem Drittschuldner durchaus nicht angenehm, statt seines Lieferanten, zu dem er vielleicht persönliche Beziehungen hat und von welchem er eine individuelle Berücksichtigung und die Würdigung seiner besonderen Verhältnisse erwartet, plötzlich ein unpersönliches Kreditinstitut vor sich zu haben, das relativ strenge und jedenfalls uniforme Grundsätze über die Einziehung der betreffenden Forderungen beachten muß.

4. Die schwerstwiegenden Momente aber, welche gegen eine Propagierung der Diskontierung von Buchforderungen sprechen, liegen in den berechtigten Interessen der Warengläubiger, der Lieferanten der Kreditnehmer, begründet. Sie entspringen daraus, daß Vermögensobjekte, die bisher allen Gläubigern gleichmäßig als Kreditunterlage zugänglich waren, nun zur ausschließlichen Befriedigung eines Geldkreditgebers reserviert werden sollen, der seinerseits zur Entstehung der abgetretenen Forderungen nichts beigetragen hat. Die Bedeutung der Außenstände für den Umfang des Lieferungskredits ist oft genug geschildert worden. Die Immobilien dienen regelmäßig der Sicherung eines Sonderkredits in Form einer Hypothek. Maschinen und Geschäftseinrichtungen folgen zum Teil als Bestandteile der Immobilien dem für diese geltenden Rechte, zum Teil brauchen sie nicht Eigentum des Lieferungskreditnehmers zu sein. Wagenlager können verpfändet oder nur unter Vorbehalt des Eigentums erworben sein. So erklärt es sich, daß bei der Einwertung, ob ein Unternehmen für Lieferungskredit gut ist, das Bestehen, die Menge und Güte der Außenstände eine ganz erhebliche Rolle spielen. Diese Kreditunterlage wird nun im Forderungsdiskont beseitigt. Es sind daher gerade die Kreise der Industrie, welche gegen die Einführung des Buchdiskonts die größten und schwersten Bedenken haben. Es ist auch allseitig anerkannt worden, daß in der Gefährdung des Warenkreditgebers die größten und nicht ohne weiteres zu beseitigenden Bedenken der ganzen Einrichtung liegen. Die Industrie erblickt in dem Forderungsdiskont die Schmälerung einer wesentlichen Grundlage desjenigen Kredits, den sie selbst zu gewähren gezwungen ist und für den sie eine Sonderdeckung bisher regelmäßig nicht verlangt hat.

Diese Untergrabung der Grundlagen des Lieferungskredits wird von der Industrie um so unangenehmer empfunden, als es gerade ihre Lieferungen sind, die den Buchgläubiger überhaupt instand gesetzt haben, Außenstände zu erwerben. Es ist durchaus begreiflich, daß die Industrie sich dagegen wehrt, daß dann diese Außenstände zur ausschließlichen Vorzugsdeckung eines anderen Gläubigers verwendet werden sollen und daß dieses Verfahren nun unter Führung von Großbanken in Deutschland systematisch propagiert werden soll. Das Gefährliche liegt dann noch insbesondere darin, daß sich die Diskontierung von Buchforderungen ihrer ganzen Natur nach in absoluter Verborgenheit vollzieht, und daß die Lieferanten meist bis zum Zusammenbruch ihres Kunden keine Kenntnis davon erhalten, daß dieser seine Außenstände längst zu Gelde gemacht hatte.

Hier wendet man nun häufig folgendes ein:

Der Lieferungsgläubiger des Forderungsinhabers habe keinen in seinem Verhältnis zum letzteren begründeten Anspruch, daß dieser die Diskontierung unterlasse, denn der Buchgläubiger habe ja schon durch Wechselentnahme auf seine Kundschaft die Möglichkeit, seine Außenstände zu versilbern. Ob er das durch Ziehung von Kundenwechseln oder durch Diskontierung seiner Buchforderungen tue, könne dem Warengläubiger ganz gleichgültig sein. In den Wirkungen für den Warengläubiger stehe es sich ganz gleich, ob der kreditsuchende Warenschuldner den einen oder den anderen Weg wähle.

Diese Argumentation ist durchaus trügerisch. Daß der Buchgläubiger einen Teil der Forderungen, welche er an seine Kundschaft hat, durch Wechselentnahme flüssig macht, ist ein Punkt, mit welchem der Lieferant allerdings zu rechnen gewohnt ist. Er rechnet aber andererseits mit der weiteren Tatsache, daß es nicht alle Außenstände sind, welche sich durch Wechselentnahme auf die Kundschaft flüssig machen lassen und daß noch ein genügender Teil der Außenstände offen zu Buche bleibt und so eine Grundlage des Warenkredits bildet. Der Buchforderungsdiskont wird ja gerade deshalb und nur da gefordert, weil und wo die Kundschaft nicht geneigt ist, für ihre Verbindlichkeiten Wechselakzepte zu geben. Der wichtigste wirtschaftliche Anlaß für das Verlangen nach Einführung der Diskontierung von Buchforderungen ist ja gerade der Umstand, daß es nicht möglich ist, bei allen Fakturen auch gleich die Tratten auf den Kunden herauszuschreiben.

Es liegt also in der Tat nicht so, daß der Buchgläubiger es in der Hand hätte, seine Außenstände ausnahmslos durch Wechselentnahme auf die Kundschaft flüssig zu machen und sie dem Warengläubiger auf diese Weise ohnehin zu entziehen. Diese Möglichkeit ist rein theoretischer, nicht aber tatsächlicher Art. Sie soll zu einer tatsächlichen eben erst durch den Buchdiskont gemacht werden.

Der Warengläubiger, d. i. vorzüglich die Industrie, dann aber auch ein sehr beträchtlicher Teil des Handels, sieht daher in der Propagierung des Buchdiskonts als einer neuen Kreditform mit Recht eine überaus ernste Gefahr für die eigene Position, eine Erschütterung der Grundlage, auf welcher er bisher Kredit gegeben hat.

Da es sich hier also um eine ganz vitale Frage hinsichtlich der Interessen der Industrie und eines Großteils des Handels dreht, können die Kreise, welche heute die systematische Ausbreitung des Buchdiskonts verlangen und betreiben, sicher sein, daß bei Ausbreitung dieser neuen Kreditform Industrie und Handel an die Kreditwürdigkeit ihrer Abnehmer künftighin einen noch weit strengeren Maßstab werden anlegen müssen als bisher, und daß der Zug nach straffen Konditionen, nach kurzen Zahlungsfristen usw. sich noch ganz wesentlich verschärfen wird. Es ist auch nicht ausgeschlossen, daß die durch die neue Kreditform gefährdeten Kreise der Industrie und des Handels künftig in ihre Lieferungsbedingungen das vertragsmäßige Verbot der Diskontierung von solchen Forderungen aufnehmen werden, welche auf Grund der Veräußerung der von ihnen gelieferten Waren entstanden sind. Man wird jedenfalls mit Sicherheit voraussagen können, daß die systematische Propagierung des Buchdiskonts von der Industrie und vom Handel, soweit diese Erwerbskreise als Warengläubiger am geschäftlichen Verkehr beteiligt sind, nicht untätig hingenommen werden wird. Ob die möglichen und naheliegenden Folgen dann nicht die Situation der Kreise, welche heute in der Einführung des Buchdiskonts eine Stärkung ihrer Position und eine Steigerung ihrer Kreditquellen anstreben, gegen heute verschlechtern werden, das zu überlegen wird man diesen Kreisen ernstlich empfehlen müssen.

Damit ist die Stellung gekennzeichnet, welche der Warengläubiger und damit vorzüglich die Industrie zur Frage einer systematischen Ausbreitung der Diskontierung von Buchforderungen einzunehmen hat.

Wägen wir nun die Vorteile und Nachteile ab, welche der Buchforderungsdiskont für alle an ihm Beteiligten haben kann, so ist doch der Eindruck zweifellos der, daß die Nachteile weitaus überwiegen und daß die auf den ersten Anblick so hoffnungsvoll aussehende Sache voll von Bedenklichkeiten ist.

Nun hat man allerdings den Versuch gemacht, diese Bedenken dadurch zu zerstreuen, daß die Deutsche Bank in ihre Geschäftsbedingungen die Bestimmung aufgenommen hat, daß der Diskonterlös zur Begleichung von Warenschulden oder zu Lohnzahlungen verwendet werden soll. Mit dieser Bestimmung steht übrigens meines Wissens die Deutsche Bank unter den Instituten, welche in Deutschland sich mit der Diskontierung von Buchforderungen befassen, allein.

Der in dieser Bedingung der Deutschen Bank zum Ausdruck gebrachte Grundsatz ist jedenfalls in hohem Maße beachtlich und anerkennenswert. Er geht von der durchaus richtigen Auffassung aus, daß, wenn Buchforderungen diskontiert werden sollen, der Erlös in erster Linie zur Tilgung der Kredite derjenigen Gläubiger zu verwenden ist, die durch die Abtretung von Außenständen eine Beeinträchtigung ihrer Position erfahren haben. Langfristige Warenkredite würden bei kurzfristiger Verwertung der Außenstände auf die Dauer nicht zu erlangen sein. Dem soll die fragliche Bestimmung vorbeugen.

Man wird in der Tat unter Freunden und Feinden des Buchforderungsdiskonts darüber einig gehen, daß die ganze Einrichtung undiskutabel ist, wenn nicht eine Bindung des Kreditnehmers dahin vorgesehen wird, daß der Diskonterlös zur Befriedigung des Warengläubigers verwendet werden muß.

Vom Standpunkt des Warengläubigers und damit vom Standpunkt des Industriellen aus ist allerdings zu fragen: Genügt die obige Geschäftsbedingung, um den Eingriff, welchen der Buchdiskont in seine Interessensphäre macht, wettzumachen? Die Antwort hierauf ist nein!

Die betreffende Vorschrift sieht die Verwendung des Diskonterlöses nicht nur zur Befriedigung der Warengläubiger, sondern auch zur Lohnzahlung vor, also zur Beschaffung der im Betrieb unumgänglichsten und vordringlichsten Barmittel. Da wird man sagen müssen: Die Beschaffung dieser notwendigsten Betriebsausgaben aus dem Buchforderungsdiskont erscheint wirtschaftlich recht gewagt. Ein Betrieb, der schon zur Zahlung der Arbeitslöhne zur Diskontierung der Außenstände greifen muß, ist wohl kaum als genügend fundiert zu betrachten. Jede Absatzstockung muß ein solches Unternehmen über den Haufen werfen. Diese Verwendung des Diskonterlöses wird auch damit nicht hinreichend gerechtfertigt, daß in den verkauften Waren Arbeitslöhne stecken.

Die betreffende Geschäftsbedingung wäre also jedenfalls dahin einzuschränken, daß der Diskonterlös soweit zur Tilgung von Warenschulden zu verwenden ist, als solche überhaupt vorhanden sind und daß er erst darüber hinaus anderen Zwecken zugeführt werden darf.

Die Vorschrift der Deutschen Bank ist aber auch nur eine Sollvorschrift. Für den Warengläubiger selbst entstehen aus dieser Bedingung — und das ist ein entscheidender Gesichtspunkt — keinerlei Rechte und Ansprüche. Ob und inwieweit die Bank die Sollvorschrift zur Durchführung bringt, wieweit sie ihre Macht und ihre Kontrolle auf die Durchführung erstrecken will und kann, ob und inwieweit sie in der Praxis Ausnahmen von dieser Maxime zuläßt, das alles sind absolut offene Fragen. Dann ist noch zu erwägen, daß ein Geschäftsmann, der Buchforderungsdiskont in Anspruch nimmt, nicht nur einen, sondern vielleicht Dutzende von Lieferanten hat. In welcher Reihenfolge oder in welchem Verhältnis diese aus dem Diskonterlös zu befriedigen sind, ist nach der erwähnten Geschäftsbedingung durchaus offen, durchaus der Disposition des Kreditnehmers oder doch derjenigen seiner Bank überlassen. Demgegenüber kann der Warengläubiger, also auch die Industrie, nur erklären, daß diese an sich gewiß noch ausbildungsfähige Vorschrift in ihrer heutigen Gestalt keinen genügenden Ersatz für die schweren Nachteile bietet, die ihm durch Entziehung der wichtigsten Grundlage seiner Kreditgewährung zugehen. Soll die fragliche Geschäftsbedingung diesen Ersatz gewähren, so müßte sie den Warengläubiger als Vertragsbeteiligten in das Kreditverhältnis einbeziehen in der Art, daß ihm aus der Vereinbarung zwischen dem Kreditnehmer und dem Kreditgeber vertragsmäßige Rechte auf den Diskonterlös eingeräumt werden. Diese Forderung wird aber nur realisiert werden können, wo der Buchgläubiger nur einen oder nur wenige Warengläubiger besitzt. Dagegen entstehen die größten Schwierigkeiten, wo dem Buchgläubiger eine Mehrzahl von Warengläubigern gegenübersteht. Die fragliche Geschäftsbedingung der Deutschen Bank kann daher, so richtig sie auch nach der grundsätzlichen Seite ist, nicht die Bedenken zerstreuen, die heute beim Warengläubiger gegen das System des Buchforderungsdiskonts bestehen.

Liegen also schon im System selbst ganz erhebliche wirtschaftliche Gefahren für die Hauptbeteiligten, so erscheint die Ausbreitung und Förderung des Buchdiskonts noch ein viel gefährlicheres Unternehmen, wenn es gewürdigt wird vom Standpunkt der Gesamtvolkswirtschaft aus. Anlaß zur Einführung des neuen Diskontsystems sollen vorzugsweise die strengen Zahlungsbedingungen der großindustriellen Verbände und das unglückliche Verhältnis sein, in welches der Händler und Gewerbetreibende dadurch kommt, daß er seinerseits entweder bar mit Rabatt oder mit kurzer Zahlungsfrist kaufen, dagegen selbst mit langfristigem Kredit verkaufen soll. Die Beibehaltung dieser langfristigen Kreditierung soll ihm durch den Buchdiskont ermöglicht werden. Dies ist aber gewiß nicht die Entwickelung, die von einem weitsichtigen volkswirtschaftlichen Standpunkt aus angestrebt oder erleichtert werden darf. Der Buchforderungsdiskont soll dazu beitragen, die langfristigen Kredite im Verhältnis des Detaillisten und Kleingewerbetreibenden zum Konsumenten aufrechtzuerhalten. Gerade die gegenteilige Entwickelung ist aber erwünscht und notwendig. Die Herbeiführung kurzer Zahlungsfristen, ja die unmittelbare Barzahlung ist um so notwendiger, je näher der Umsatz dem wirklichen Verbrauch der Ware kommt. Gerade im Verhältnis des mittleren und kleinen Händlers zum Konsumenten wäre die Barzahlung oder kurzfristige Zahlung das einzig Angemessene.

Die Erziehung zur prompten Zahlung ist in ihrer ethischen und volkswirtschaftlichen Bedeutung nicht hoch genug einzuschätzen. Es ist in höchstem Maße verdienstvoll und notwendig, an der Lösung dieser

Frage weiterzuarbeiten. Es ist auf diesem Gebiet ja manches schon erreicht worden, es ist aber noch viel mehr zu erreichen. **Prompte Zahlung** des Abnehmers ist das, was man dem mittleren und kleinen Geschäftsmann wünschen möchte und was ihm not tut! Statt dessen gibt man ihm den Buchforderungsdiskont, der neben anderen Gefahren, die er in sich schließt, gerade hervorragend geeignet ist, die Bestrebungen auf Abschaffung des Borgunwesens illusorisch zu machen und dem kleinen Geschäftsmanne auch noch den letzten Anlaß zu nehmen, auf Einführung kurzer Zahlungsfristen bei seiner Kundschaft zu dringen und sich zu diesem Zwecke zu organisieren. Daß dieses Ideal nur schwer erreichbar ist, wird nicht bestritten. Es war aber auch nicht leicht, die Industrie zu einigen, um kurzfristige Zahlungen bei der Kundschaft durchzusetzen.

Das wichtigste volkswirtschaftliche Bedenken aber gegen die Diskontierung von Buchforderungen ist, daß sie nur allzusehr dazu geeignet ist, schwache Elemente heranzuziehen, die dann keiner wirtschaftlichen Krise standzuhalten vermögen. Der Buchdiskont gibt geradezu den Anreiz, mit unzulänglichen Mitteln Geschäftsgründungen und Geschäftserweiterungen in Szene zu setzen, die Unternehmungen noch mehr als es bisher ohnehin schon der Fall ist, auf Kredit statt auf eigenes Kapital aufzubauen, das so oft beobachtete Mißverhältnis zwischen Kapital und Kreditinanspruchnahme bei einzelnen Betrieben noch zu verschlimmern. Diese Möglichkeiten bedeuten eine schwere wirtschaftliche Gefahr, zumal für unsere deutschen Verhältnisse. In diesen ist die Inanspruchnahme von Kredit ohnehin schon eine außerordentliche. Uebermäßige Kreditanspannung ist geradezu die Not unserer Zeit und unserer deutschen Volkswirtschaft. Dieses Uebel durch eine künstliche Ausbreitung der Diskontierung von Buchforderungen fördern zu wollen, erscheint in höchstem Maße bedenklich.

Ich beantrage daher die Annahme folgender Resolution:

„Eine Lücke im deutschen Kreditwesen, die auszufüllen die Diskontierung von Buchfordeurngen als neue Form einer nicht nur gelegentlichen Krediterlangung berufen wäre, ist nicht als vorhanden anzuerkennen. Für den Kreditnehmer und dessen bisherige Gläubiger, insbesondere für die Warengläubiger enthält die Diskontierung von Buchforderungen ernstliche Gefahren. Sie führt notwendig zur entsprechenden Einschränkung des bisherigen Blanko- und Warenkredits und zu einer Beeinträchtigung des Vertrauensverhältnisses zwischen Lieferanten und Abnehmern. Zur Beseitigung dieses Schadens reichen Vertragsbestimmungen zwischen Kreditnehmer und Kreditinstitut über Verwendung des Diskonterlöses nicht aus. Die systematische Ausbreitung der Diskontierung von Buchforderungen ist geeignet, zu einer Ueberspannung der Kreditinanspruchnahme beizutragen. Ihre Förderung ist vom Standpunkt der Gesamtvolkswirtschaft aus nicht zu befürworten."

Der Vorsitzende spricht namens der Versammlung den beiden Herren Berichterstattern den Dank aus. Herr Generalsekretär Bueck bemerkt, daß bei der vom Centralverband Deutscher Industrieller unter seinen Mitgliedern veranstalteten Umfrage die eingegangenen Antworten sich allgemein gegen die Diskontierung der Buchforderungen erklären.

Die Diskussion wird wegen der vorgeschrittenen Zeit vertagt.

Schluß gegen 10 Uhr.

Versammlung

der

Delegierten des Centralverbandes Deutscher Industrieller

zu Berlin im „Hotel Adlon"
am 10. Dezember 1910, vormittags 11 Uhr.

Vorsitzender Landrat a. D. **Rötger**-Berlin: Meine Herren, ich eröffne die Delegiertenversammlung und heiße die Herren Delegierten namens des Direktoriums herzlich willkommen. Desgleichen darf ich die Herren Vertreter der Reichsregierung und der Königlichen Staatsregierung, sowie die Herren Parlamentarier, die unserer Einladung gefolgt sind, hier willkommen heißen. Wir haben, wie auch das vorige Mal, an die bürgerlichen Parteien des Reichstages eine Einladung ergehen lassen und haben zu unserer Freude eine ganze Reihe von Zusagen bekommen. Alle Herren können jetzt noch nicht hier sein, weil sie durch Sitzungen verhindert sind.

Des weiteren begrüße ich unsere Freunde aus der Interessengemeinschaft, die übrigen von uns eingeladenen Freunde und die Herren von der Presse.

Bevor wir unsere Tagesordnung erledigen, habe ich zu gedenken der Herren Mitglieder des Ausschusses, die seit Ihrer letzten Delegiertenversammlung durch den Tod abberufen worden sind. Es sind das die Herren Fabrikbesitzer Franz Clouth-Köln, Kommerzienrat Wilhelm Funke-Hagen in Westfalen, Geheimer Kommerzienrat Görtz-Mülfort-Odenkirchen, Geheimer Kommerzienrat Gustav Hartmann-Chemnitz, Geheimer Kommerzienrat Paul Heckmann-Berlin, Rechtsanwalt König-Nürnberg.

Meine Herren, der Centralverband Deutscher Industrieller — des sind wir gewiß — wird diesen Dahingeschiedenen ein ehrendes

Andenken dauernd bewahren. Ich bitte Sie, sich zu Ehren der Verstorbenen von Ihren Plätzen zu erheben. (Geschieht.) Ich danke Ihnen.

Des weiteren habe ich der Delegiertenversammlung mitzuteilen, daß gestern das Direktorium in Uebereinstimmung mit dem Ausschuß den Beschluß gefaßt hat, für den ja leider am 1. Januar von der Geschäftsführung zurücktretenden Herrn Bueck den Herrn Regierungsrat a. D. Dr. Schweighoffer vom 1. Januar ab zum Geschäftsführer zu bestellen.

Wir treten nun in die Erledigung der Tagesordnung ein und haben zu Punkt 1:

Die Ergänzungswahl zum Ausschuß

vorzunehmen.

Das Mitglied des Ausschusses, Herr Geheimer Kommerzienrat Gerhard L. Meyer in Hannover hat aus Gesundheitsrücksichten sein Amt niedergelegt. Der Ausschuß schlägt Ihnen an seiner Statt den Vorsitzenden des Vereins Deutscher Eisen- und Stahlindustrieller, Herrn Rechtsanwalt Wilhelm Meyer-Hannover vor.

Des weiteren ist die Stelle eines stellvertretenden Mitgliedes des Ausschusses frei geworden durch den Tod des von mir vorher erwähnten Herrn Geheimen Kommerzienrats Görtz-Mülfort-Oldenkirchen; an dessen Stelle wird Herr Kommerzienrat Emil Amann, Vorsitzender des Aufsichtsrats der Vereinigten Kunstseidenfabriken in Bönnigheim in Württemberg in Vorschlag gebracht. Endlich wird an Stelle des Herrn Regierungsral Scheitweiler-Oberhausen von der „Guten Hoffnungshütte", der stellvertretendes Mitglied im Ausschuß war, der Herr Kommerzienrat Reusch, sein Nachfolger, in Vorschlag gebracht.

Falls kein Widerspruch erfolgt, nehme ich an, daß die Herren mit der Wahl dieser drei Herren, also der Wahl des Herrn Meyer in Hannover als ordentliches Mitglied und der beiden anderen genannten Herren, Kommerzienrat Amann und Kommerzienrat Reusch als stellvertretende Mitglieder einverstanden sind. — Ich konstatiere das.

Nun kommen wir zu Punkt 2 der Tagesordnung:

Bericht des Geschäftsführers.

Ich gebe Herrn Bueck das Wort.

Geschäftsführer **Bueck**-Berlin: Meine geehrten Herren! Den letzten allgemeinen Bericht hatte ich die Ehre den Herren Delegierten in der Versammlung vom 29. April 1909 zu erstatten. Die beiden nächsten großen Versammlungen am 15. Oktober desselben Jahres und am 12. April dieses Jahres waren mit der Behandlung hochbedeutungsvoller Fragen derart belastet, daß der Geschäftsbericht ausfallen mußte.

Seit jenem letzten Bericht vor etwas mehr als $1^1/_2$ Jahren haben neun Sitzungen des Direktoriums stattgefunden. Dieser verhältnismäßig häufige Zusammentritt des Direktoriums läßt Sie wahrscheinlich schon auf eine sehr rege Tätigkeit im Centralverbande schließen. Ueber diese Tätigkeit wird Ihnen, wie gewöhnlich, im Anschluß an den stenographischen Bericht über die heutige Versammlung ein eingehender Bericht erstattet werden.

Meine Herren! Sie alle werden wohl im Laufe der Zeit die Bemerkung gemacht haben, daß von dem Bunde der Industriellen seit seiner Begründung, um den Centralverband herabzusetzen und wahrscheinlich auch seine eigene Existenz — — durch welche eine bedauerliche Spaltung in der Industrie hervorgerufen wurde — — zu rechtfertigen, die Behauptung aufgestellt worden ist, daß der Centralverband lediglich für die Interessen der sogenannten schweren Industrie, der Rohstoff- und Halbzeugindustrien, vorhanden sei, daß er die Interessen der weiter verarbeitenden, der Fertigindustrien gänzlich vernachlässige, ja sogar in Wahrung der Interessen der ersteren den letzteren Schaden zufüge.

Meine Herren! Mit Rücksicht darauf hatte ich mir eigentlich vorgenommen, aus der Tätigkeit des Centralverbandes im Verlaufe des letzten Jahres Einzelheiten ziemlich ausführlich hervorzuheben, um Ihnen ein eigenes Urteil darüber zu ermöglichen, ob jene Beschuldigung den tatsächlichen Verhältnissen entspräche. Ich habe dieses Vorhaben aber aufgeben müssen, da die ausführliche Darlegung der Einzelheiten die Zeit zu sehr in Anspruch genommen hätte, ich will mich daher darauf beschränken, nur die Punkte kurz zu erwähnen, die ich dabei im Auge gehabt habe.

Der Centralverband hat sich in dem letzten Jahre beschäftigt: mit der Patentgesetzgebung, mit den Bestimmungen über die Konkurrenzklausel; er hat ein Gutachten abgegeben über das internationale Uebereinkommen betreffend den Personen- und Gepäckverkehr; er hat sich eingehend beschäftigt mit den Bestimmungen und mit dem Verfahren hinsichtlich der genehmigungspflichtigen Anlagen. Diese Sache ist erst in einer großen Versammlung behandelt worden, dann ist eine eingehende Denkschrift dem Herren Handelsminister unterbreitet worden und sie hat ihren Abschluß in einer Besprechung im Handelsministerium gefunden, die der Herr Handelsminister in außerordentlich freundlicher Weise auf unsere Bitte mit den Interessenten aus den Kreisen der Industrie veranstaltet hatte. Der Centralverband hat sich ferner beschäftigt mit dem Ausschuß der Verkehrsinteressenten, der Ständigen Tarifkommission der deutschen Eisenbahnen, mit den erschwerenden Bestimmungen, die von einer Reihe höchster Behörden mit Bezug auf das Submissionswesen getroffen worden sind; er hat den schweren Bedingungen seine Aufmerksamkeit zugewendet, die von Industriellen selbst bei ihren Bestellungen anderen Industrien gegenüber festgesetzt werden, namentlich mit den in dieser Weise, wie man fast sagen kann, erzwungenen Gegenbestellungen, die in einzelnen Fällen dahingeführt haben, daß Maschinenfabriken genötigt waren, einen Handel mit Roheisen zu betreiben. Er hat sich in Verbindung mit der von ihm begründeten Interessengemeinschaft sehr eingehend mit dem Ausschuß zur Vorbereitung und Begutachtung handelspolitischer Maßnahmen, kurz genannt, dem Wirtschaftlichen Ausschuß, und mit einer intensiveren Heranziehung von Mitgliedern desselben bei den Verhandlungen über den Abschluß von Handelsverträgen beschäftigt, dies mit großem Erfolge; denn die Erweiterung des Wirtschaftlichen Ausschusses, seine mehrfache Berufung in letzter Zeit, die Zuziehung von Sachverständigen zu seinen Beratungen und auch jetzt die Zuziehung zweier Mitglieder zu den Verhandlungen in Stockholm über den Abschluß des Handelsvertrages mit Schweden sind wirklich als Erfolge in dieser Beziehung zu bezeichnen.

Meine Herren! Der Centralverband hat der Förderung des Exports seine volle Aufmerksamkeit und Zeit und Arbeit zugewendet. Um gewisse Unternehmungen und Veranstaltungen zur Förderung des Exports näher zu prüfen, Klarheit über sie zu erlangen, hat er eine Versammlung der am meisten am Export beteiligten Industrien und der in Deutschland bestehenden Vereinigungen der Exporteure berufen. Das Ergebnis war der an den Centralverband gerichtete Antrag, eine ständige Kommission für die Förderung des Exports zu bilden. Dieser Anregung ist der Centralverband noch nicht nachgekommen, aus Gründen, die ich mir später erlauben werde, darzulegen.

Meine Herren! Von dem Deutschen Generalkonsulat in London werden dem Centralverband fortgesetzt Gesuche englischer Firmen übermittelt, Bezugsquellen für gewisse Artikel aufzugeben. Es handelt sich fast ausschließlich um Fertigfabrikate. Wir sind in der Geschäftsführung wohl ziemlich gut informiert über die Sitze unserer Industrie und über das, was von ihr erzeugt wird. Aber es handelt sich in den meisten Fällen um Spezialitäten, bezüglich dieser reichen unsere Informationen nicht immer aus. Es haben dann umfangreiche Umfragen und Erhebungen stattfinden müssen, die ein erhebliches Arbeitspensum für uns darstellen.

Gleiche Anforderungen kommen oft auch von dem schweizerischen Generalkonsulat in Berlin und dem Vertreter von Canada. Es sind wohl im Laufe dieses Jahres über 200 derartige Anfragen an uns gekommen, die sich fast immer auf Erzeugnisse der Fertigindustrie bezogen.

Meine Herren! Unsere Kartellkommission hat in Verbindung mit Vertretern der dem Centralverband angeschlossenen Syndikate und Kartelle im vorigen Jahre eine solche Sitzung abgehalten, wie sie morgen auch wieder hier stattfinden wird. Es wurde vor einem Jahre die rechtliche Stellung der Syndikate erörtert und dann ein ausführlicher Vortrag über die Kartelle in der Textilindustrie gehalten. Hieran schloß sich eine sehr eingehende Diskussion, denn es bestehen nicht nur die großen Kartelle: Kohlensyndikat, Stahlwerksverband und andere in den sogenannten schweren Industrien, sondern gerade in der Textilindustrie, in der Fertigindustrie auf diesem Gebiete, besteht eine sehr große Anzahl von Kartellen, die teilweise mit außerordentlich rigorosen Bestimmungen vorgehen, rigoroser als man sie eine Zeitlang in den Bedingungen des Kohlensyndikats nicht ganz mit Unrecht zu erblicken glaubte, die aber bereits vor längerer Zeit eine Korrektur erfahren haben.

Meine Herren! Wir haben uns beschäftigt mit der Wertzuwachssteuer. Das Erscheinen des Gesetzentwurfes hatte große Beunruhigung hervorgerufen, weil es sich nicht lediglich um die Besteuerung des, wie man sich ausdrückte, unverdienten Wertzuwachses, sondern eigentlich um eine Besteuerung aller Grundstücksübertragungen handelte. Dabei riefen die Bestimmungen über die von der Wertsumme zulässigen Abzüge eine große Erregung hervor. Es ist selbstverständlich, daß die Tätigkeit und Sorgfalt des Eigentümers sehr viel zu der Wertsteigerung des Grundstücks beitragen kann, beispielsweise bei der Landwirtschaft durch die Verbesserung der Gebäude, durch Neuaufführung von Gebäuden, durch Verbesserung des Inventars, durch Meliorationen, überhaupt durch eine allgemeine Hebung des Kulturzustandes. Dadurch können mit Aufwendung großer Mittel sehr bedeutende Wertsteigerungen erreicht werden, für die auch sehr bedeutende Beträge aufzuwenden sind. Nach dem Gesetzentwurf sollte es nur der Landwirtschaft gestattet sein, die zur Wertsteigerung aufgewendeten Mittel von der Wertsumme in Abzug zu bringen.

Es liegt auf der Hand, daß auch bei den industriellen Betrieben in ganz ähnlicher Weise durch die Tätigkeit und Sorgfalt des Besitzers ein großer Wertzuwachs zu erreichen ist. Bei der Industrie sollten die hierfür aufgewendeten Beträge nicht abzugsfähig sein, weil merkwürdigerweise in den Motiven zu dem Gesetzentwurf gesagt worden war, daß bei industriellen Unternehmungen der Wertzuwachs in der Hauptsache in der Steigerung des Wertes von Grund und Boden liege.

Das erachte ich nun als durchaus unrichtig, denn, meine Herren, im Ausnahmefall kann das zutreffen bei industriellen Unternehmungen, die schließlich von den wachsenden Städten, von den Wohnungen umschlossen werden. Ich erinnere Sie zum Beispiel an das Fabriketablissement der Firma Borsig, wo der Grund und Boden als Baustelle einen außerordentlich hohen Wert erlangte.

Im allgemeinen aber wird man annehmen müssen, daß bei industriellen Etablissements die Wertsteigerung des Grund und Bodens gegen diejenige Wertsteigerung des ganzen Unternehmens weit zurücksteht, die durch Vermehrung und Verbesserung der Betriebsmittel, durch Erweiterung des Betriebes, Steigerung der Produktion und des Absatzes verursacht sein können, und zwar lediglich durch die Tätigkeit und Sorgfalt des Eigentümers. Es wurde als eine außerordentliche Ungerechtigkeit empfunden, daß der Industrie die Abzüge der für diese Verbesserungen aufgewendeten Beträge nicht gestattet sein sollten. Außerdem erkannte man, daß bei der Festsetzung des Mehrwertes der Steuerbehörde ein außerordentlicher Spielraum eingeräumt worden war, der ganz entschieden zu einer Unzahl von Prozessen hätte führen müssen. Ganz unberücksichtigt war geblieben, daß das unterirdische Bergwerkseigentum doch einen ganz anderen Wert habe und nach durchaus anderen Grundsätzen beurteilt werden müsse, als das Oberflächeneigentum des Besitzers.

Meine Herren! Diese nur als Beispiel angeführten Punkte und noch eine Reihe anderer Bedenken hat der Centralverband in einer Eingabe vom 3. Mai der betreffenden Kommission des Reichstages unterbreitet, und ich glaube nicht zu viel zu sagen, wenn ich annehme, daß auf diese Mahnung des Centralverbandes hin die Kommission nicht darauf einging, dieses Gesetz so schnell zu erledigen, wie es von anderer Seite angestrebt wurde, sondern daß die Erledigung erst in diese Session des Reichstages verlegt wurde. Dadurch ist weiten Kreisen Gelegenheit gegeben worden, ihre Interessen eindringlich zu vertreten.

Nun, meine Herren, werden Sie vielleicht anerkennen, daß die Tätigkeitsgebiete, die ich hier nur ganz flüchtig bezeichnet habe, wenn nicht mehr, so doch wenigstens in demselben Maße der Fertigindustrie, der verarbeitenden Industrie zugute kommen wie der schweren Industrie, und wenn Sie dann noch erwägen, daß die großen Arbeiten des Centralverbandes auf den Gebieten der Handels- und Zollpolitik, namentlich auf dem Gebiete der Sozialpolitik und auch sonstiger die

Interessen der Industrie berührender Gesetze doch der gesamten Industrie zugute kommen, so werden Sie mir vielleicht zugeben, daß zu der vom Bunde der Industriellen ausgehenden Behauptung, die ich vorhin mir darzulegen gestattet habe, ein ungeheures Maß von bösem Willen und bewußter Verlogenheit gehört.

Aber, meine Herren, das von mir soeben gekennzeichnete Gebahren des Bundes der Industriellen hat Erfolg. In der vorigen Woche wurde mir von einem sehr großen Verein, der seit vielen Jahren dem Centralverbande angehört, angezeigt, daß die Generalversammlung den Austritt aus dem Centralverband beschlossen habe, weil er sich nur mit den Interessen der großen, schweren Industrie beschäftigt. Meine Herren, es wird sich da derselbe Vorgang abgespielt haben, wie im Laufe dieses Sommers in der großen Generalversammlung des Vereins der Papierfabrikanten. Auch da traten Freunde des Bundes der Industriellen auf und versuchten nachzuweisen, daß der Centralverband gar nicht mehr in der Lage sei, die Interessen der Fertigindustrie zu vertreten. Dort wurde dasselbe beabsichtigt, was mit Erfolg erstrebt worden ist bei dem Verein der Fahrradfabrikanten. Bei dem Verein der Papierindustrie gelang es nun nicht, da doch die Mehrzahl der betreffenden Industriellen erkannte, daß dieses nur Verdrehungen und Verleumdungen sind, die keine Beachtung verdienen.

Meine Herren! Es gibt doch eigentlich keinen besseren Beweis für die Bedeutung des Centralverbandes als die unausgesetzten täglichen Bemühungen unserer Gegner, auf deren Ton auch die gegnerisch gesinnten Blätter abgestimmt sind, nachzuweisen, daß der Centralverband im Absterben begriffen sei und keine Bedeutung mehr habe. Meine Herren, einen abgestochenen Gegner läßt man auf der Strecke liegen (Heiterkeit), man kümmert sich nicht mehr um ihn. Der Versuch aber, ihn alle Tage noch töter zu schlagen (Heiterkeit), ist doch eigentlich der beste Beweis dafür, daß wir uns noch bei sehr guten Kräften befinden.

Meine Herren! In letzter Zeit ist ein neuer Angriffspunkt gegen den Centralverband und insbesondere gegen mich aufgetaucht. Es wird gesagt, daß ich in das Lager des Bundes der Landwirte übergegangen sei (Heiterkeit) und daß ich mit allen Mitteln bestrebt sei, auch den Centralverband Deutscher Industrieller in dieses Lager überzuführen.

Nun, meine Herren, daß Beziehungen zwischen der Industrie und der Landwirtschaft bestehen, ist eine offene Tatsache. Eine blühende Landwirtschaft ist eine der besten Abnehmerinnen der Industrieerzeugnisse auf dem inländischen Markte (beifällige Zustimmung), und der inländische Markt muß doch immer als die sicherste Grundlage unserer Industrie betrachtet werden. (Beifall.) Andererseits, meine Herren, bilden die gewaltigen Scharen hochbezahlter industrieller und gewerblicher Arbeiter wiederum für die Landwirtschaft ein Absatzgebiet, welches ihr ermöglicht, sehr gute und viel bessere Preise bezahlt zu bekommen, als wenn diese Konsumenten nicht vorhanden wären. Meine Herren, dem Zusammenstehen von Industrie und Landwirtschaft haben wir es auch allein zu verdanken — die ältesten Herren hier in der Versammlung werden mir jedenfalls darin beistimmen —, daß in den siebziger Jahren des vorigen Jahrhunderts der Umschwung vom bedingungslosen Freihandel zu dem System maßvoller Schutzzölle gelungen ist, ein Umschwung, der doch die Grundlage für den gewaltigen, wunderbaren Aufschwung unseres wirtschaftlichen Lebens gewesen ist, um den uns die ganze Welt beneidet.

Meine Herren! Weil wir eine blühende Landwirtschaft als eine andere sehr notwendige Grundlage unseres ganzen Staatswesens brauchen, wäre es, als wir das Verlangen stellten, daß unsere Erzeugnisse gegen die billigere Produktion des Auslandes geschützt werden sollen, doch eine gewaltige Ungerechtigkeit gewesen, wenn man diesen Schutz der Landwirtschaft versagt hätte, die durch die billigere Produktion der überseeischen Länder auf ihren jungfräulichen Böden aufs äußerste bedrängt war. (Zustimmung und Beifall.) Meine Herren, deshalb sind wir auch bei den Vorbereitungen für den neuen, jetzt geltenden Tarif für die Wiederherstellung der durch die Anfang der neunziger Jahre abgeschlossenen Handelsverträge stark herabgesetzten Getreidezölle eingetreten; aber — ich hebe hier ausdrücklich hervor — nicht für mehr. Die übertriebenen Forderungen des Bundes der Landwirte, die außerordentlichen Erhöhungen der Zölle auf die sonstigen Lebensmittel, sogar auf Rohprodukte für die Industrie, wenn irgendein auch nur ganz loser Zusammenhang dieser Rohprodukte mit landwirtschaftlichen Erzeugnissen angenommen werden konnte, hat der Centralverband immer mit größter Entschiedenheit bekämpft und zurückgewiesen.

Meine Herren! Wenn ich im Verlaufe der Zeit verpflichtet gewesen bin, für die Beziehungen zwischen Industrie und Landwirtschaft einzutreten, habe ich niemals versäumt, hervorzuheben, daß damit die Bestrebungen des Bundes der Landwirte nicht gemeint sind, daß wir und daß ich diese Bestrebungen stets bekämpft haben, und das ist auch heute noch mein Standpunkt.

Meine Herren! Kürzlich hat eine sehr bekannte große Fachzeitschrift, die dem Centralverband sehr freundlich gegenübersteht, auch mir persönlich, doch ihr Bedauern ausgesprochen, daß ich jetzt zu dem Bunde der Landwirte übergetreten sei und auch den Centralverband hineinhaben möchte. Ich habe in höflicher Weise die Redaktion gebeten, mir doch nur eine Tatsache oder eine Aeußerung von mir anzugeben, die die Berechtigung der Annahme klarstellen könnte. Die Redaktion ist mir bis heute die Antwort schuldig geblieben.

Ich weiß ganz genau, daß hier in der Versammlung mir gegenüber Herren sitzen, hochverehrte Mitglieder des Centralverbandes, die auch sich dieser Meinung angeschlossen haben. Ich würde ihnen außerordentlich dankbar sein, wenn sie mir auch nur eine Tatsache mitteilen könnten, auf die sie ihr Urteil begründen.

Aus diesen meinen bisherigen Mitteilungen werden Sie wohl entnommen haben, daß die Tätigkeit des Centralverbandes recht bedeutend und umfangreich gewesen ist. Dennoch nehme ich keinen Anstand, hier öffentlich einzugestehen, daß der Centralverband nicht das tut, was er tun sollte und tun möchte. Freilich haben die Arbeiten und die Tätigkeit des Centralverbandes von Jahr zu Jahr in großem Umfange zugenommen. Aber die hohe Stufe, auf der sich diese Tätigkeit befinden müßte, um in vollkommenster Weise die Interessen der Industrie zu wahren, hat sie noch nicht erreichen können, weil es dem Centralverband immer an den entsprechenden Mitteln gefehlt hat.

Meine Herren! Wir haben in unserem Bureau zwei Abteilungen errichtet, eine für die Handels- und für die Zollpolitik und eine für das Kartellwesen. Die Herren Vorsteher dieser Abteilungen würden vollauf zu tun haben, vielleicht noch Assistenz brauchen, wenn sie sich in den betreffenden ihnen zugewiesenen Gebieten so vollständig einarbeiten, sie so vollständig beherrschen sollten, wie es zur Lösung ihrer Aufgaben gehört.

Sie können es nicht, weil sie täglich zu anderen Arbeiten des Centralverbandes herangezogen werden müssen. Es fehlt uns eben an Arbeitskräften. Wie dem Menschen das tägliche Brot, so fehlen uns andere Abteilungen. So zum Beispiel können wir uns eine Abteilung für die Ueberwachung unseres Mitgliederverzeichnisses, wenn ich mich kurz so ausdrücken soll, eine Abteilung für die Propaganda für den Centralverband nicht leisten. Noch nötiger fast haben wir ein Preßbureau. Auch das ist bis jetzt ein vergeblicher Wunsch von mir gewesen. Wir haben es nicht machen können, weil dazu die Mittel des Centralverbandes nicht ausreichen.

Meine Herren! Die Frage, wie diese Mittel zu beschaffen sind, hat unser Direktorium sehr häufig beschäftigt. Es ist immer durch andere Sachen in Anspruch genommen und hat zur Lösung dieser Frage nicht kommen können.

Ich muß ja gestehen und gestehe es gern, daß es Ausnahmen gibt, sowohl unter unseren Einzelmitgliedern wie unter den Vereinen und Verbänden, die, ich möchte fast sagen, überreichlich zu den Kosten des Centralverbandes beitragen. Im Durchschnitt aber ist von den Vereinen nichts mehr zu erwarten, denn die allermeisten dieser 195 dem Centralverband angeschlossenen industriellen und wirtschaftlichen Organisationen werden von ihren Mitgliedern selbst so knapp gehalten, daß sie sich kaum rühren, geschweige denn noch mehr für den Centralverband abgeben können. (Bewegung.) Meine Herren, die einzelnen Industriellen müßten für ihre Interessenvertretung — für die sie aber im Durchschnitt selbst sehr wenig Interesse haben (Heiterkeit) — mehr Opferwilligkeit beweisen, und diese Opferwilligkeit fehlt.

Meine Herren! Wenn Sie wissen wollen, was Opferwilligkeit zu bedeuten hat, dann richten Sie Ihre Blicke auf die Sozialdemokratie und auf die sozialdemokratischen Gewerkschaften. (Sehr richtig!) Meine Herren, das viel geschmähte, in der Tat hinsichtlich seiner Bestimmungen mangelhafte und seitens der Behörden ungenügend durchgeführte Sozialistengesetz hatte doch die sozialdemokratische Bewegung niedergehalten. Als das Sozialistengesetz sang- und klanglos ablief, auch von keiner Seite an die Fortsetzung desselben erinnert wurde, im Jahre 1890, da umfaßten die gewerkschaftlichen Genossenschaften nur 237 094 Mitglieder. Dann aber ging es schnell vorwärts. Heute können wir mit rund zwei Millionen sozialdemokratisch organisierten Gewerkschaftsmitgliedern rechnen, dazu kommen noch etwa eine halbe Million der christlichen und der Hirsch-Dunkerschen Gewerkschaften.

Meine Herren! Die Theorie von der Verelendung der Massen hat angesichts der handgreiflichen Tatsachen von den Führern der Sozialdemokratie doch aufgegeben werden müssen. Dennoch bilden Hungerlöhne, Elend, Auspressung und Ausbeutung der Arbeiter noch immer die großen kräftigen Schlagworte für alle Verhetzung, für die Anstiftung aller Streiks. Das hält aber die Sozialdemokratie und die Gewerkschaften nicht ab, von ihren Mitgliedern Steuern zu erheben, die das Mehrfache dessen bedeuten, was der Staat von seinen Staatsangehörigen fordert. (Sehr richtig!) Die sozialdemokratischen Gewerkschaften hatten im vorigen Jahre eine Einnahme von 50½ Millionen, sie haben ausgegeben 46¼ Millionen. Sie haben in einigen der vorhergehenden Jahre allein für Streiks jährlich über 13 Millionen Mark ausgegeben. Sie haben ein Vermögen von 43½ Millionen Mark, wozu noch 10 Millionen kämen, die die anderen Gewerkschaften besitzen.

Meine Herren! Der Staat läßt Einkommen bis zu 900 M. von jeder direkten Steuer frei und erhebt dann in drei Stufen 6, 9 und 12 M. von den Einkommen von 900 bis 1350 M., eine doch immerhin nicht bedeutende Steuer. Die Sozialdemokratie schont keines ihrer Mitglieder, auch nicht die schlechtest und elendest bezahlten. Sie hat im Jahre 1909 im Durchschnitt von ihren Mitgliedern 27,57 M. erhoben. (Hört! Hört!) Meine Herren, dieser Durchschnittssatz ist außerordentlich schnell gestiegen. Er betrug im Jahre 1891 nur 6,68 M., im Jahre 1900 13,89 M.; er hat sich also in 18 Jahren vervierfacht, in neun Jahren verdoppelt. Frei ist keiner.

Meine Herren! Was hat dagegen das Geschrei über die außerordentliche Erhöhung der Staatssteuern zu bedeuten! (Sehr gut!) Die höchsten Beiträge erheben die Notenstecher und Litographen mit 64 M. und 63 M. jährlich von ihren einzelnen Mitgliedern. Dann kommen die Buchdrucker mit 57,60 M., die Holzarbeiter mit 34,62 M., die Metallarbeiter mit 33,20 M.; 80000 Mitglieder bezahlen jährlich mehr als 52 M.

Meine Herren! Von den Sozialdemokraten wird auf ihren Pateitagen, in ihren Versammlungen und in ihrer Presse mit immer größerer Offenheit und mit der von dem Bewußtsein der Straflosigkeit genährten Dreistigkeit der Kampf gegen Staat und Gesellschaft und unsere Wirtschaftsordnung gepredigt.

„Wenn die Sozialdemokratie erst einmal den preußischen Staat erobert hat," — so sagte Bebel auf dem Parteitag in Magdeburg — „dann hat sie alles. Das kostet Mühe, das kostet Arbeit, das kostet Schweiß und das kostet eventuell noch mehr." Meine Herren, dieses „eventuell noch mehr" ist sehr verständlich. Die blutige, wenigstens zum Teil blutige Revolte in Moabit hat eine ganz deutliche, verständliche Erklärung dafür gegeben. Ich erblicke in den Worten Bebels das Zugeständnis, daß die Sozialdemokratie zur gegebenen Zeit auch nicht vor einer blutigen Revolution zurückschrecken wird, wenn es gilt, den preußischen Staat zu erobern.

Meine Herren! Leider haben wir mit Parteien und mit einer Presse zu rechnen, die aufs äußerste bestrebt ist, die Sozialdemokratie als ungefährlich, sogar als bündnisfähig für die bürgerlichen Parteien zu bezeichnen. Das geschieht wesentlich im Hinblick auf die sogenannten Revisionisten, von denen erwartet wird, daß sie eine Spaltung in der Sozialdemokratie herbeiführen und sich selbst, wenn auch zu einer äußerst scharfen, so doch den bürgerlichen Parteien zuzuzählenden Oppositionspartei entwickeln werden. Meine Herren, diese Illusion scheint mir durch den Verlauf des letzten Parteitages in Magdeburg doch zerstört worden zu sein. Es hat sich dort herausgestellt, daß die süddeutschen Budgetbewilliger nur eine andere Taktik befolgen. Sie haben sich ja im Verlauf des Parteitages auch in dieser Beziehung ziemlich geduckt. Im übrigen aber ist von den süddeutschen Führern, den Abgeordneten Dr. Frank und Kolb mit einer gewissen Beflissenheit versichert worden, daß sie dieselben revolutionären Ziele, die Herrschaft des Proletariats über den Staat und die Gesellschaft verfolgen, wie die radikalsten Sozialdemokraten Ledebourscher Richtung.

Diese Bestrebungen fangen in bedenklicher Weise an, den Charakter des Utopischen zu verlieren; das lehrt ein Blick auf die von der Sozialdemokratie und ihren Gewerkschaften erzielten Erfolge.

Meine Herren! Es ist der Beweis eines außerordentlich zielbewußten Vorgehens, daß die Sozialdemokratie zunächst danach trachtet, eine der wesentlichsten Grundfesten des modernen Staates, die Industrie, in ihre Gewalt zu bekommen. Auf die Unterstützung, die ihr dabei von unseren Einrichtungen und von unserer Gesetzgebung gewährt wird, komme ich später zu sprechen.

Noch im vergangenen Jahre in der Hauptversammlung der Mitglieder der Hauptstelle Deutscher Arbeitgeberverbände konnte ich zuversichtlich der durch den Ausgang zahlreicher Streiks und Aussperrungen berechtigten Ansicht Ausdruck geben, daß die Angriffe selbst der stärksten Gewerkschaften an der vereinigten Macht und Kraft der Arbeitgeber zerschellen müssen. Diese Zuversicht habe ich heute nicht mehr, sie ist durch den Ausgang der großen Kämpfe dieses Jahres stark erschüttert worden.

Der erste dieser Kämpfe war die Aussperrung im Baugewerbe. Fast in jedem Frühjahr erhoben sich, wenn die Tarifverträge abgelaufen waren, die Forderungen der Arbeiter nach höheren Löhnen und nach kürzerer Arbeitszeit, die nach einigem Sträuben von den Bauunternehmern immer bewilligt wurden. Denn, meine Herren, seit die Kultur uns aus den Erdhütten vertrieben hat und das Wohnen in festen Häusern zu einer unabwendbaren Notwendigkeit geworden ist, müssen wir eben für unsere Wohnungen zahlen, was uns abgenommen wird, da wir das Mittel noch nicht entdeckt haben, fertige, billigere Wohnungen vom Auslande zu importieren. (Heiterkeit.)

In ähnlicher, aber umgekehrter Weise gestalteten sich diese Verhältnisse auch in diesem Frühjahr. Als mit dem 1. April dieses Jahres die meisten Tarife abliefen, waren es nun nicht die Arbeiter, die Forderungen stellten, sondern, von der äußersten Not gedrängt, die Arbeitgeber. Sie verlangten den Abschluß eines Reichstarifs zwischen den beiderseitigen Zentralorganisationen, sie verlangten die Sicherung der Akkordarbeit, sie verlangten, daß weitere Kürzungen der Arbeitszeit nicht mehr gefordert werden sollten und daß über die Arbeitslöhne in kleinen Bezirken verhandelt werden sollte. Diese Forderungen wurden von den Arbeitern unbedingt zurückgewiesen, worauf von den Organisationen der Arbeitgeber der Beschluß gefaßt wurde, eine allgemeine Aussperrung vorzunehmen.

Meine Herren! Dieser Beschluß war außerordentlich gewagt, denn man wußte schon, daß die großen Plätze Berlin, Hamburg und Bremen, sich an der Aussperrung nicht beteiligen würden. Diese Aussperrung ist überhaupt nur mit einiger Schärfe in Süddeutschland und in Sachsen durchgeführt worden, im ganzen Westen hat es damit außerordentlich gehapert. Aber auch sonst war diese Aussperrung ungemein mangelhaft vorbereitet. Zum Kriege gehört Geld, das ist eine alte Wahrheit; die Vereinigung der Arbeitgeber im Baugewerbe hatte keinen Pfennig. Der Versuch, Geld zu erlangen, wurde erst später gemacht. Die Organisation der Bauarbeiter verfügte dagegen über reiche Mittel. An die Regelung der beiden äußerst wichtigen Punkte, der Materialiensperre und der Frage der Konventionalstrafen bei verzögerter Bauausführung trat man erst heran, nachdem die Aussperrung längst begonnen hatte.

Nun, meine Herren, immerhin waren es etwa 180 000 Arbeiter, die ausgesperrt wurden, und das wirkte doch recht ungünstig auf ziemlich weite Kreise unseres Wirtschaftslebens. Da nahm sich das Reichsamt des Innern der Sache an und versuchte mit Erfolg zu vermitteln. Es kam ein Kompromiß zustande, bei dem die Arbeiter freilich nur einen Teil ihrer Forderungen erreichten, die Arbeitgeber aber eine entschiedene Niederlage erlitten. Meine Herren, zu dem Ausgleich gehörte das Zugeständnis, daß in den nächsten drei Jahren die Löhne sukzessiv erhöht werden sollen. Nun, meine Herren, hängt doch die Möglichkeit, nach drei Jahren höhere Löhne zu zahlen, auch von der Konjunktur ab. Wer will wissen, welche Konjunkturen im Laufe der Zeit eintreten werden? Da muß ich sagen, ich habe den Mut der Herren vom Reichsamt des Innern bewundert, daß sie bei der Festsetzung dieser Bedingung doch gewissermaßen den Arbeitern gegenüber eine Garantie übernommen haben, daß die Arbeitgeber in drei Jahren in der Lage sein werden, diese erhöhten Löhne zu zahlen. (Sehr richtig!)

Nicht nur von diesem Gesichtspunkt aus halte ich das Eingreifen der Behörde in die Kämpfe der Arbeiter und der Arbeitgeber für verfehlt. Meine Herren, mein sehr verehrter Herr Kollege, der Herr

Dr. Brandt, Syndikus der Handelskammer Düsseldorf, der leider heute am Erscheinen, wie er mir schreibt, verhindert ist, hat in der in diesem Sommer stattgehabten Generalversammlung des Vereins der deutschen Eisengießereien, dessen Geschäftsführer er ist, sehr klar und sehr präzise dargelegt, daß bei derartigen Vermittelungen und Kompromissen der Arbeitgeber unter allen Umständen und immer zu kurz kommt. (Sehr richtig!) Denn, meine Herren, ein Kompromiß beruht doch auf Nachgeben von beiden Seiten. Die Arbeiter haben also nichts zu tun, als möglichst hohe Forderungen zu stellen, weil sie wissen, daß bei der Vermittelung doch von beiden Seiten nachgegeben werden muß, daß also die Arbeitgeber, wenn auch gegen ihr bestes Recht, etwas nachgeben müssen, das sie (die Arbeiter) in die Tasche stecken. Aus diesen Gründen, weil bei derartigen Dingen der Arbeitgeber immer zu kurz kommt, in Verluste gerät trotz seines besten Rechtes, halte ich es für unrichtig, daß die Behörden sich in derartige Streitigkeiten mischen (lebhafte Zustimmung), und die Arbeitgeber würden gut tun, wenn sie auf derartige Vermittelungen nicht eingehen. (Sehr richtig!)

Meine Herren! Der zweite große Kampf entwickelte sich bei den Schiffswerften. Nachdem die Arbeitsbedingungen erst im Jahre 1907 zur beiderseitigen Zufriedenheit neu geregelt worden waren, stellten die Metallarbeiter auf das Geheiß ihres Verbandes erneute Forderungen. Sie wurden von den Werften nicht bewilligt. Darauf traten die Arbeiter in den Ausstand. Nachdem das eine Weile gedauert hatte, sahen sich die Werften veranlaßt, 60 pCt. aller bei ihnen beschäftigten Arbeiter auszusperren, worauf die anderen von selbst die Arbeit niederlegten und damit den gesamten Schiffbau an unserer Nordküste zum Stillstand brachten.

Sehr bald mußten die Werften aber erkennen, daß sie nicht in der Lage waren, den Ausstand durchzuführen, weil alle ihre ausgesperrten Arbeiter schlankweg im Verkehr und ganz besonders im Baugewerbe Beschäftigung gefunden hatten, obwohl das Baugewerbe mit den Werften im Verein der Deutschen Arbeitgeberverbände vereinigt ist und damit die Pflicht übernommen hat, streikende und ausgesperrte Arbeiter von den anderen nicht zu übernehmen. Sie sehen, meine Herren, daß es doch so eine Sache ist, mit derartigen Gewerbetreibenden in bindende Verhältnisse und Abmachungen einzutreten!

Die Erkenntnis, daß sie die Aussperrung nicht durchführen könnten, veranlaßte die Werften, den Gesamtverband der Deutschen Metallindustriellen, dem sie als Gruppe angehören, zur Hilfe zu rufen, die dann auch sofort gewährt wurde. Er sandte eine Kommission nach Hamburg, die alsbald den Beschluß faßte, ungefähr 460 000 Metallarbeiter im ganzen Reiche auszusperren. Nachdem dieser Beschluß veröffentlicht war, begann man die Verhandlungen mit den Vertretern des Metallarbeiterverbandes; er zählt 360 000 Mitglieder und ist die mächtigste Gewerkschaft, die wir im Deutschen Reiche haben.

Es ist hier nicht der Ort, auf die Einzelheiten der Unterhandlungen einzugehen. Sie führten zu einer vollständigen schweren Niederlage der Werften, also der Arbeitgeber.

Ich will hier gleich erwähnen, daß das dritte Ereignis, die Aussperrung der Straßenbahnangestellten in Bremen, auch mit einer völligen Niederlage der Arbeitgeber und Unternehmer endete. Die Niederlage der Werften ist von höchster Bedeutung, weil sich hier der größte und mächtigste, von den Gewerkschaften bisher für unüberwindlich gehaltene Arbeitgeberverband der Deutschen Metallindustriellen und die bedeutendste, an Mitgliedern zahlreichste und am stärksten gerüstete Gewerkschaft der Metallarbeiter gegenüberstanden. Von ihr ist der Verband der Arbeitgeber geschlagen worden.

Meine Herren! Welche Lehren haben wir aus diesen Vorgängen zu ziehen? Einmal, daß die mit äußerster Sorgfalt und Umsicht bis ins kleinste mustergültig durchgearbeiteten, von der bewunderungswerten Opferwilligkeit der Arbeiter kraftvoll ausgestatteten Organisationen der Arbeiter sich zu einer furchtbaren Macht entwickelt haben. Meine Herren, mit Aussperrung drohen, das ist nichts mehr, darüber lachen die Leute, und kleine Aussperrungen von 30- bis 40 000 Mann werden von diesen mächtigen Organisationen mit ihren großen Mitteln mit Leichtigkeit überwunden.

Freilich, die Aussperrung von 460 000 Arbeitern durch den Gesamtverband der Deutschen Metallindustriellen hätte diesem sicher in verhältnismäßig kurzer Zeit den Sieg verschafft. Denn 460 000 Arbeiter bedeuten rund 2 Millionen Mäuler, die täglich gesättigt werden müssen. Da gehen auch die 50 Millionen Kapital sehr leicht zu Ende. Der Sieg wäre den Arbeitgebern sicher gewesen. Ob aber alle zum Gesamtverbande gehörigen Arbeitgeber für solche Aussperrung zu haben gewesen wären, habe ich Ursache durchaus zu bezweifeln. Soweit reicht, freilich mit zahlreichen ruhmvollen Ausnahmen, die Opferwilligkeit und vor allem die Erkenntnis der Lage der übergroßen Mehrheit der Arbeitgeber nicht.

Ich sage: die Einsicht in die Lage; denn diese stellt die deutschen Arbeitgeber vor die Alternative, zunächst unter Ueberwindung der aus kleinlichen, erbärmlichen Gründen herbeigeführten Spaltungen in der Industrie sich fest, unerbittlich fest zusammenzuketten, mit dem Willen, große Opfer zu bringen, die mit jeder Hinausschiebung des Entscheidungskampfes immer größer werden müssen, und so, meine Herren, im festen Zusammenschluß und mit unerschütterlichem Willen die Gewerkschaften niederzuzwingen, zu zerschlagen, zu vernichten, denn das muß das Ziel des Kampfes sein, oder sich und ihre Betriebe unter die Zwingherrschaft der Gewerkschaftsführer, ihrer Vertrauensmänner, der Hetzer und Agitatoren, d. h. unter die Botmäßigkeit der Sozialdemokratie zu stellen. Etwas anderes gibt es nicht. Dann aber würde die Sozialdemokratie die erste bedeutende Etappe zur Herrschaft über den Staat und die Gesellschaft erreicht haben. (Sehr richtig! Sehr wahr!)

Nun aber frage ich, meine Herren: Wie ist es gekommen, daß die rund 2 Millionen sozialdemokratisch organisierten Arbeiter die etwa fünfmal größere Zahl der deutschen unorganisierten gewerblichen und Industriearbeiter so vollständig beherrschen, so ihren verruchten Zielen dienstbar machen und damit zu einer derart unheimlichen Macht in unserem Reich — ein Staat im Staate möchte ich sagen — gelangen konnten? Ich antworte: Weil eine eigentümliche sozialistische Geistesrichtung, namentlich in der wissenschaftlichen Vertretung unserer Nationalökonomie (lebhafte Zustimmung), deswegen auch in weiten Kreisen der Gebildeten (sehr richtig!) in unseren politischen Parteien, weil unsere politischen Institutionen — ich verweise als Beispiel auf das in Deutschland geltende Wahlrecht mit seiner Rückwirkung auf die Parteien, die Presse und damit auf die öffentliche Meinung — und weil unsere Gesetze auf diesem Gebiete dem Machtzuwachs der Sozialdemokratie und ihrer Gewerkschaften weitgehenden Vorschub leisten. (Sehr richtig!) Meine Herren, unter der mächtigen Einwirkung dieser Faktoren ist das Koalitionsrecht zu einem Koalitionszwang umgeformt, ist der Arbeitswillige, als ehrloser Streikbrecher gebrandmarkt, mit seiner Person und seiner und der Seinen ganzen Existenz der Tyrannei und Rachsucht der Genossen preisgegeben, ist diesen mit der Erlaubnis, Fabriken und Betriebe auf Straßen und Plätzen mit Wachtposten zu umstellen, das sicherste Mittel zur Ausübung ihrer Schandtaten gegen die Arbeitswilligen, zur Niederzwingung der Unternehmer gegeben und gewährleistet.

Meine Herren, wir, die Vertreter des größten und bedeutendsten Teiles der deutschen Industrie, haben nicht versäumt, häufig genug auf diese Zustände aufmerksam zu machen und um Abhilfe zu bitten — immer vergebens. Ich habe Grund anzunehmen, daß unsere Verbündeten Regierungen und auch die höchsten leitenden Personen der Annahme sind, daß unsere bestehenden Gesetze bei genügender Handhabung und Ausführung ausreichen, um dem Treiben, den Untaten der Sozialdemokratie entgegenzutreten. Nun, meine Herren, was die Ausführung betrifft, so glaube ich, daß in manchen kleineren Orten die Polizei schon sehr schwer daran geht, sich den Genossen gegenüberzustellen. Meine Herren, gehen Sie einmal nach dem kleinen preußischen Fabrikstädtchen Eilenburg an der sächsischen Grenze, wo ich in diesem Jahre die Verhältnisse persönlich untersucht habe. Da schmachtet die ganze Einwohnerschaft unter der Tyrannei der Gewerkschaften. Das geht soweit — das will ich Ihnen als Kuriosum mitteilen —, daß der Barbier sich weigerte, einem Arbeitswilligen den Bart abzunehmen (Heiterkeit), weil er sonst in seiner ganzen Existenz durch den über ihn verhängten Boykott ruiniert worden wäre.

Aber, meine Herren, diese Zuversicht der jetzigen Machthaber über die Wirkung unserer bestehenden Gesetze, und die Ansicht, daß sie genügen, ist von ihren Vorgängern durchaus nicht geteilt worden. Im Gegenteil, in der großen Gewerbeordnungsnovelle im Jahre 1890 war auch die Aenderung des § 153 der Reichsgewerbeordnung vorgesehen. Wenn die damals vorgeschlagene Aenderung angenommen worden wäre, dann wäre z. B. die Verhängung der Sperre oder des Boykotts von seiten der Arbeiter gegen einen Arbeitgeber bzw. der Arbeitgeber gegen Arbeiter strafbar gewesen, und die Strafen würden sehr wesentlich erhöht worden sein. Der damalige Handelsminister v. Berlepsch hat mit ausgezeichneter Argumentation und wiederholt eindringlichst den Reichstag aufgefordert, diese Aenderung anzunehmen, jedoch vergebens. Sie wurde in der zweiten Lesung abgelehnt, in der dritten Lesung nicht mehr erwähnt. Aber die Verbündeten Regierungen hatten den Herrn Minister doch ermächtigt, zu erklären:

„daß die Verbündeten Regierungen nach wie vor an der Ueberzeugung festhielten, daß Strafbestimmungen gegen den Zwang zur Arbeitseinstellung, gegen die öffentliche Aufreizung zur Niederlegung der Arbeit unter Kontraktbruch unerläßlich notwendig seien, und daß, wenn der Reichstag bei dieser Gelegenheit die Vorschläge der Verbündeten Regierungen in dieser Beziehung nicht annehme, er in späterer Zeit wieder vor die Frage gestellt werden würde. Die Verbündeten Regierungen seien der Ueberzeugung, daß auf die Dauer der Reichstag sich der Verpflichtung nicht werde entziehen können, zur Aufrechterhaltung der öffentlichen Ordnung und im Interesse des öffentlichen Wohles gegen die Ausschreitungen, die der vorgeschlagene § 153 treffen wolle, auch seinerseits das Notwendige zu tun.“

Ein noch viel bedeutungsvolleres Dokument in dieser Beziehung war die Thronrede, mit der der Kaiser am 6. Dezember 1898 die zehnte Legislaturperiode des Reichstages eröffnete; sie lautete in den betreffenden Sätzen:

„Der Terrorismus, durch den Arbeitswillige an der Fortsetzung oder der Annahme von Arbeit gehindert werden, hat einen gemeinschädlichen Charakter angenommen. Das den Arbeitern gewährleistete Koalitionsrecht, welches unangetastet bleiben soll, darf nicht dazu gemißbraucht werden, das höhere Recht, zu arbeiten und von der Arbeit zu leben, durch Einschüchterung oder Drohung zu vergewaltigen. Hier die persönliche Freiheit und Selbstbestimmung nachdrücklich zu schützen, ist nach meiner und meiner hohen Verbündeten Ueberzeugung die unabweisbare Pflicht der Staatsgewalt. Hierzu reichen aber die bestehenden Strafvorschriften nicht aus; sie bedürfen deshalb der Erweiterung und der Ergänzung."

Meine Herren! Klarer kann nicht ausgesprochen werden, daß die bestehenden Gesetze von den Verbündeten Regierungen nicht für ausreichend erachtet wurden. Ein Gesetz in dem vorbezeichneten Sinne kündigte der Kaiser, nachdem er schon ein Jahr vorher in Oeynhausen darüber gesprochen hatte, am 7. Dezember 1898 in Bielefeld an. Da dieses Gesetz, wie es vom Kaiser skizziert war, die Axt an die Wurzel der Sozialdemokratie gelegt haben würde, erhob sich sofort ein Sturm des Gegensatzes.

Von der Macht der sozialdemokratischen Agitation fortgerissen, stellten sich die liberalen Parteien Schulter an Schulter mit der Sozialdemokratie gegen dieses Gesetz, das man noch gar nicht kannte. Es wurde zerzaust, in den Schmutz getreten und vernichtet, und als es endlich kam, hatte man keine Veranlassung mehr, sich mit dem Inhalt zu beschäftigen, denn es war schon vorher das Verdammungsurteil gesprochen.

Meine Herren! Gewiegte Juristen wie der Abg. Bassermann von der nationalliberalen Partei und der verstorbene Abg. Dr. Lenzmann von den Freisinnigen hatten schlankweg behauptet, daß dieses Gesetz ein Ausnahmegesetz sei und daß es das Koalitionsrecht der Arbeiter antaste.

Der Centralverband beschäftigte sich in seiner Delegiertensitzung am 17. November 1899 mit diesem Gesetze. Nach einem glänzenden Referat des Herrn Geheimen Regierungsrat Koenig über die geschichtliche Entwickelung dieser ganzen Angelegenheit hatte ich über die einzelnen Bestimmungen des Gesetzes zu referieren. Meine Herren, ich habe den minutiösen Beweis geführt, daß das Gesetz weder ein Ausnahmegesetz sei, noch daß es das Koalitionsrecht antaste. Es ist niemals auch nur der Versuch gemacht worden, meine Beweisführung zu entkräften oder als unrichtig darzustellen. Dennoch ist das Gesetz in der schroffsten Weise vom Reichstag abgelehnt worden. Es wurde abgelehnt und vernichtet mit der Bezeichnung: Zuchthausvorlage. Nun ja, meine Herren, es war Zuchthausstrafe festgesetzt worden, und zwar für Anstifter, „wenn der Ausstand oder die Aussperrung im Hinblick auf die Natur oder die Bestimmung des Betriebes geeignet war, die Sicherheit des Reichs oder eines Bundesstaats zu gefährden oder eine gemeine Gefahr für Menschenleben und Eigentum herbeizuführen". Meine Herren! Solche Delikte, wenn sie überhaupt vorkommen, werden auch in anderen Ländern, werden namentlich in England mit Strafen belegt, die mindestens unserer Zuchthausstrafe gleich zu erachten sind. Das half aber alles nichts, das Gesetz wurde schroff abgelehnt.

Ich habe mir erlaubt, Ihnen diese Vorgänge ziemlich ausführlich in das Gedächtnis zurückzurufen, um zu beweisen, daß in dem letzten Jahrzehnt des vorigen Jahrhunderts auch bei den Bundesstaaten und bei den maßgebenden Behörden die Notwendigkeit erkannt worden war, der Sozialdemokratie und ihren Gewerkschaften schärfer entgegenzutreten.

Meine Herren! Seit jener großen Niederlage, die die Verbündeten Regierungen betroffen hatte, ist kein Versuch mehr gemacht worden, auf gesetzlichem Wege der Sozialdemokratie und ihren Gewerkschaften entgegenzutreten. Das Gesetz war „verscharrt", wie sich geschmackvoll die Sozialdemokratie ausdrückte, und es ist kein ähnliches Gesetz mehr gekommen; im Gegenteil, mit Hilfe des nur zu willigen Reichstags sind Gesetze zustande gekommen, die der sozialdemokratischen Bewegung unverkennbar weiteren Vorschub geleistet haben. (Sehr richtig!)

Meine Herren! Unter diesen Verhältnissen haben im ersten Jahrzehnt des neuen Jahrhunderts die Sozialdemokraten mit rücksichtsloser Brutalität und Tyrannei, mit immer zunehmender Frechheit sich gegen Recht und Gesetz auflehnend, ihre Macht zielbewußt erweitert, haben sich die Gewerkschaften so macht- und kraftvoll entwickelt, daß sie heute als eine unheimlich drohende Gefahr für den Bestand unserer Industrie angesehen werden müssen.

Auf die ihnen erwiesene Nachsicht und Duldung pochend, haben unsere Sozialdemokraten ja schon so ungefähr das Recht auf die Straße erobert, und die traurigen Vorgänge in Moabit, wo es fast zu einer viertägigen Revolte gekommen ist, haben gezeigt, wie tief das

Ansehen, die Autorität des Staates gesunken ist. (Sehr richtig!) Meine Herren! Auch hierbei, bei dieser Revolte, waren die grundlegenden Faktoren das Streikpostenstehen und die von den Streikposten gegen die Arbeitswilligen verübten Untaten.

Nun, meine Herren, wenn unsere höchsten Reichsbehörden die bestehenden Gesetze für ausreichend erachten, so behaupte ich, daß sie gar nicht die Gelegenheit haben, die Wirkungen und die Folgen dieser Mißstände in unseren sozialpolitischen Verhältnissen zu erkennen. Körperverletzungen und derartige Delikte werden nicht von Rechtswegen verfolgt, sondern es sind Antragsdelikte. Nur wenn der Betreffende einen Strafantrag stellt, wird der Attentäter verfolgt. Meine Herren! Der Arbeitswillige kann aber halbtot geschlagen werden — das hat sich bei dem letzten Ausstande in Hamburg wieder in zahlreichen Fällen erwiesen —: keine Macht der Welt kann ihn bewegen, eine Anzeige zu machen, denn er weiß genau, daß wenn er die Anzeige erstattet, er mitsamt den Seinen für alle Zeit zugrunde gerichtet sein würde. (Lebhafte Zustimmung.) Meine Herren! Das wissen die Streikposten ganz genau. In dem Bewußtsein, daß sie straflos bleiben werden, weil keine Anzeige erfolgt, verlachen sie Gesetz und Recht, wird der Arbeitswillige vogelfrei der zunehmenden Brutalität schutzlos preisgegeben. Das ist heute der Zustand hinsichtlich der Arbeitsverhältnisse in unserem Rechtsstaat.

Und zu alledem, meine Herren, tritt die furchtbar wüste Verhetzung in Wort und Schrift. (Zustimmung.) Täglich wird von der Sozialdemokratie offen und ohne Scheu und straflos der Umsturz von Staat und Gesellschaft, die Beseitigung der Monarchie gepredigt, werden alle damit zusammenhängenden Institutionen, wird jede Autorität in den Staub gezerrt, in den Schmutz getreten. Meine Herren! In einer Zeit, in der wohlbegründete Veranlassung war, freiere Bewegung, freiheitliche Institutionen zu verlangen, ist auch diese ungebundene Freiheit in Wort und Schrift von einem Lande übernommen worden, das damals als der Hort aller Freiheit angesehen wurde: England, ohne aber den gewaltigen Unterschied der Verhältnisse zu erkennen. In einem Lande, in dem der Staatsgedanke und das Nationalgefühl trotz ernster innerer Erschütterungen durch ein Jahrtausend hindurch gepflegt worden war, so daß es in der Brust des elendesten Staatsbürgers sich aufbäumt, wenn irgendwo gegen dieses Empfinden etwas geschieht, meine Herren, in einem solchen Lande kann es geschehen, daß, wie ich es persönlich erlebt habe, ein schäbiger Mann im Hydepark auf den Stuhl steigt, eine kleine Zuhörerschar um sich sammelt und sich in den unflätigsten Beschimpfungen der Königin ergeht, und der dabeistehende Policeman sich gar nicht darum kümmert, sich über die Sache höchstens mit den anderen amüsiert, ohne irgend etwas zu tun. Bei uns aber, meine Herren, wo der Staatsgedanke und das Nationalgefühl jahrhundertelang fast vernichtet war, wo es erst auf dem Boden des neuen herrlichen Deutschen Reiches wieder aufzusprießen beginnt, bei uns sollte man diese zarte Pflanze nicht dem verdorrenden Hauche der furchtbaren Verhetzung und Agitation preisgeben. (Lebhafter Beifall.)

Freilich, wer heute eine Verschärfung der Gesetze gegen die Uebergriffe und Untaten der Sozialdemokratie verlangt, der wird nicht nur von dieser und ihrer Presse, sondern auch von den Vertretern und der Presse der um die Gunst der Massen buhlenden bürgerlichen Parteien als schwärzester Scharfmacher, als rückständigster Reaktionär gebrandmarkt.

Meine Herren! Ihr Direktorium ist bereit, dieses Odium auf sich zu nehmen. Aus einem Rundschreiben an die Mitglieder des Centralverbandes haben Sie ersehen, daß beabsichtigt ist, bei der zu erwartenden Novelle zum Strafgesetzbuch die Forderung nach stärkeren Strafen gegen die Untaten der Sozialdemokratie zu stellen. (Beifall.) Ich, meine Herren, gehe weiter. Ich halte auch gesetzliche Bestimmungen im Sinne der damaligen „Zuchthausvorlage“, die, wie ich bereits dargetan habe, kein Ausnahmegesetz war, für notwendig. Wenn, meine Herren, auf die Unmöglichkeit hingewiesen wird, solche Gesetze bei unseren jetzigen Verhältnissen im Reichstage durchzubringen, so möchte ich mir doch gestatten, darauf zu verweisen, daß die Regierung bei der schweren, im Jahre 1899 bezüglich des Zuchthausgesetzes erlittenen Niederlage durchaus nicht von ihren verfassungsmäßigen Mitteln Gebrauch gemacht hat, um zu versuchen, ein solches Gesetz durchzubringen. Man möge doch einmal erst alle diese Mittel anwenden und sehen, ob nicht der Reichstag gefügig zu machen ist, und wenn das nicht der Fall ist, so würden doch wenigstens die Verbündeten Regierungen die volle Verantwortlichkeit für diese von mir geschilderten Zustände von sich abgewälzt und auf den Reichstag übertragen haben.

Meine Herren, zur Begründung meiner Ansicht nur noch eins. Wieviel Betriebe gibt es denn noch, die es wagen können, ihre eigenen Arbeitswilligen gegen die Organisierten, gegen die Vertrauensmänner der Gewerkschaften, gegen die Agitatoren und Hetzer, die sich in demselben Betrieb befinden, in Schutz zu nehmen? (Sehr wahr!) Wieviel Arbeitgeber gibt es denn noch, die es unternehmen können, diese gefährlichen Elemente aus ihren Betrieben zu entfernen? Das sind im Verhältnis zu dem gewaltigen Umfange unserer Industrie nur noch sehr wenige. Sie sind, wenn sie das tun, der Sperre, dem Boykott und dem Ausstande schutzlos preisgegeben, weil eben die Arbeitswilligen schutzlos sind.

Meine Herren! Erst wenn die Verhältnisse sich geändert haben werden, erst wenn durch schärfere Strafen die Sozialdemokratie gezwungen wird, auf ihre Untaten zu verzichten, wenn der Arbeitswillige erhobenen Hauptes seine Arbeit suchen und ihr nachgehen kann — Verhältnisse, die doch eigentlich in einem Rechtsstaate als selbstverständlich angesehen werden müßten (sehr wahr!) —, erst dann, meine Herren, wird auch der Arbeitgeber wieder in der Lage sein, zu seinem Teil für die Wiederherstellung von Recht und Gesetz zu wirken. (Beifall.)

Davon sind wir aber sehr weit entfernt. Das lehrt unsere Gesetzgebung.

Meine Herren! Ich werde diese Gesetzgebung nur sehr kurz behandeln können. Dem 1907 gewählten neuen Reichstag wurde eine große Novelle zur Gewerbeordnung unterbreitet, von der ein Teil, die Arbeitszeit der weiblichen Personen betreffend, als Spezialgesetz etwas überhastet noch in derselben Session erledigt wurde. In der nächsten Session erschienen einzelne Teile dieser Gewerbenovelle als weitere Spezialgesetze, so das Stellenvermittlergesetz und das Hausarbeitsgesetz. Dann, meine Herren, sind in der Zwischenzeit gekommen das Gesetz über die Arbeitskammern, über den Rest der Gewerbeordnungsnovelle und die Reichsversicherungsordnung. Ueber alle diese Gesetze, meine Herren, haben eingehende Verhandlungen stattgefunden. Die Delegiertenversammlung vom 12. April dieses Jahres, eine Delegiertenversammlung, die wirklich einzig in der Geschichte des Centralverbandes dasteht, die den Beweis geliefert hat, über welche vorzüglichen Kräfte der Centralverband zu gebieten hat, eine fast ähnlich besuchte Delegiertenversammlung wie heute, wurde durch fünf Referate hintereinander so gefesselt, daß sie von 11 Uhr vormittags bis 6 Uhr abends in derselben Anzahl beisammenblieb. Meine Herren! Da haben wir Stellung zu allen diesen Gesetzen genommen.

Die Kommission, die sich mit dem Hausarbeitsgesetz beschäftigte, hatte den Antrag gestellt, daß Lohnkommissionen eingesetzt werden sollen, mit der Ermächtigung, Mindestlöhne festzusetzen. Dieser Beschluß ist von den Vertretern der Regierung als unannehmbar bezeichnet worden, da die Aufgabe, in dieser Weise in die Löhne einzugreifen, für den Staat unerfüllbar sei. Meine Herren! Leider hat der Staat sich nicht davor gescheut, in einem anderen Gesetz, im Kaligesetz, doch in den freien Arbeitsvertrag hinsichtlich der Löhne einzugreifen. Es ist in dem Kaligesetz festgesetzt worden, daß der Anteil derjenigen Betriebe um mindestens 10 pCt. gekürzt werden soll, die in Zukunft niedrigere Löhne zahlen als sie im Durchschnitt des Jahres 1909 gezahlt worden sind, oder längere Arbeitszeiten einführen, als sie im Durchschnitt des Jahres 1909 gegolten haben.

Meine Herren! Die Beweggründe der Regierung liegen auf der Hand und sind recht beachtenswert. Die Regierung hat durch das Kaligesetz den Arbeitgebern, den Unternehmern, eine gewisse Kontinuität des Betriebes und auch wohl des Ertrages gesichert. Sie hielt es deshalb für recht und billig, den Arbeitern auch eine ähnliche Kontinuität in ihren Arbeitsverhältnissen zuzubilligen.

Nun, meine Herren, trotz der Anerkennung des guten Willens der Antragsteller — es waren das die Konservativen — und der Regierung sah sich das Direktorium doch veranlaßt, eine öffentliche Erklärung abzugeben, in der es heißt, daß es jede gesetzliche Bestimmung irgendwelcher Art über die von den Unternehmern zu zahlenden Löhne als einen Bruch mit den Grundlagen ansieht, auf denen in historischer Entwickelung unsere Staats-, Gesellschafts- und Wirtschaftsordnung beruht. Zur Erklärung muß ich noch hinzufügen, daß das Direktorium zu diesem Vorgehen um so mehr veranlaßt war, da in der betreffenden Kommission des Reichstages ungemein weitgehende Aenderungsanträge gestellt waren. So hatte man beantragt eine Zwangsbeteiligung der Arbeiter am Gewinn und hatte auch beantragt einen Maximalarbeitstag für die männlichen Arbeiter.

Meine Herren! Mit der Reichsversicherungsordnung hat sich der Centralverband schon viermal beschäftigt. Er hat drei große Eingaben darüber gemacht. Die Kommission hat, wie Ihnen bekannt ist, fast während des ganzen Sommers gearbeitet. Ueber die Ergebnisse dieser Kommissionsberatungen wird Ihnen mein Herr Nachfolger einen Bericht erstatten, und da wir diesen Bericht und die sich voraussichtlich anknüpfenden Erörterungen als außerordentlich bedeutungsvoll erachten, hat das Direktorium davon abgesehen, weitere Gegenstände auf die heutige Tagesordnung zu bringen.

Nur einen Punkt möchte ich mir gestatten, im Zusammenhang mit der Reichsversicherungsordnung zu erwähnen. Wenn die Bestimmungen der Regierungsvorlage Gesetz werden, so wird die Mehrbelastung von Industrie und Gewerbe durch die verschiedenen Versicherungsgesetze schon sehr bedeutend werden. Dennoch scheuen sich das Zentrum, die Freisinnigen, die Polen nicht, in voller Uebereinstimmung mit den Sozialdemokraten durch Anträge zugunsten der Versicherten die Belastung mehr und mehr zu erschweren.

Die Belastung von Industrie und Gewerbe durch die soziale Gesetzgebung in Verbindung mit den anderen Steuern, Abgaben und Lasten hat eine Höhe erreicht, die zu tragen heute bereits die größten Anstrengungen erfordert, unzweifelhaft bereits jetzt die Wettbewerbsfähigkeit unserer Industrie auf dem Weltmarkt in Frage stellt und in Zeiten wirtschaftlicher Krisen zu verhängnisvollen Katastrophen führen muß.

Tatsächliche Mitteilungen über die unerhörte Höhe der Belastung sind grade in letzter Zeit in so erschreckendem Umfange beigebracht worden, daß ich nicht nötig habe Ihre Zeit mit Beispielen in Anspruch zu nehmen.

Diesen nackten Tatsachen gegenüber ist es nicht zu verstehen, wie die Verbündeten Regierungen und große ausschlaggebende Parteien im Reichstag, über das unbedingt Notwendige hinaus, unbekümmert um die Zukunft, die Belastung von Industrie und Gewerbe zu vermehren bestrebt sind. (Sehr richtig.) Die Industrie und die gewerbliche Tätigkeit des Volkes bilden eine der bedeutendsten Grundfesten des Reiches; aus ihrer Leistungsfähigkeit schöpft der Staat die wesentlichsten Mittel zur Erfüllung seiner weitumfassenden Kulturaufgaben. Industrie und Gewerbe zu schonen sollte schon der Trieb der Selbsterhaltung gebieten (sehr wahr, sehr richtig!). Leider werden alle in dieser Beziehung ertönenden Mahnungen in dem Bestreben, koste es was es wolle die Massen zu umschmeicheln, jetzt besonders im Hinblick auf die bevorstehenden Wahlen in den Wind geschlagen. (Sehr richtig!)

Auch mit dem Arbeitskammergesetz, meine Herren, haben wir uns schon viermal beschäftigt. Immer ist es abgelehnt worden, und, meine Herren, es hat wohl überhaupt kaum jemals einen Gesetzentwurf gegeben, der mit einer derartigen Uebereinstimmung und Einigkeit — mit wenigen Ausnahmen — von allen abgewiesen worden ist, die von ihm betroffen oder an ihm beteiligt sind. (Zustimmung.) Dennoch hat die Regierung daran festgehalten. Sie hat das getan, trotzdem der mächtige Führer der deutschen Gewerkschaften, der Abgeordnete Legien, auf die von dem damaligen Staatssekretär des Innern, dem jetzigen Herrn Reichskanzler ausgesprochene Hoffnung, daß bei gutem Willen von beiden Seiten doch wohl ein Ausgleich zwischen den Arbeitgebern und den Arbeitern durch die Arbeitskammern herbeigeführt werden könnte, antwortete: ehe nicht die sämtlichen Produktionsmittel in den Besitz der Arbeiter übergegangen sind, also ehe nicht der sozialdemokratische Staat erreicht sei, könnte von keinem Ausgleich die Rede sein.

Meine Herren! Trotzdem weitere Beschlüsse in der Kommission gefaßt worden sind, welche die Regierung als unannehmbar erklärte, hielt sie doch an dem Gesetz fest und das Gesetz wird zustande kommen. Wenn auch die weiteren von der Regierung als unannehmbar erklärten Beschlüsse der Kommission vom Plenum aufrecht erhalten worden sind, so habe ich doch die Ueberzeugung, daß das Plenum ganz entschieden umfallen wird, um dieses Gesetz durchzubringen. (Zuruf: Daß die Regierung umfallen wird!) Nein, nach meiner Ueberzeugung werden die Mehrheitsparteien umfallen und werden auf alle ihre Beschlüsse verzichten, werden der Regierung nachgeben, um die Hauptsache, das Gesetz, zu retten. Das ist meine Ansicht.

Ueber die handelspolitischen Verhältnisse habe ich in der Delegiertenversammlung vom 12. April d. J. einen ausführlichen Bericht erstattet. Wesentlich Neues hat sich auf diesem Gebiete in der Zwischenzeit nicht ereignet. Daß die Verhandlungen über den Abschluß des Handelsvertrages mit Schweden im Gange sind, ist Ihnen bekannt. Auch wird Ihnen bekannt sein, daß von den Siegen der Demokraten in den Vereinigten Staaten vorläufig für uns noch nicht viel zu erwarten ist. Ich hätte daher die Handelspolitik hier übergehen können, wenn mir nicht neuere Vorkommnisse die Pflicht auferlegt hätten, das Verhältnis der Industrie zur Landwirtschaft noch einer Besprechung von anderen Gesichtspunkten, als ich es vorhin getan habe, zu unterziehen.

Im öffentlichen politischen Leben findet die Landwirtschaft ihre hauptsächlichste Vertretung in der konservativen Partei. Die von mir vorhin dargelegte Gemeinsamkeit der beiderseitigen Interessen erfordert in gewissem Grade Beziehungen zwischen den Vertretungskörperschaften der Industrie und den Konservativen, denn diese Beziehungen werden unbedingt erforderlich sein, wenn es gelten wird, den Kampf gegen die Feinde unserer jetzigen Wirtschaftspolitik zu führen und in diesem Kampfe zu siegen. Das werden selbst unsere Mitglieder anerkennen müssen, die nach ihren rein politischen Ansichten und Ueberzeugungen den liberalen bürgerlichen Parteien angehören.

Meine Herren! Es ist nun aber nicht wegzuleugnen, daß die Verteuerung der Lebenshaltung der Arbeiter ihren Grund in den zum Teil übertrieben hohen Zöllen auf Nahrungsmittel hat. Seit der neue Zolltarif mit diesen hohen Zöllen in Geltung ist, werden alle auf Erhöhung der Löhne gerichteten Forderungen der Arbeiter mit der Lebensmittelteuerung begründet. Diese Forderungen vermehren sich in immer schnellerer Folge, sie haben immer teilweise oder ganz bewilligt werden müssen. Infolgedessen sind die Löhne ungemein gestiegen und ich habe die Empfindung, daß die Industrie in dieser Beziehung, besonders in Berücksichtigung ihrer Wettbewerbsfähigkeit auf dem Weltmarkt, an der Grenze ihrer Leistungsfähigkeit angelangt ist.

Daher, meine Herren, ist in maßgebenden industriellen Kreisen ernstlich die Frage erwogen worden, ob nicht die Landwirtschaft, d. h. ihre Vertretung, die konservative Partei, anzugehen sei, bei den Vorbereitungen zum neuen, im Jahre 1917 festzustellenden Zolltarif, in eine Herabsetzung der Lebensmittelzölle zu willigen. Zu diesem Verlangen erachtete man sich um so mehr berechtigt durch die unbedingt günstige Lage, in der sich die Landwirtschaft befindet. Der Beweis dafür liegt unantastbar in dem außerordentlich gestiegenen und noch in der Steigerung begriffenen Werte des landwirtschaftlich nutzbaren Grund und Bodens. Die einzige Not, von der heute noch gesprochen werden könne, die Leutenot, ist teils durch bessere, die Handarbeit ersparende Betriebseinrichtungen, besonders aber durch behördliche Maßnahmen in Verbindung mit den ganz vorzüglichen Einrichtungen der Feldarbeiter-Zentrale, wenn nicht als gänzlich beseitigt, so doch als ganz wesentlich gemildert zu betrachten.

Dabei war man auch nicht im Zweifel darüber, daß die ganze gegenwärtig so überaus unbefriedigende politische Situation sich mit einem Schlage günstiger gestalten würde, wenn die Vertreter der Landwirtschaft jetzt aus eigener Initiative mit Zugeständnissen in dem hier dargelegten Sinne hervortreten wollten.

Nun, meine Herren, haben aber leider in neuester Zeit hervorgetretene Kundgebungen von Vertretern der Landwirtschaft jede Hoffnung auf Entgegenkommen vernichtet. Insbesondere hat der Abgeordnete Dr. Hahn, einer der einflußreichsten Führer des Bundes der Landwirte, in einer am 25. v. M. im Reichstag gehaltenen Rede nicht nur erklärt, daß an den bestehenden landwirtschaftlichen Zöllen festgehalten werden müsse, sondern er hat deren Erhöhung und Ergänzung für unbedingt notwendig erachtet. Dr. Hahn hat auch für jeden, der zu hören bzw. zu lesen versteht, unumwunden zu verstehen gegeben, daß, wenn die Erhöhung und Ergänzung nicht erfolgen sollte, sich der Bund der Landwirte ebenso wie 1902 mit äußerster Feindseligkeit gegen die Industriezölle auflehnen würde.

Es ist eine bekannte Tatsache, daß ein Teil der Konservativen weit davon entfernt ist, sich in allen Stücken mit dem Bund der Landwirte und seinen extremen Führern zu identifizieren. Es wird jedoch, wenn die Aeußerungen des Abgeordneten Dr. Hahn als das von der

Landwirtschaft für ihr Verhalten bei den Vorbereitungen für und bei der Beschlußfassung über den neuen Zolltarif einzuhaltende Programm aufrecht erhalten werden sollten, nach meiner persönlichen Empfindung außerordentlich schwer, wenn nicht unmöglich werden, die Beziehungen zwischen der Industrie und den Vertretern der Landwirtschaft aufrecht zu erhalten. Eine Trennung aber würde unseren gemeinsamen Gegnern zugute kommen und könnte zu einer schweren Gefährdung unseres Wirtschaftslebens, sogar zu einem Niedergange der Industrie, wie der Landwirtschaft führen. (Zustimmung.)

Meine Herren! Ich habe mich für verpflichtet gehalten, diese Verhältnisse hier, so klar als ich es vermag, aber rückhaltlos vor der Oeffentlichkeit darzulegen, durchaus nicht in der Hoffnung, sofort überzeugend auf die Vertreter der Landwirtschaft in ihrem Bunde einzuwirken, sondern um diejenigen Punkte zu bezeichnen, die den anders gearteten Vertretern der Landwirtschaft in Anbetracht der allgemeinen Lage doch wohl einer weiteren Prüfung und Erwägung wert erscheinen könnten.

Dann aber habe ich diese Ausführungen für unbedingt notwendig erachtet, um den sehr zahlreichen Mitgliedern des Centralverbandes, die nach ihrer politischen Ueberzeugung zu den Nationalliberalen oder Freisinnigen tendieren, zur Erwägung zu geben, daß der Centralverband als solcher, also seine Leiter, in wahrer Würdigung der Interessen der Industrie, ihr Handeln nicht nach der Parteischablone richten dürfen, sondern daß sie sich in so schwierigen Lagen von höheren, allgemeinen Gesichtspunkten leiten lassen müßten. (Zustimmung und Beifall.)

Glauben Sie mir, meine Herren, wir im Direktorium haben auch unsere und zwar sehr voneinander abweichende Ueberzeugung und wir sind sehr weit davon entfernt, sie aufzugeben; wir halten an ihr und an unserer Partei fest. Es ist aber sicherlich kein Verrat, weder an unserer politischen Ueberzeugung, noch an unserer Partei, wenn wir uns auch dem politischen Gegner zuwenden und mit ihm sogar zusammengehen, soweit die Wahrung der Interessen unserer Industrie es erfordert. (Lebhafte Zustimmung.)

Damit bin ich mit meinem Bericht fertig und auch fertig im übrigen. Ich habe meinen letzten Bericht in der Delegiertenversammlung des Centralverbandes erstattet.

Seit 37 Jahren habe ich oft an gleicher Stelle gestanden und lange bevor mir der ehrenvolle Ruf zuteil wurde, in die Geschäftsführung des Centralverbandes einzutreten, war ich in dem Centralverband Deutscher Industrieller häufig genug Referent und Berichterstatter.

1873 bin ich in den Dienst der Industrie eingetreten. Je mehr ich mich mit den Verhältnissen vertraut gemacht habe, je mehr ich die Bedingungen erfaßt hatte, von denen Segen und Gedeihen unserer Industrie abhängt, um so mehr glaubte ich es manchmal wagen zu können, auch meine Worte mahnend an Sie zu richten. Und so will ich denn auch heute meinen letzten Bericht schließen, indem ich Ihnen mahnend zurufe: Ueberwinden Sie die Spaltung in der Industrie, schließen Sie sich fest und unerschütterlich zusammen. (Beifall.) Gewöhnen Sie sich an den Gedanken, daß Ihnen ein furchtbar schwerer Kampf aufgezwungen wird, daß Sie, um ihn zu bestehen, gewaltige Opfer werden bringen müssen und daß das Ergebnis dieses Kampfes die Niederwerfung und Zertrümmerung der sozialdemokratischen und der ihnen ähnlichen Gewerkschaften sein muß. Erreichen Sie dieses Ziel, so werden Sie von den kommenden Geschlechtern gepriesen werden als die Retter des Staats und der Gesellschaft, als die Retter der hohen Kultur, der wir uns rühmen. (Stürmischer, langanhaltender, sich immer wieder erneuernder Beifall.)

Vorsitzender: Meine Herren, jugendliches Feuer hat von jeher die Ausführungen unseres Generalsekretärs Bueck besonders anziehend gemacht. Wir haben uns nach und nach daran gewöhnt, diese außerordentliche Würze namentlich seiner Geschäftsberichte immer als etwas ganz Selbstverständliches hinzunehmen, und wenn nicht ab und zu im letzten Jahrzehnt der Vorsitzende, meine Herren, in seine Dankesworte, nachdem Ihr Beifall verklungen war, eine Bemerkung über die außerordentliche Frische des Auftretens und des Vortrags unseres Herrn Bueck hätte einfließen lassen — es wäre der Versammlung nicht zum Bewußtsein gekommen, daß der Mann mit dem Feuergeiste im achten Jahrzehnt seines unendlich arbeitsreichen Lebens stand.

Herr Bueck hat soeben am Schluße seines Geschäftsberichts in warmherziger Weise Ihnen ausgesprochen, daß er als Geschäftsführer zum letzten Male vor Ihnen einen Bericht erstattet hat. Sie wußten es alle schon, in größter Aufmerksamkeit haben Sie unter der Wucht dieser Tatsache auch den heutigen Bericht entgegengenommen und Ihrem Danke Ausdruck gegeben durch den lebhaften, immer erneut sich wiederholenden Beifall, der eben hier durch den Raum geklungen ist, den Beifall und den Dank, den ich nun die schöne Aufgabe habe, auch für die Vergangenheit in Worte zu kleiden.

Sehr verehrter Herr Bueck! Es wurde schon erwähnt, daß Sie durch 37 Jahre, also annähernd vier Jahrzehnte hindurch, im Dienste der Industrie gearbeitet haben. Sie haben in dieser Zeit die reichen

Kräfte Ihres Verstandes und Ihres Charakters in den Dienst der Sache gestellt und aus der Tiefe Ihres Wissens und Ihrer Erfahrung heraus allemal und immer zu Männern gesprochen, die in nüchterner Praxis des täglichen Lebens kämpfend und ringend ihr Können, genau wie Sie, der Lösung großer Aufgaben von hoher wirtschaftlicher Bedeutung für unsere nationale Wohlfahrt gewidmet haben.

Da ist es auch an einem Tage, wie dem heutigen, nicht am Platze, sich in Reflexionen zu ergehen. Wir halten uns an Tatsachen und wir wollen uns auch heute an Tatsachen halten, das aus der Vergangenheit, Gegenwart und Zukunft Hierhergehörige in möglichster Kürze zusammenfassen, und da kann ich, als die Auffassung der gesamten, hier vertretenen Industrie konstatieren: die Tatsache, daß Herr Bueck — worauf er in seinem Schlußwort hinwies — sich im Jahre 1873 entschlossen hat, die heimische Scholle zu verlassen und in den Dienst der Industrie überzugehen; diese Tatsache führte zur rechten Zeit den rechten Mann an die rechte Stelle. (Beifällige Zustimmung.)

Dieses und die weitere Tatsache, daß dieser Mann als echte, knorrige, ostpreußische Eiche in einer schier unerschöpflichen Lebenskraft wie vor 37 Jahren auch heute in eiserner Selbstzucht und deswegen mit so überaus großen Erfolgen den jungen Nachwuchs weit hinter sich läßt, macht uns das Scheiden von ihm so außerordentlich schwer (lebhafte Zustimmung), denn das muß ich hier als Drittes konstatieren: der Centralverband Deutscher Industrieller ist sich bewußt, daß er sobald einen zweiten Bueck nicht wiederfinden wird. (Zustimmung.)

Meine Herren, das sind keine Uebertreibungen, das sind Wahrheiten, und diese Wahrheiten türmen sich vor uns auf zu einer gewaltigen Dankesschuld.

Freilich, wir sind uns alle dessen bewußt: Sie, verehrter Herr Bueck, Sie wollen von Dank nichts wissen. Sie stehen auf dem Standpunkt, daß Ihnen genug ist das Hochgefühl erfüllter Pflicht und die Freude am Erfolg Ihrer Arbeit. Aber Sie werden es verstehen, daß in den Kreisen, denen Sie solange Ihre Dienste gewidmet haben und in deren Dienst Sie so außerordentlich vieles für die Industrie erreicht haben, je näher der Zeitpunkt kam, in welchem Sie die Geschäftsführung aus den Händen zu geben beabsichtigten, je näher der Tag rückte, an welchem Sie Ihren 80. Geburtstag vollenden werden, um so mehr das Bedürfnis hervortrat, nun auch in irgendeiner würdigen Form den Dank Ihnen zu votieren, der Ihnen gebührt für die außerordentlich segensreiche und ersprießliche Arbeit.

Von der hohen Warte, auf der Sie, Herr Bueck, heute stehen, blicken Sie zurück auf die Zeit der Entstehung und der Entwickelung des Centralverbandes Deutscher Industrieller zu seiner heutigen Bedeutung. Sie blicken aber auch vorwärts in die Zukunft mit dem warmherzigen Wunsche, daß der Centralverband Deutscher Industrieller auch weiterhin bleiben möge ein mächtiges Rüstzeug zur Wahrung und Förderung deutscher Arbeit, und ich glaube, es würde Ihnen keine größere Freude für Ihren Lebensabend beschieden sein, als wenn Ihnen heute jemand sagen würde: dieser, Ihr Wunsch, wird in Erfüllung gehen.

Das kann natürlich niemand, denn die Fortentwickelung im praktischen Leben hängt von den Persönlichkeiten ab. Aber eins kann die Industrie: die Industrie kann die Mittel zur Verfügung stellen, die Sie vorher bei der Einleitung Ihres Vortrags vermißt haben. Die Industrie kann die Mittel zur Verfügung stellen, die notwendig sind für die wirksame Entfaltung und den weiteren Ausbau der Arbeit im Centralverbande gegenüber den immer komplizierter werdenden Verhältnissen, denen wir gegenübergestellt sind.

Von diesem Gedanken ausgehend, ist man in unseren Kreisen der Ansicht gewesen, daß gerade im Zusammenhange mit Ihrem Rücktritt von der Geschäftsführung, Herr Bueck, und damit gewissermaßen zu dauerndem Andenken an Sie eine finanzielle Stärkung des Rückgrates des Centralverbandes Ihnen eine ganz besondere Freude und Genugtuung bereiten würde. Wir haben in kleinem Kreise angefangen, nach dieser Richtung hin eine Sammlung vorzunehmen, die unter dem Namen Bueck-Spende (lebhafter Beifall) berufen sein soll, dauernd Zwecken des Centralverbandes dienstbar gemacht zu werden. Das Direktorium des Centralverbandes ist von der Hoffnung getragen, daß, wenn heute dieser Dank nun in die weitesten Kreise der deutschen Industrie hinausgetragen wird, dann weit und breit dieser Gedanke dieselbe Bereitwilligkeit und den gleichen Wiederhall finden wird, wie er in dem engeren Kreise — dem übrigens alle Teile unserer Industrie angehören — auf Wiederhall und Bereitwilligkeit gestoßen ist. Ich darf Ihnen, lieber Herr Bueck, heute sagen, daß wir für diesen Zweck bereits annähernd 700 000 M. in dem kleinen Kreise zusammengebracht haben. (Beifall.) Wir hoffen, daß dieser Betrag, wenn wir in weitere Kreise gehen, noch sehr viel größer werden wird, und wir hoffen, daß immer die Männer da sein werden, die imstande sein werden, mit den verstärkten Mitteln für den Centralverband das so Notwendige zu leisten. (Beifall.)

Das, was ich eben ausgeführt habe, meine Herren, ist in einer Adresse des Centralverbandes an Herrn Bueck zum Ausdruck gebracht worden, die ich jetzt mit Ihrer Erlaubnis verlesen möchte.

Die Adresse lautet folgendermaßen:

Der erfolggekrönte Kämpfer für Deutschlands Industrie,
unser Herr H. A. Bueck,

vollendet in bewundernswerter geistiger und körperlicher Rüstigkeit in diesen Tagen das achtzigste Jahr seines reichgesegneten Lebens.

Jubelnde, aufrichtige und herzliche Glückwünsche eilen aus diesem Anlaß von allen Teilen des Deutschen Reiches zur Reichshauptstadt, Wünsche für einen langen sonnigen Lebensabend, sämtlich verbunden mit Aeußerungen unauslöschlichen Dankes gegenüber den unvergänglichen Verdiensten unseres Generalsekretärs um Deutschlands wirtschaftliche Entwickelung.

Doch darüber hinaus haben weiteste Kreise der deutschen Industrie den Wunsch bekundet, unserem Bueck aus Anlaß seines achtzigsten Geburtstages sowie seines bevorstehenden Ausscheidens aus der Geschäftsführung des Centralverbandes Deutscher Industrieller eine besondere Ehrung zu bereiten.

Zwar wird sein Gedächtnis auf Grund seines Wirkens fortleben. Der bleibenden Anerkennung seiner Lebensarbeit aber, dem Ausdruck des festen Willens der Industrie, sein Lebenswerk zielbewußt fortzuführen, der äußeren Bekundung der Dankbarkeit ihm gegenüber sollen die Bemühungen dienen, welche in weitesten Kreisen der deutschen Industrie auf Stärkung des Centralverbandes gerichtet sind.

Sie, allverehrter Herr Bueck, bitten wir, die zu diesem Zwecke in freiwilligen Beiträgen aus allen Teilen des Reiches mit offenen Händen gegebenen Geldmittel als

„Bueck-Spende“

dauernden Zwecken des Centralverbandes Deutscher Industrieller zur Förderung und Wahrung nationaler Arbeit zu weihen.

Möge es Ihnen, unserem lieben Herrn Bueck vergönnt sein, noch recht lange sich des Segens, der aus der „Bueck-Spende“ für Deutschlands Industrie von uns erhofft wird, mit uns und in dem Kreise Ihrer unterzeichneten Kollegen zu erfreuen.

Berlin, den 9. Dezember 1910.

Der Centralverband Deutscher Industrieller
znr Förderung und Wahrung nationaler Arbeit.
Das Direktorium.

Rötger. A. Rieppel. Koenig. Kirdorf. Jul. Vorster.
Theod. Schlumberger. H. Semlinger. Ewald Hilger.

(Lebhafter, anhaltender Beifall.)

Meine Herren, es geht aus dem Schlußsatz hervor, daß unser Herr Bueck nicht etwa nun zurücktritt von der Arbeit im Centralverband. In dem Direktorium des Centralverbandes wird für ihn noch mancherlei zu tun, mancherlei mitzuhelfen sein. Bueck wird nicht ruhen (sehr richtig!), sondern Bueck wird mit uns weiterarbeiten. (Beifall.)

Nun, meine Herren Delegierten, wenn Sie hinausgehen und zurückkehren an die Stätten Ihrer Arbeit, dann sorgen Sie dafür, daß der Geist, in dem diese Bueck-Spende begonnen worden ist, auch fortwirkt.

Bevor ich aber schließe, möchte ich Sie bitten, auch jetzt, des Vormittags schon, unserem Bueck den Dank dadurch zum Ausdruck zu bringen, daß Sie in ein donnerndes Hoch auf ihn einstimmen (die Anwesenden erheben sich): Unser Bueck, er lebe hoch, hoch, hoch! (Die Anwesenden stimmen in das dreimalige Hoch ein.) (Lebhafter Beifall.)

Das Wort hat nun Herr Geheimer Kommerzienrat Servaes als Vorsitzender des Vereins zur Wahrung der gemeinsamen wirtschaftlichen Interessen in Rheinland und Westfalen.

Geheimer Kommerzienrat **Servaes**-Düsseldorf: Mein lieber Herr Bueck! Es sind nun, wie Sie eben ganz richtig sagten, 37 Jahre her, in denen ich mit Ihnen vereint Fragen des Gemeinwesens, der Zollpolitik und auch der sozialen Gesetzgebung behandeln durfte. Es freut mich deswegen um so mehr, daß es mir heute vergönnt ist, Ihnen im Auftrage des Vereins zur Wahrung der gemeinsamen wirtschaftlichen Interessen von Rheinland und Westfalen und zugleich im Namen der Nordwestlichen Gruppe des Vereins Deutscher Eisen- und Stahlindustrieller hier nochmals den Dank für alles das auszusprechen, was Sie in den langen Jahren, die Sie in Düsseldorf waren — es waren 14 Jahre —, für uns getan haben und was Sie seitdem hier im Centralverbande für das Allgemeinwohl und für das Interesse der ganzen Industrie geleistet haben, und Ihnen zugleich die herzlichsten Glückwünsche zu Ihrem 80. Geburtstage darzubringen.

Sie haben eben aus berufenerem Munde als dem meinigen gehört, wie wir alle Ihnen zu Dank verpflichtet sind. Ich könnte hier nur das wiederholen, was wir Ihnen bei Gelegenheit Ihres Abschiedes von Düsseldorf im Jahre 1887 schon sagten, was wir bei Gelegenheit Ihres 25jährigen Jubiläums in der Tätigkeit für die deutsche Industrie wiederholten, und was wir auch zu Ihrem 70. und zu Ihrem 75. Geburtstage aussprachen.

Das eine nur möchte ich hier erwähnen: wie Sie stets in der ersten Reihe der Kämpfer gestanden haben, wenn es galt, die Bismarck'sche Handelspolitik und den Schutz der nationalen Arbeit zu verteidigen, und wie durch Ihre umfassende Arbeit und Ihre unermüdlichen Bemühungen das Verhältnis der inländischen Industrie zu unseren Hansastädten Hamburg und Bremen wesentlich gebessert worden ist und diese Städte allmählich auch dem Zollverein nähergebracht wurden.

In Anerkennung dieser großen Verdienste haben nun die beiden Körperschaften einmütig beschlossen, Sie zu ihrem Ehrenmitgliede zu ernennen. (Lebhafter Beifall.) Ich habe die Ehre, Ihnen zur Beurkundung dieser Ernennung einen künstlerisch ausgestatteten Ehrenbrief zu überreichen, dessen Wortlaut ich mir gestatte hier zu verlesen.

Er lautet:

„Ihren treuen Freund, den unermüdlichen und hochverdienten Vorkämpfer für das deutsche Wirtschaftsleben,

Herrn Generalsekretär H. A. Bueck,

geschäftsführendes Mitglied im Direktorium des Centralverbandes Deutscher Industrieller, haben aus Anlaß seines 80. Geburtstages die unterzeichneten Körperschaften zu ihrem

Ehrenmitgliede

ernannt und zur Bekundung dieses einmütig getätigten Beschlusses die gegenwärtige Urkunde ausgefertigt.

Düsseldorf, den 12. Dezember 1910.

Der Verein zur Wahrung der gemeinsamen wirtschaftlichen Interessen in Rheinland und Westfalen

und

Die Nordwestliche Gruppe des Vereins Deutscher Eisen- und Stahlindustrieller

gez.: Servaes. gez.: Beumer.

Daß es Ihnen noch viele Jahre gestattet sein möge, an dieser Ehrung Freude zu haben und daß Sie noch viele Jahre in Gesundheit und Stärke Ihre wohlverdiente Ruhe genießen mögen, das ist unser aufrichtiger Wunsch. Wir sind überzeugt, daß Sie nicht der absoluten Ruhe pflegen werden, sondern, wie eben unser verehrter Herr Vorsitzender schon sagte, daß Sie stets gern Ihr reiches Wissen, Ihre reiche Erfahrung und Ihre unermüdliche Tätigkeit selbstlos im Interesse der Industrie weiter zur Verfügung stellen werden. Das walte Gott! (Lebhafter Beifall.)

Vorsitzender: Das Wort hat Herr Rechtsanwalt Wilhelm Meyer, erster Vorsitzender des Vereins Deutscher Eisen- und Stahlindustrieller.

Rechtsanwalt **Wilhelm Meyer**-Hannover: Hochverehrter Herr Generalsekretär Bueck! Unter den Vereinen, die Ihnen heute Ihre Glückwünsche darbringen, darf auch der Verein Deutscher Eisen- und Stahlindustrieller nicht fehlen. Sie haben seinerzeit an der Gründung des Vereins einen regen und erfolgreichen Anteil genommen, Sie haben aber auch lange Jahre hindurch als Geschäftsführer die Geschäfte des Vereins geführt und zwar in einer Weise, daß der Verein Ihnen dafür Dank schuldet.

Der Verein schuldet Ihnen aber noch mehr Dank dafür und auch ich als Vorsitzender, daß Sie, wo Sie jetzt Ihre Stellung als Geschäftsführer des Centralverbandes niederlegen, noch weiter bereit sind, die Geschäfte unseres Vereins zu führen. Ich habe diesem Dank schon an anderer Stelle Ausdruck gegeben, ich glaube ihn aber in diesem Augenblick und an dieser Stelle nochmals wiederholen zu sollen.

Ich bitte Sie, als Zeichen unserer dankbaren Anerkennung diese Widmung von uns entgegenzunehmen. Sie haben früher in der Landwirtschaft gestanden, Sie haben dann einem Rufe, der Ihnen aus der Industrie wurde, Folge geleistet, um weiterhin in der Industrie tätig zu sein. Das ist hier von künstlerischer Hand sinnbildlich dargestellt. Der Lorbeer, der Ihnen winkt — Sie haben ihn in jahrzehntelanger, mühevoller, nie rastender Arbeit sich errungen.

Die Widmung trägt die Inschrift:

„Der Verein Deutscher Eisen- und Stahlindustrieller seinem hochverdienten Geschäftsführer, Herrn Generalsekretär H. A. Bueck in dankbarer Anerkennung seiner treubewährten Tätigkeit in der Geschäftsführung des Vereins zu seinem 80. Geburtstage am 12. Dezember 1910."

Indem ich Ihnen die Glückwünsche unseres Vereins darbringe, hoffe ich, daß es uns vergönnt sein möge, Sie noch recht lange Jahre in gleicher Frische und Rüstigkeit als unseren Geschäftsführer zu haben. (Lebhafter Beifall.)

Vorsitzender: Das Wort hat Herr Kommerzienrat Springorum als Vorsitzender des Vereins Deutscher Eisenhüttenleute.

Kommerzienrat **Springorum**-Dortmund: Sehr verehrter Herr Bueck! Den Ihnen soeben ausgesprochenen Glückwünschen schließt sich auch der Verein Deutscher Eisenhüttenleute von ganzem Herzen an. Wir danken Ihnen nicht nur Ihre eifrige und für uns äußerst wertvolle Mitarbeit, die Sie als Mitglied des Vorstandes geleistet haben, sondern auch, daß Sie eine Reihe von Jahren hindurch den wirtschaftlichen Teil der Schriftleitung unserer Zeitschrift „Stahl und Eisen" mit so großem Erfolg versehen haben.

Die am vorigen Sonntag in großer Anzahl zu ihrer Hauptversammlung in Düsseldorf anwesenden Mitglieder unseres Vereins haben nun in Anerkennung Ihrer großen Verdienste einstimmig beschlossen, Sie zu unserem Ehrenmitgliede zu ernennen und dadurch Ihnen die größte Ehrung zu erweisen, die der Verein zu vergeben in der Lage ist.

Indem ich Ihnen die inzwischen entworfene Urkunde über diese Ernennung hiermit überreiche, spreche ich die Hoffnung und den Wunsch aus, daß Sie auch als Ehrenmitglied in derselben Frische und in derselben Regelmäßigkeit, wie bisher, noch viele Jahre an unseren Arbeiten in den Versammlungen und im Vorstand teilnehmen mögen. Herzliche Glückwünsche! (Lebhafter Beifall.)

Vorsitzender: Das Wort hat Herr Geheimrat Vorster als Vorsitzender des Vereins der Industriellen des Regierungsbezirks Köln.

Geheimer Kommerzienrat **Vorster**-Köln: Namens des Vereins der Industriellen des Regierungsbezirks Köln habe ich die Ehre, unserem hochverehrten Herrn Bueck folgende Adresse zu überreichen:

Cöln, den 9. Dezember 1910.

Hochverehrter Herr Bueck!

Zu Ihrem Jubel- und Ehrentage, an dem die deutsche Industrie so lebhaften und warmen Anteil nimmt, bringt Ihnen auch der Verein der Industriellen des Regierungsbezirks Cöln die herzlichsten Glück- und Segenswünsche dar. In Ihrer Person verkörpern sich die wirtschafts- und sozialpolitischen Bestrebungen des deutschen Großgewerbes, dem Sie an hervorragender und vielfach leitender Stelle über ein Menschenalter lang in vorbildlicher Weise mit voller Hingebung und in unerschöpflicher Tatkraft gedient haben.

Dem von Ihnen mit unbeugsamer Entschiedenheit vertretenen Grundsatz des Schutzes der nationalen Arbeit hat auch unser Verein, der bald nach der Gründung des Centralverbandes deutscher Industrieller errichtet wurde, von Anfang an gehuldigt und sich dabei des engen und einträchtigen Zusammenwirkens, insbesondere mit denjenigen wirtschaftlichen Körperschaften in Düsseldorf und Berlin erfreuen dürfen, deren Geschäfte Sie so erfolgreich geführt haben.

So oft unser Verein die Unterstützung des Centralverbandes in Anspruch nahm, haben Sie, hochgeehrter Herr Bueck, als dessen Geschäftsführer nie versagt. Stets waren Sie in zuvorkommendster Weise bereit, die gewünschten Auskünfte zu erteilen, Anregungen Folge zu geben und das Gewicht und Ansehen des Centralverbandes wie Ihrer eigenen Person einzusetzen, wenn es sich um Erreichung berechtigter Ziele handelte, die wir in unserer Vereinstätigkeit verfolgten. Durch persönliche Teilnahme an manchen von unseren Veranstaltungen haben Sie sich besonderen Anspruch auf unseren Dank erworben, den wir auch bei der gegenwärtigen seltenen Feier zu äußern uns nicht versagen mögen.

Wir sprechen daher im Namen der gesamten Industrie des Regierungsbezirks Cöln, hochverehrter Herr Jubilar, wenn wir Ihnen, wie hiermit geschieht, die herzlichsten Glückwünsche zu Ihrem 80. Geburtstage darbringen und der frohen Hoffnung Ausdruck geben, daß Ihnen noch ein recht langer und sonniger Lebensabend beschieden sein möge, an dem Sie sich auch des Wohlergehens der Ihnen so nahe am Herzen liegenden deutschen Industrie mögen erfreuen können.

In aufrichtigster Hochachtung und größter Verehrung
Ihr ergebenster
Vorstand des Vereins der Industriellen des Regierungsbezirks Cöln.

gez.: Julius Vorster, Geh. Kommerzienrat, M. d. A.,
Vorsitzender.
gez.: Paul Steller, Geschäftsführer.

(Beifall.)

Vorsitzender: Das Wort hat Herr Baurat von Rieppel vom Verein Deutscher Maschinenbauanstalten.

Baurat Dr.-Ing. **von Rieppel**-Nürnberg: Lieber Herr Bueck! Hochverehrte Herren! Mir ist im letzten Augenblick eine große Freude und Ehre zuteil geworden, nämlich in Verhinderung der Vorstandsmitglieder des Vereins Deutscher Maschinenbauanstalten, zu denen ich früher gehörte, Ihnen den Dank und Gruß zu Ihrem 80. Geburtstag zu überbringen.

Der Verein Deutscher Maschinenbauanstalten vergißt nicht, welche große Arbeit Sie ihm immer geleistet haben. Ich erwähne nur die Behandlung der Zollfragen, der Tarifverträge; dann eine Frage, die hier so oft erwähnt worden ist: daß der Centralverband gegen die verarbeitende Industrie nicht die Stellung einnehme, die er einnehmen sollte. Sie haben uns im Gegenteil wiederholt darin gestützt, wenn wir Wünsche gehabt haben gegen die Hersteller der Rohstoffe und bei unserem Absatz an die sogenannte Schwerindustrie. (Bravo!) Das wird Ihnen der Verein nie vergessen, und ich glaube, im Namen aller Mitglieder zu sprechen, wenn ich hierfür ganz besonderen Dank ausspreche.

Was der Verein Deutscher Maschinenbauanstalten Herrn Bueck des weiteren zu seinem Feste sagen will, bringe ich am besten dadurch zur Geltung, daß ich die Adresse, die mir übergeben worden ist, verlese:

Hochverehrter Herr Bueck! Am heutigen Tage, an dem es Ihnen vergönnt ist, Ihren 80. Geburtstag in altgewohnter Frische zu begehen, umgeben von zahlreichen Vertretern der deutschen Industrie, die seit einem Menschenalter gewohnt ist, Sie als einen ihrer besten Führer in den Kämpfen des wirtschaftspolitischen Lebens an ihrer Spitze zu sehen, an diesem Ihren Ehrentage wollen Sie dem Verein deutscher Maschinenbauanstalten als dem Vertreter der deutschen Maschinenindustrie gestatten, Ihnen Dank zu sagen für das, was Sie der gesamten deutschen Industrie und damit auch unserem Industriezweige geleistet haben.

Schon früh brachte Ihre Tätigkeit Sie mit unserem Industriezweige in Berührung, und während Ihres Aufenthaltes in Rheinland-Westfalen gewannen Sie durch Ihre Beziehungen zu hervorragenden Vertretern des deutschen Maschinenbaues eine intime Kenntnis seines Wirkens und seiner Bedürfnisse. Ihr mannhaftes Eintreten für die deutsche Industrie und Ihr von Erfolg gekrönter Kampf für die Rückkehr zu einer gesunden Schutzzollpolitik, welcher Deutschlands Industrie die Gesundung von dem Niedergange der siebziger Jahre verdankt, sie haben auch den deutschen Maschinenbau, der damals die schwere Zeit seiner Entwickelung zur Selbständigkeit durchmachte, nicht wenig gefördert. Als in der Jugendzeit des Deutschen Reiches das große Heer der Zweifler und Ungläubigen eine Wettbewerbsfähigkeit des deutschen Maschinenbaues mit der alten und mächtigen englischen Maschinenindustrie mit Spott und Hohn als unmöglich verlachte, da haben Sie unablässig darauf hingewiesen, daß bei angemessenen Zollsätzen und blühender Berg- werks- und Eisenhüttenindustrie auch der deutsche Maschinenbau sich seinen Wettbewerbern wohl werde ebenbürtig erweisen können.

Als dann diese Voraussage eingetroffen war, und die deutsche Maschinenindustrie, in sich erstarkt, dem ausländischen

Wettbewerbe erfolgreich die Spitze zu bieten vermochte, haben Sie in Ihrer Stellung als Geschäftsführer des Centralverbandes Deutscher Industrieller die Wege für die gerade unserem Industriezweige so notwendige Ausfuhr zu ebnen gesucht und stets den Gedanken vertreten, daß durch günstige Handelsverträge der deutschen Industrie für längere Zeiträume stetige Beziehungen zu ihren Absatzgebieten auf dem Weltmarkte geschaffen werden müssen.

Die deutsche Maschinenindustrie ist nur ein, wenn auch bedeutsamer Zweig der vielen Industrien, deren Gesamtwohl Ihr Wirken während eines Menschenalters geweiht gewesen ist. Wir überlassen es Berufeneren, Ihnen den Dank hierfür zu sagen. Was Sie für das Wohl der gesamten deutschen Industrie erstrebt und erreicht haben, das hat auch dem deutschen Maschinenbau Nutzen und Vorteil gebracht.

Der Verein deutscher Maschinenbauanstalten hat Ihnen aber auch noch persönlich Dank zu sagen für die liebenswürdige Bereitwilligkeit, mit der Sie sich trotz Ihrer ständig wachsenden Inanspruchnahme so häufig unseren Bestrebungen zur Verfügung gestellt haben. In zahlreichen Vorstandssitzungen und Hauptversammlungen unseres Vereins sind Sie ein gern gesehener Gast gewesen und haben uns jederzeit bei unseren Arbeiten mit Ihrem Rat und Ihrer großen Erfahrung unterstützt.

Unserem Danke und unserer Verehrung für Sie, hochverehrter Herr Bueck, geben wir am heutigen Tage sichtbaren Ausdruck durch diese Adresse und verbinden damit den Wunsch, daß es Ihnen noch lange Jahre vergönnt sein möge, an dem Wohle und dem Gedeihen unserer gesamten deutschen Industrie und damit auch des deutschen Maschinenbaues mitzuwirken.

In besonderer Wertschätzung
Ihr ergebener
Verein deutscher Maschinenbauanstalten.
Der Vorsitzende:
gez.: Ernst Klein, Kgl. Kommerzienrat.

Der erste stellvertretende Vorsitzende:
gez.: Ernst v. Borsig,
Kgl. Kommerzienrat.

Der zweite stellvertretende Vorsitzende:
gez.: G. Lippart.

Der Geschäftsführer:
gez.: Fr. Frölich.

Düsseldorf, den 12. Dezember 1910.

Diesen Worten, Herr Bueck, habe ich wenig hinzuzufügen. Ich habe nur nochmals herzlich zu danken für das, was Sie an dem Maschinenbau getan haben, der heute mit nahezu einem Drittel seiner Erzeugnisse in das Ausland geht. Daß ihm dieses möglich war, verdanken wir zum großen Teil Ihnen.

Glückauf für Ihr ferneres Leben und alles Gute zum 80. Geburtstage! (Lebhafter Beifall.)

Geschäftsführer **Bueck**-Berlin: Meine hochverehrten Herren! Es ist ein alltägliches Ereignis, daß, wenn sich ein Mann aus seiner Tätigkeit, aus seinem Dienste zurückzieht, die Verabschiedung auch mit einer gewissen Anerkennung verbunden ist. Was aber heute hier geschehen ist und in dieser Weise geschieht, das ist so etwas Außerordentliches, daß ich aufs äußerste bewegt bin und die Worte nicht finden kann, die hier am Platze wären. Meine Herren, es handelt sich in diesem Falle nicht nur um Worte des Dankes, sondern um Worte der Abwehr, denn das, was in diesen anerkennenden Diplomen und in den so überaus freundlichen Worten der Ueberreicher zum Ausdruck gebracht ist, geht weit über das hinaus, was die Ursache dazu sein könnte.

Ich will nur eins erwähnen: Sie haben wiederholt betont, daß ich der Industrie große Dienste geleistet habe. Ja, meine Herren, das hätte unter den Verhältnissen, unter denen ich gearbeitet habe, jeder andere ebenso gut tun können (lebhafter Widerspruch), denn, meine Herren, meine Tätigkeit bei Ihnen fällt zusammen mit der ganz außerordentlichen, einzig in der Geschichte der Menschheit dastehenden gewaltigen Aufwärtsbewegung unseres Vaterlandes in wirtschaftlicher Beziehung.

Ich hatte ja nur immer einzugreifen in die Verhältnisse (Generalsekretär Stumpf-Osnabrück: Na ja!) und zu finden, wo ich den Hebel für meine Tätigkeit ansetzen sollte, um Ihnen Dienste zu leisten. Das war nicht schwer. Es genügte dazu der feste Wille, Ihnen Dienste zu tun, Ihre Interessen zu fördern. Freilich, diesen Willen habe ich gehabt und habe ihn gehegt, weil ich überzeugt war, daß die Betätigung dieses Willens unserem schönen Vaterlande zu allererst und jedem einzelnen, der in der Industrie tätig ist, zugute kommt.

Ich danke Ihnen, hochverehrter Herr Vorsitzender, für Ihre freundlichen Worte. Es ist ja noch nicht viele Jahre her, daß ich den Vorzug habe, meinen Dienst unter Ihrer Leitung zu führen. Aber nehmen Sie meinen herzlichsten und wärmsten Dank für die außerordentliche Freundlichkeit und Liebenswürdigkeit, die Sie dabei mir erwiesen haben, dafür, wie Sie aufs äußerste bestrebt waren, mir die Erfüllung meiner Pflicht so leicht und angenehm wie möglich zu machen, und wenn Sie, verehrter Herr Landrat, gesagt haben, daß mich wohl kaum etwas freudiger bewegen könnte, als wenn für den Weiterbestand des Centralverbandes, dem ich mit so viel Anhänglichkeit und mit solcher tiefen inneren Ueberzeugung von der Notwendigkeit seines Bestandes in der Industrie gedient habe, eine gewisse sicherere Grundlage geschaffen wird, als sie jetzt vorhanden ist, so haben Sie sicherlich das Richtige getroffen. Es wird mir eine außerordentliche Freude und Befriedigung sein, zu beobachten, wenn mein verehrter und lieber Nachfolger, weniger eingeengt durch finanzielle Rücksichtnahme und daher vielleicht auch wirkungsvoller und eingreifender die Interessen der Industrie verfolgen wird. Ich nehme das als ein in hohem Maße angenehmes Bewußtsein in die Tage, die mir noch beschieden sind, mögen es wenige oder viele sein.

Ihnen, hochverehrter Herr Geheimrat Servaes, bin ich ganz besonders dankbar, daß Sie die Freundlichkeit gehabt haben, mir die Begrüßung Ihres Vereins hier persönlich auszusprechen.

Sie haben ja schon darauf hingewiesen, daß seit dem Jahre 1873, als ich in den Dienst der Industrie trat, es mir vergönnt gewesen ist, mit Ihnen zusammen zu arbeiten. Das haben Sie aber nicht gesagt, daß Sie mir in allen den Verhältnissen ein freundlicher, wohlwollender Führer gewesen sind, in der Zeit, als ich von der Industrie noch nichts gesehen hatte und nichts verstand, und daß Sie mir dabei immer die größte Nachsicht erwiesen haben.

Sie waren der Führer auch, verehrter Herr Geheimrat, als es galt, in dem zum Wiederaufleben gebrachten „Zollvereinsländischen Hütten verein" die Agitation für die Einführung unserer jetzigen Wirtschaftspolitik im Verein mit den entschlossenen Männern der süddeutschen Baumwollenindustrie zu übernehmen. Erst aus dieser ersten Bewegung ging der Verein Deutscher Eisen- und Stahlindustrieller hervor, dessen größter und bedeutendster Teil die unter Ihrer Führung stehende Nordwestliche Gruppe war.

Unter Ihrer Führung erst wurden mir die Wege gewiesen, auf denen ich freilich nachher in unentwegter treuer Arbeit mitgetan habe, als es galt, die übergroße Masse der deutschen Industrie, des gesamten deutschen Bürgertums und auch die maßgebenden Kreise für die Notwendigkeit einer Umkehr der damaligen Wirtschaftspolitik zu gewinnen. Immer ist das Verhältnis, das erst in den letzten wenigen Jahren gelöst worden ist, als Sie den Vorsitz in dem Verein Deutscher Eisen- und Stahlindustrieller niedergelegt haben, ein überaus angenehmes und erfreuliches für mich gewesen, weil Sie die außerordentliche Güte hatten, mich immer mit dem weitgehendsten Wohlwollen als Freund zu behandeln. Dafür nehmen Sie meinen herzlichsten Dank.

Nun die anderen Herren, die so freundlich sich mir gegenüber geäußert haben: der Herr Vorsitzende vom Verein Deutscher Eisen- und Stahlindustrieller, Herr Rechtsanwalt Meyer, Herr Baurat v. Rieppel, der im Auftrage des Vereins der Maschinenfabrikanten sprach, und die anderen Herren — nehmen Sie alle meinen herzlichsten Dank.

Sie werden nicht erwarten, daß ich nach meinem Vortrage, der mich doch einigermaßen angegriffen hat — man kann sich nicht gegen den Lauf der Natur auflehnen — noch eine lange Rede halte. Ich kann Ihnen nur versichern, daß alle diese Zeichen der viel zu weitgehenden Anerkennung und Dankbarkeit mir eine herrliche Erinnerung für den Rest meiner Tage sein werden, und seien Sie überzeugt, wenn mir die Gelegenheit geboten wird, auf den Gebieten, die mir noch überlassen worden sind, in dem Direktorium des Zentralverbandes Deutscher Industrieller, in dem Verein Deutscher Eisen- und Stahlindustrieller, in der Abteilung der Raffinerien des Vereins der Deutschen Zuckerindustrie — Gebieten, um die ich gebeten habe, weil ich von einer gewissen furchtbaren Scheu vor dem Augenblick ergriffen war, wo alle Beziehungen, die ich bisher so hochgehalten habe, abgebrochen würden — wenn es mir vergönnt sein wird, auf diesen Gebieten noch im Interesse der Industrie zu wirken, so wird es mir auch ferner zur höchsten Befriedigung, zum höchsten Stolze gereichen, in dieser Weise meine Tätigkeit auszuüben. Und wenn ich es noch erleben sollte, daß so manche Mißstände und Verhältnisse beseitigt werden, über die mich heute offen auszusprechen ich mich für verpflichtet hielt — wobei ich aber nach keiner Richtung hin die Absicht gehabt habe, zu verletzen, sondern nur bestrebt gewesen bin, die nackten Tatsachen sprechen zu lassen —, wenn ich auf diesen Gebieten noch ferner etwas nützen kann, so wird mich das mit Freude und mit Stolz erfüllen, dessen seien Sie sicher, meine Herren. (Anhaltender, lebhafter Beifall.)

Vorsitzender: Meine Herren, bevor wir in die Diskussion eintreten — ich werde sie gleich eröffnen —, möchte ich noch auf eins aufmerksam machen.

Unter den Herren, die heute nicht hier sein können, sind zwei, deren Abwesenheit Herr Bueck ganz besonders schmerzlich empfinden wird. Der eine ist mein Herr Vorgänger, Herr von Vopelius, der durch schwere Krankheit in Heidelberg zurückgehalten wird; der andere ist der Nachfolger des Herrn Bueck in der Geschäftsführung des Düsseldorfer Vereins, Herr Dr. Beumer, der durch einen Unfall, der ihm zugestoßen ist, durch ein Attentat, das auf ihn verübt worden ist (Bewegung), ans Bett gefesselt ist.

Ich möchte vorschlagen, beiden Herren von der Delegiertenversammlung aus einen Gruß durch ein Telegramm zu schicken. (Bravo!) Ich glaube, es wird nicht nötig sein, diese beiden Telegramme, die ich hier in Händen habe, zu verlesen. Ihr Bravoruf ermächtigt mich zur Absendung der beiden Telegramme. Ich glaube, daß wir den beiden kranken Herren dadurch eine große Freude bereiten werden. (Beifall.)

Nun eröffne ich die Diskussion über den Geschäftsbericht.

Dr. **Prüssing**-Schönebeck a. Elbe: Meine Herren! Ich habe nur wenige Worte zu sagen. Der heute mit Recht von uns allen so gefeierte Herr Bueck hat einige Worte des Zornes gegen den Bund der Industriellen ausgesprochen, die ich deswegen nicht unwidersprochen lassen kann, weil ich selbst auch diesem Bunde angehöre. So wie ich seit langen Jahren im Centralverbande gern mitgearbeitet habe, tue ich das auch im Bunde der Industriellen, und ich will mich darauf beschränken, zu sagen, daß, wo ich nach beiden Richtungen hin möglichst versöhnend mitgearbeitet habe, ich so viele Freunde an der geschäftlichen Tätigkeit auch unseres heute gefeierten Herrn Bueck gefunden habe, daß, wenn er das alles wüßte, sein Zorn gegen den Bund jedenfalls sehr viel geringer sein würde. Deshalb werden auch seine Wünsche dafür, daß die Industrie immer weniger gegeneinander und immer mehr miteinander arbeiten möge, ganz gewiß bei denen, die schon jetzt beiden Verbänden angehören, volle Würdigung finden, und ich glaube, daß die Arbeit, die uns dann bevorsteht, sehr fruchtbringend sein wird. (Bravo!)

Kommerzienrat **Reusch**-Oberhausen: Meine Herren! Aus dem vorzüglichen Referat des Herrn Bueck möchte ich einige Worte noch besonders unterstreichen, und zwar die von ihm ausführlich behandelte traurige Tatsache des mangelnden Schutzes der Arbeitswilligen. Ich für meine Person stehe mit Herrn Bueck auf dem Standpunkt, daß die bestehenden Gesetze einen genügenden Schutz der Arbeitswilligen nicht gewährleisten. Aber sei es, daß neue Gesetze geschaffen werden, sei es, daß die bestehenden Gesetze schärfere Anwendung finden — Wandel, meine Herren, muß unter allen Umständen geschaffen werden. Das muß hier ausgesprochen werden. Wenn die Regierung den Ernst der Situation nicht erkennt, dann, meine Herren, ist es unsere Pflicht und Schuldigkeit, ihr die Augen zu öffnen. (Beifällige Zustimmung.)

Meine Herren, wir haben mit großer Freude gehört, daß das Direktorium in dieser Frage bereits die Initiative ergriffen hat; ich möchte Ihnen vorschlagen, daß wir das Direktorium in seinen Maßnahmen dadurch unterstützen, daß wir folgende Resolution fassen:

„Der mangelnde Schutz der Arbeitswilligen führt so offensichtliche Schäden herbei, daß eine Abhilfe dringend geboten erscheint. Die Delegiertenversammlung erklärt sich daher mit den bisher vom Direktorium dieserhalb unternommenen Schritten völlig einverstanden und spricht die Hoffnung aus, daß sie von Erfolg begleitet sein werden." (Beifall.)

Schürholz-Hervest-Dorsten: Ich möchte im Anschluß an die Ausführungen des Herrn Generalsekretärs Bueck, die er vorher über das Zusammenarbeiten von Industrie und Landwirtschaft in so vorzüglicher Form uns hier gegeben hat, und in bezug auf die Mahnung, die Herr Bueck Veranlassung genommen hat, an den Bund der Landwirte zu richten, die Delegiertenversammlung nicht vorübergehen lassen, ohne eine Mahnung an einen anderen Bund auszusprechen, der in letzter Zeit außerordentlich viel von sich hat reden machen, meine Herren — das ist der Hansabund.

Wenn wir nach der einen Richtung auf den Bund der Landwirte mäßigend einzuwirken suchen, indem wir betonen, daß Industrie und Landwirtschaft zusammengehörig sind und deswegen von einer Seite nicht ungebührlich hohe Anforderungen gestellt werden dürfen, um dieses Zusammenarbeiten auf die Dauer zu ermöglichen, dann müssen wir andererseits es mit Schmerz empfinden, daß von seiten des Hansabundes demagogische Bestrebungen unterstützt werden (Unruhe), die unsere Industrie unbedingt schwer schädigen müssen.

Meine verehrten Herren, das Zusammenarbeiten zwischen Landwirtschaft und Industrie ist von zweierlei Gesichtspunkten aus zu begrüßen, einmal weil wir gemeinsame wirtschaftliche Interessen haben, die durch die Erneuerung der Handelsverträge wieder betätigt werden müssen, das zweitemal aber — und darauf wollte ich besonders Gewicht legen —, weil wir ein gemeinsames besonderes Interesse haben, unter allen Umständen die Autorität im Staatsleben und die Autorität im Wirtschaftsleben hochzuhalten (Bravo!), und da finden wir bei allen Parteien keine besseren Freunde als bei der konservativen Partei. (Zurufe: Sehr richtig!)

Wenn wir nun durch die Unterstützung, die der Hansabund den Parteien angedeihen läßt, die sich nicht scheuen, im Wahlkampf mit unseren geschworenen Gegnern, mit den Roten zu gehen, die konservative Partei schädigen, dann schädigen wir uns selbst, und, meine Herren, ich meine, es könnte nicht schaden, wenn bei dieser heutigen Delegiertenversammlung in einer ganz deutlichen Weise zum Ausdruck gebracht würde, daß wir diese maßlosen demagogischen Angriffe auf die konservative Partei verurteilen.

Man mag über den Zerfall des Blocks, der ja angeblich durch die Stellungnahme der konservativen Partei in bezug auf die Erbschaftssteuer herbeigeführt worden ist, denken wie man will, — ich bin ja nicht berufen, hier als Verteidiger der konservativen Partei aufzutreten — aber jedenfalls müssen wir der konservativen Partei eines zubilligen, das ist die Berechtigung des Prinzips, daß über eine Steuer auf Erbschaften nicht von einer gesetzgebenden Körperschaft Beschluß gefaßt werden sollte, die auf Grund des allgemeinen, gleichen und direkten Wahlrechts gewählt worden ist, eines Wahlrechts, welches den Besitzlosen eo ipso die Majorität der Stimmen verleiht und diesen Besitzlosen damit ein Recht zuerkennt, über den Besitz zu befinden.

Der Industrie wird niemals der Vorwurf gemacht werden können, daß sie selbst nicht zu den Lasten beitragen wolle.

Vergessen wir nicht, daß bei der Gründung des Deutschen Reiches der großen Masse der Bevölkerung das allgemeine, gleiche und direkte Wahlrecht bewilligt worden ist mit der Einschränkung, daß das Reich seine Mittel durch indirekte Steuern aufzubringen hat, wodurch jeder gleich besteuert wird. Wenn nun die Parteien dazu übergehen, daß sie auf Umwegen diese indirekte Belastung auf die starken Schultern abzuwälzen suchen, so halte ich das im Rahmen der Befugnisse, die dem Reichstage von den Gründern in der Frage der Besteuerung gegeben worden sind, nicht für angebracht.

Ich möchte nun kurz und gut meine Worte dahin zusammenfassen: halten wir fest zusammen mit unserem natürlichen Verbündeten, mit der Landwirtschaft. (Bravo!) Wenn wir etwas im praktischen Leben erreichen wollen, dann können wir es nur durch engen Anschluß an sie erreichen. Hüten wir uns auch, durch indirekte Unterstützung maßloser Angriffe diese mit uns auf gleichem Boden stehende Verbündete zu verhetzen und gegen uns einzunehmen. (Beifall.)

Vorsitzender: Meine Herren! Die Ausführungen des Herrn Vorredners veranlassen mich, ein paar Worte an Sie zu richten.

Würde der Herr zu mir gekommen sein, bevor er hier sprach, so, ich gestehe es Ihnen ganz offen, würde ich ihm gesagt haben, bitte, lassen Sie diese Sache jetzt lieber hier auf sich beruhen (sehr richtig!), denn das kann eine ganz unendliche uferlose Debatte herbeiführen. (Lebhafte Zustimmung.)

Da nun aber einmal die Sache zur Sprache gebracht worden ist, werden Sie sich nicht wundern, wenn ich persönlich hier in die Debatte eingreife, denn Sie wissen ja alle, meine Herren, daß ich dem Präsidium des Hansabundes angehöre.

Ich zitiere sehr ungern, weil man sich in der Regel bei den Zitaten versieht (Heiterkeit); aber als der verehrte Herr sprach, da kam mir ein Zitat aus dem Wallenstein ins Gedächtnis — Sie werden wissen, was ich meine —: „Von der Parteien Haß und Gunst“ usw. So geht es auch dem Hansabund.

Meine Herren! So, wie der Herr, der eben gesprochen hat, die Dinge dargestellt hat, liegen sie nun doch nicht. Es ist sehr natürlich, daß in weiten Kreisen, sowohl in unseren Kreisen wie in Kreisen der Landwirtschaft und auch in anderen Kreisen, die außerhalb dieser beiden bezeichneten Berufskreise stehen, die Auffassungen außerordentlich schief sind, weil eben die meisten Menschen nur eine Zeitung oder einige wenige Zeitungen lesen. Die Zeitungen sind daran schuld, meine Herren, daß über den Hansabund und über die Tätigkeit des Hansabundes außerordentlich viel Falsches verbreitet wird. (Zuruf: Stimmt!) Die liberalen und linksliberalen Zeitungen namentlich haben erwartet, daß mit der Gründung des Hansabundes endlich die freisinnige Sonne aufleuchten wird, und die Folge davon ist gewesen, daß die Aeußerungen des Vorsitzenden des Präsidiums des Hansabundes von den freisinnigen Blättern, namentlich vom „Berliner Tageblatt“, dazu benutzt worden sind, Fanfare zu blasen. Auf der anderen Seite haben die rechtsstehenden Blätter, ganz besonders aber die dem Bunde der Landwirte nahestehenden oder von dem Bunde der Landwirte begründeten Zeitungen — ich denke dabei an die „Deutsche Tageszeitung“ in erster Linie — es verstanden, ihren Lesern aus den Publikationen, aus den Reden des Herrn Geheimrat Rießer Dinge vorzuführen, die, aus dem Zusammenhange herausgegriffen, ein falsches Bild geben mußten.

Ich will durchaus nicht den Vorwurf erheben, daß nun überall und immer mit Absicht so verfahren worden ist. Es kann auch sehr wohl sein, daß Mißverständnisse untergelaufen sind. Aber die Tatsache besteht, daß an dem Bunde nach links gezerrt wird von der linksliberalen Presse, und daß auf der Rechten ein gewisses Bestreben zu erkennen ist, die Aeußerungen des Hansabundes so auszulegen, daß sie bei den Landwirten immer und jedesmal mindestens ein gelindes Gruseln erwecken müssen. (Sehr richtig!)

Unsere Aufgabe, meine Herren, ist es, klar und deutlich auszusprechen, daß es die Industrie in allererster Linie angeht, dafür Sorge zu tragen, daß die Versuche, den Hansabund nach links zu ziehen, nicht glücken (sehr richtig!), und es wäre außerordentlich verkehrt, wenn die Mitglieder des Centralverbandes, die vom Direktorium des Centralverbandes aufgefordert worden sind, am Hansabunde mitzuarbeiten, aus dem Grunde nun aus dem Hansabunde ausscheiden wollten, weil sein Bild in den Zeitungen falsch dargestellt wird. (Sehr richtig!).

Lassen Sie die Dinge sich entwickeln und Sie werden sehen, daß auch der Hansabund für die Industrie von Nutzen sein kann.

Ich halte nicht dafür, daß es angebracht ist, jetzt in eine lange Diskussion über die Sache einzutreten. (Sehr richtig!) Wir haben noch zu viel anderes zu tun, und man könnte ja darüber unendlich lange sprechen. Ich halte aber vor allen Dingen nicht dafür — und das ist auch gar nicht der Zweck der Ausführungen von Herrn Bueck gewesen —, daß man hier etwa Resolutionen fassen sollte gegenüber der Landwirtschaft, gegenüber dem Bunde der Landwirte, gegenüber dem Hansabunde, und ich bemerke in diesem Zusammenhange, daß es der Leitung des Hansabundes gar nicht einfällt — das ist ja wiederholt ausgesprochen worden —, die Landwirtschaft zu bekämpfen. (Sehr richtig!) Aber der Hansabund legt den Finger in die Wunde, indem er darauf hinweist, daß Uebertreibungen, die beim Bunde der Landwirte vorgekommen sind und noch heute vorkommen, zum Schaden des Vaterlandes ausschlagen. (Lebhafte Zustimmung.)

Der Hansabund muß ganz entschieden von mir geschützt werden gegen den Vorwurf, daß er sich mit den Roten zu verbinden die Absicht habe. Nach dieser Richtung hin hat der Vorsitzende des Präsidiums wiederholt sich geäußert. Es ist auch in den Mitteilungen des Hansabundes schon im August im Zusammenhange mit der Veröffentlichung des Briefwechsels mit Herrn von Pechmann, als die Sache mißverständlich in den Zeitungen ausgelegt wurde, Stellung zu der Sache genommen worden, und als das nicht genügt hat, hat der Vorsitzende des Präsidiums, Herr Geheimrat Rießer, der jetzt leider nicht mehr hier ist — er war vorher hier unter uns — in mehrfachen Reden dazu Stellung genommen.

Meine Herren, es kann von niemandem erwartet und verlangt werden, daß er alle die Reden liest. Es kann auch nicht von den Herren erwartet werden, daß sie jede Mitteilung aus dem Hansabunde lesen, die durch die Zeitungen geht; aber Sie werden mir das glauben, wenn ich Ihnen als Vorsitzender des Centralverbandes versichere, daß in dieser Beziehung vieles geschehen ist, was leider Gottes von sehr vielen übersehen worden ist, und so wäre ich auch genötigt, das, was der verehrte Herr Vorredner in bezug auf demagogische Bestrebungen gesagt hat, die sich im Hansabunde geltend gemacht hätten, auf das richtige Maß zurückzuführen.

Meine Herren, wie heißt doch das Sprichwort? (Zuruf.) — „Wo Holz gehauen wird, da fliegen Späne." Auf der einen Seite werden starke Ausdrücke gebraucht, da muß man auch auf der anderen Seite nicht alles auf die Goldwage legen.

Damit möchte ich schließen und möchte die herzliche Bitte an die Herren richten, diese Sache jetzt nicht weiter zu diskutieren. (Lebhafter Beifall.)

Wünscht sonst noch einer von den Herren das Wort? — Das ist nicht der Fall. Dann schließe ich die Diskussion und bringe nun nochmals den Antrag zur Verlesung, den Herr Kommerzienrat Reusch gestellt hat. Er lautet folgendermaßen:

„Der mangelnde Schutz der Arbeitswilligen führt so offensichtliche Schäden herbei, daß eine Abhilfe dringend geboten erscheint. Die Delegiertenversammlung erklärt sich daher mit den bisher vom Direktorium dieserhalb getanen Schritten völlig einverstanden und spricht die Hoffnung aus, daß sie von Erfolg begleitet sein werden."

Diejenigen Herren Delegierten, welche gegen die Annahme dieser Resolution sind, bitte ich, sich zu erheben. — Es erhebt sich niemand, die Resolution ist einstimmig angenommen. (Beifall.)

(Halbstündige Pause.)

Vorsitzender: Meine Herren, ich gebe Herrn Regierungsrat Schweighoffer jetzt zu dem dritten Punkt der Tagesordnung das Wort:

Die Verhandlungen der Kommission des Reichstages über die Reichsversicherungsordnung.

Berichterstatter Regierungsrat Dr. jur. **Schweighoffer**-Berlin: Meine sehr geehrten Herren! Es ist nicht gerade leicht, nach den hochbedeutsamen und hochinteressanten Ausführungen des Herrn Generalsekretär Bueck, mit denen er Ihnen in der nur ihm eigenen Weise ein ebenso lebendiges wie klares Bild von allen, unser gesamtes deutsches Wirtschaftsleben berührenden Tagesfragen gegeben hat, und nach der Fülle der Kundgebungen, in denen die großen Sympathien, deren Herr Bueck sich in den weitesten Kreisen der Industrie erfreut, zu einem so beredten Ausdruck gekommen sind, jetzt noch ihre Aufmerksamkeit auf ein einzelnes Gebiet der Sozialpolitik zu lenken und Ihnen eine Darlegung der zahlreichen Abänderungen und Neuerungen zu geben, welche von der zur Vorberatung des Entwurfs einer Reichsversicherungsordnung eingesetzten Reichstagskommission zu diesem Gesetzeswerk beschlossen worden sind. Ich hoffe daher, Ihrer Zustimmung sicher zu sein, wenn ich mich einer möglichsten Kürze befleißige und nur diejenigen Hauptpunkte und Fragen zum Gegenstande einer Besprechung mache, die mit Rücksicht auf ihre maßgebende Bedeutung für Industrie, Handel und Gewerbe bisher im Brennpunkt der Erörterungen gestanden haben.

Meine Herren! Es wird Ihnen erinnerlich sein, daß die Kritik, die der Entwurf einer Reichsversicherungsordnung alsbald nach seiner Publikation in der Oeffentlichkeit und in publizistischen Erörterungen gefunden hat, im allgemeinen eine wenig günstige war und daß es neben den schon in formaler Hinsicht gegen das ganze System des Entwurfs, die Zusammenfassung des gesamten Rechtsstoffes der Arbeiterversicherung in ein einziges Gesetz erhobenen Bedenken, vor allem die Vorschläge der Regierung in organisatorischer Beziehung waren, die bei allen Interessenten und Sachverständigen den lebhaftesten Widerspruch hervorriefen.

In der Vorlage der Regierung, in welcher die Neuorganisation der Versicherungsbehörden durch den Ausbau dreier Instanzen in einer architektonisch allerdings sehr bestechenden Art geplant gewesen war, ist der Versuch gemacht worden, eine Idee zur Verwirklichung zu bringen, die seit einer Reihe von Jahren von vielen Theoretikern mit dem Vorschlage eines sog. „sozialen Unterbaues" verfolgt wird. Dieser „soziale Unterbau" sollte nach der Absicht der Regierung nunmehr in der Form der „Versicherungsämter" eingeführt und diesen Aemtern als unteren Spruch-, Beschluß- und Aufsichtsbehörden, mit einem Versicherungsamtmann als besonderen Vorsitzenden oder als ständigen Stellvertreter an der Spitze, alle Funktionen übertragen werden, die einem örtlichen Bindegliede zwischen den verschiedenen Zweigen der Reichsversicherung entsprechen. Die grundsätzlichen Bedenken, die von allen Seiten gegen eine solche neue Institution erhoben wurden, gipfelten in sachlicher Beziehung in der Hauptsache darin, daß mit einem derartigen Behördenapparat nicht — wie es dem Grundgedanken der Reform entsprochen hätte — eine Vereinfachung und Verbilligung des Verfahrens, sondern eine Erschwerung und Verteuerung desselben erzielt werden würde, und daß vor allem mit den dem Versicherungsamt im Entwurf zugewiesenen weitgehenden und vielfach nicht genau abgegrenzten Kompetenzen in die Arbeiterversicherung ein bureaukratischer Zug hineingetragen worden wäre, der ihr bisher fremd war und der für die weitere Entwickelung und Betätigung der Selbstverwaltung der Versicherungsträger ein schweres Hemmnis bedeutet haben würde.

Diese Bedenken sind denn auch von der Kommission als durchaus begründet und berechtigt anerkannt worden und sie hat die Umarbeitung des Entwurfs zunächst damit begonnen, daß sie die selbständigen Versicherungsämter, die sich bereits vor ihrer Aktivität einer seltenen Unbeliebtheit erfreuten, sowie den Versicherungsamtmann aus der Vorlage gestrichen hat. An die Stelle des Versicherungsamts soll nach dem in der ersten Lesung gefaßten Beschluß der Kommission fortan bei jeder unteren Verwaltungsbehörde eine Abteilung für Arbeiterversicherung treten, die die dem Versicherungsamt zugedachten Aufgaben zu erfüllen hat und deren Vorsitzender nicht ein besonderer Beamter, sondern der Leiter dieser unteren Verwaltungsbehörde, also der Landrat oder Bürgermeister sein soll. Die Kommission ist mit diesem Beschlusse der vielfach geltend gemachten Auffassung beigetreten, daß bei der Neuorganisation der Versicherungsbehörden nicht die Angliederung an, sondern die Eingliederung in bereits vorhandene Behörden das Gegebene und Gebotene sei, und sie hat sich hierbei zugleich von der Erwägung leiten lassen, daß durch die Errichtung von etwa 1000 bis 1200 neuen Versicherungsbehörden unserer erwerbstätigen Bevölkerung wiederum eine finanzielle Last aufgebürdet worden wäre, die über das Maß des Nötigen und Gerechtfertigten weit hinausgehen würde. Von Seiten der Reichsregierung ist diese Belastung zwar nur auf 6,7 Millionen Mark berechnet worden. Von allen in der Arbeiterversicherung praktisch tätigen Männern, sowie auch innerhalb der Kommission selbst sind die entstehenden Kosten indessen wesentlich höher veranschlagt worden, und es kann ein Zweifel kaum darüber bestehen, daß ein kühnerer Aufbau von Zahlen, wie in dieser Hinsicht im Entwurf der Reichsversicherungsordnung, selten einer parlamentarischen Versammlung geboten worden ist.

Meine Herren! Das Bestreben der Reichsbehörden, die Höhe der entstehenden Kosten möglichst niedrig hinzustellen, hat aber jedenfalls insofern ein sehr erfreuliches Resultat gezeitigt, als die Kommission den Vorschlag akzeptierte, die gesamten persönlichen und sächlichen Ausgaben der Abteilung für Arbeiterversicherung nicht, wie die Regierung es wollte, den Versicherungsträgern, sondern den Bundesstaaten aufzuerlegen. Ob diese finanzielle Belastung von den Einzelstaaten sehr angenehm empfunden werden und ihnen die Zustimmung zu den Kommissionsbeschlüssen erleichtern wird, mag allerdings sehr fraglich erscheinen. In den Kreisen der Versicherungsträger hat aber dieser Beschluß jedenfalls nur ungeteilte Zustimmung gefunden, und es entspricht in der Tat auch wohl nur dem Grundsatz der Billigkeit, daß, wenn der Staat neue Behörden zur Erfüllung staatlicher Aufgaben schafft, er auch die Kosten hierfür zu übernehmen hat. Denn nur dann ist eine Gewähr dafür geboten, daß sich diese Stellen nicht allzusehr auswachsen, und daß vor allem eine wirksame Kontrolle über die Haushaltführung und den Ausgabeetat dieses behördlichen Apparates gegeben sein wird, ohne welche sich die Beamten z. B. bei Dienstreisen zur Abhaltung von Ortsterminen, bei der Ausgestaltung der Bureaus usw. kaum die wünschenswerte Beschränkung auferlegen würden. Es muß daher dringend gehofft werden, daß dieser Beschluß der Kommission auch in der jetzigen zweiten Lesung aufrechterhalten wird, und daß des weiteren auch diejenigen Beschlüsse intakt bleiben, durch welche das Zuständigkeitsgebiet und der Kompetenzbereich dieser Abteilungen für Arbeiterversicherung, die leider den Namen Versicherungsamt noch beibehalten haben, eine wesentliche Einschränkung gegenüber dem Gesetzentwurfe erfahren haben.

Während nämlich nach den Bestimmungen des Entwurfs der Aufgabenkreis des Versicherungsamts sowohl auf dem Gebiete der Kranken- als auf dem Gebiete der Unfallversicherung ein ganz außerordentlich umfassender war, ist die Mitwirkung des Versicherungsamts auf beiden Gebieten von der Kommission sehr erheblich beschränkt worden, und es ist vor allem die Bestimmung des Entwurfs in Fortfall gekommen, nach welcher die Versicherungsämter auf dem Gebiete der Unfallversicherung die erste Spruchinstanz in allen Rentenstreitigkeiten bilden sollten. Die Kommission hat sich davon überzeugen lassen, daß die Versicherungsämter in der ihnen in dem Entwurf gegebenen Gestalt keine geeignete Instanz für eine Spruchtätigkeit auf dem Gebiete der Unfallversicherung darstellen würden, und daß bei dem Vorsitzenden dieses Amts wegen seiner vielgestaltigen Spruch- und Verwaltungstätigkeit niemals eine so eingehende Kenntnis der allgemeinen beruflichen Verhältnisse und der Rechtsprechung auf dem Gebiete der Unfallversicherung vorausgesetzt werden könne, wie sie die eigenen Organe der Berufsgenossenschaften auf Grund ihrer engen Beziehungen zum gewerblichen Leben und ihrer langjährigen Erfahrungen besitzen. Es ist demgemäß den Berufsgenossenschaften das Recht belassen, nicht nur als vorbereitende Instanz für die Rentenfeststellung zu fungieren, sondern auch die erste entscheidende Feststellung selbst zu treffen, und somit von diesen bewährten Institutionen die Gefahr abgewendet, in ihrer Selbstverwaltung durch bureaukratische Eingriffe minderqualifizierter Instanzen beschränkt und beeinträchtigt zu werden.

Meine Herren! Diese Umgestaltung des Entwurfs, sowie auch die Abänderung des Instanzenzuges durch die grundsätzliche Aufrechterhaltung des Rekurses auf dem Gebiete der Unfallversicherung müssen als wesentliche Verbesserungen gegenüber den Vorschlägen der Regierung bezeichnet werden, und die diesbezüglichen Kommissionsbeschlüsse, die wohl in erster Linie auf die überaus dankenswerte und eifrige Aufklärungs- und Mitarbeit des Verbandes Deutscher Berufsgenossenschaften zurückzuführen sind, haben daher auch in allen Kreisen der unmittelbar Interessierten nur allseitige Genugtuung hervorgerufen.

In gleicher Weise hat es auch in den Kreisen der Versicherungsträger lebhafte Befriedigung ausgelöst, daß die Errichtung von Sonderversicherungsämtern und von besonderen Ober-Versicherungsämtern, die für die Betriebsverwaltungen des Reichs und der Bundesstaaten geplant waren, durch Kommissionsbeschluß abgelehnt worden ist, und daß ferner die gesamten Kosten für die persönlichen und sächlichen Ausgaben auch der Ober-Versicherungsämter den einzelnen Bundesstaaten auferlegt worden sind.

Meine Herren! Diese Ober-Versicherungsämter sollen fortan an die Stelle der bisherigen Schiedsgerichte für Arbeiterversicherung treten, und dem an der Spitze des Ober-Versicherungsamts stehenden Direktor sollen neben den hauptamtlichen Mitgliedern ehrenamtliche Beisitzer zur Seite stehen, deren Zahl mindestens 40 beträgt und die je zur Hälfte aus den Kreisen der Arbeitgeber und der Versicherten entnommen werden sollen. Während aber diese Beisitzer aus dem Arbeitgeberstande nach dem Vorschlage der Regierung von den sogenannten Vertrauensberufsgenossenschaften und den Ausschüssen der Landesversicherungsanstalten gewählt werden sollten, hat die Kommission diese Wahl den von den Vorstandsmitgliedern der Krankenkassen für das Versicherungsamt zu wählenden Vertretern der Arbeitgeber und Versicherten übertragen und die auf diese Art gewählten Beisitzer bei den Ober-Versicherungsämtern auch zu Wahlkörpern für die nichtständigen Mitglieder des Reichsversicherungsamts gemacht.

Diese Kommissionsbeschlüsse müssen als eine nicht unbedenkliche Verschlechterung der Regierungsvorlage angesehen werden. Denn hiermit sind die Träger der Unfall- und Invalidenversicherung ihres aktiven Wahlrechts für die Beisitzerwahlen vollständig beraubt und die

Zusammensetzung des gesamten Laienelements bei den Versicherungsbehörden ist damit mittelbar ganz auf die Krankenkassenvorstände fundamentiert, eine Regelung, deren Unbilligkeit eigentlich auf der Hand liegt. Die Erfahrung hat zur Genüge gelehrt, daß bei den großen Ortskrankenkassen, die hiernach den Ausschlag für die Wahlen der Versicherungsvertreter geben würden, auch die Arbeitgebervertreter ihrer wirtschaftlichen und sozialen Stellung nach sehr viel mehr nach der Seite der Arbeiter als nach der Seite der Arbeitgeber neigen, und es würde somit, falls die Wahlen der Arbeitgebervertreter lediglich auf die aus der Wahl durch die Kassenvorstände hervorgegangenen Versicherungsvertreter beschränkt bleiben würden, die unausbleibliche Folge sein, daß das eigentliche Unternehmertum bei den Spruch- und Beschlußkollegien der höheren Instanzen eine völlig ungenügende Vertretung finden würde.

Es kann daher nur der dringende Wunsch ausgesprochen werden, daß dieser Kommissionsbeschluß in der jetzigen zweiten Lesung noch einer Nachprüfung und Abänderung unterzogen wird.

Meine Herren! Diese gleiche Hoffnung einer Abänderung muß leider auch hinsichtlich der Mehrzahl der Beschlüsse gehegt werden, die von der Kommission bei den bisherigen Beratungen zu den Vorschriften der Reichsversicherungsordnung über die Krankenversicherung, diesen ersten großen Zweig unserer sozialen Versicherung, gefaßt worden sind. Auf dem Gebiete der Krankenversicherung sind in der ersten Lesung von der Kommission Entscheidungen getroffen worden, über deren Unhaltbarkeit in allen beteiligten Kreisen eine seltene Uebereinstimmung besteht. Die in dieser Hinsicht wesentlichsten Beschlüsse, auf deren Wiedergabe und Kritik ich mich hier beschränken muß, beziehen sich auf die Ausdehnung und Abgrenzung der Krankenversicherungspflicht, die Organisation der Krankenkassen und die Regelung des rechtlichen Verhältnisses zwischen den Aerzten und den Krankenkassen.

Was zunächst die Abgrenzung und den Umfang der Versicherungspflicht anbetrifft, so ist wohl bekannt, daß in der ersten Lesung von den verschiedensten Parteien Anträge auf Erhöhung der Einkommensgrenze für die Versicherungspflicht gestellt wurden, und daß bei der Schlußabstimmung schließlich der Antrag der Nationalliberalen Annahme fand, nach welchem für die in gehobener Stellung tätigen versicherungspflichtigen Personen die bisherige Versicherungsgrenze von 2000 auf 2500 M. heraufgesetzt werden soll. Durch diesen Kommissionsbeschluß ist einerseits der Kreis der versicherungspflichtigen Personen erheblich erweitert und namentlich die Versicherungspflicht der Privatbeamten wesentlich ausgedehnt worden, andererseits ist aber auch durch diese Festsetzung einer Grenze von 2500 M., welche die Reichsversicherung bisher überhaupt nicht kannte, die Absicht des Gesetzgebers, durch die jetzige Reform eine gewisse Vereinheitlichung der verschiedenen Zweige der Reichsversicherung anzustreben, wieder stark vereitelt. Es ist hiermit ein ganz neues Moment in die Versicherung hineingekommen, welches schon mit Rücksicht auf den in Aussicht stehenden Entwurf eines Privatbeamtenversicherungsgesetzes von weittragender Bedeutung ist und aus welchem naturgemäß bei der Beratung über die Invalidenversicherung die Sozialdemokraten die Konsequenzen zu ziehen suchten, indem sie den, allerdings abgelehnten, Antrag auf Erhöhung auch der Invalidenversicherungsgrenze von 2000 auf 2500 M. stellten.

Es spricht nun allerdings die Wahrscheinlichkeit sehr dafür, als ob über diese Frage der Abgrenzung der Versicherungspflicht bei der Krankenversicherung in der Kommission das letzte Wort bis jetzt noch nicht gesprochen ist, und da gerade heute die Beratungen der Kommission mit dem zweiten Buche des Entwurfs ihren Fortgang gefunden haben, so hat der in der ersten Lesung gefaßte Beschluß über den Umfang der Versicherungspflicht vielleicht schon jetzt eine weitere Umgestaltung erfahren. Von maßgebendem Einfluß auf diese Entscheidung würde hierbei wohl auch die Stellungnahme gewesen sein, die die konservative Partei bisher zu der Bestimmung des Entwurfs eingenommen hat, nach welcher „von der Krankenversicherungspflicht auf seinen Antrag befreit bleiben kann, wer bei Erkrankungen an seinen Arbeitgeber einen Anspruch auf eine den Leistungen der zuständigen Krankenkasse gleichwertige Unterstützung hat, wenn der Arbeitgeber die volle Unterstützung aus eigenen Mitteln deckt, und seine Leistungsfähigkeit sicher ist". Diese Vorschrift stieß, da das Recht des Antrages auf Befreiung von der Versicherungspflicht für die in der Landwirtschaft beschäftigten Personen an Stelle des Versicherten auch dem Arbeitgeber nach der Regierungsvorlage zustehen sollte, in der ersten Lesung bei der Mehrzahl der Parteien auf den stärksten Widerspruch und wurde demzufolge abgelehnt. Da indessen die konservative Partei von der Aufrechterhaltung dieser Bestimmung, auf deren Annahme auch die Regierung entscheidenden Wert legte, nach einer bei den Beratungen abgegebenen Erklärung ihre Stellung zu dem ganzen Gesetze abhängig gemacht hat, so wird wohl mit einer Abänderung des diesbezüglichen Kommissionsbeschlusses der ersten Lesung gerechnet werden können. Bemerkenswert ist jedenfalls, daß bei der Debatte über diese Bestimmung des Entwurfs von den Sozialdemokraten im Eifer des Gefechts ganz unumwunden ausgesprochen wurde, daß sie lediglich das Ziel verfolgten, alle Arbeiter unter die sozialdemokratischen Kassenleitungen zu bringen.

Von sozialdemokratischer Seite scheint man demnach mit der Tatsache zu rechnen, daß, je größer der Kreis der dem Versicherungszwange unterliegenden Personen gezogen wird, desto mehr Gelegenheit gegeben ist, die Kassenorganisationen zur „Politisierung" der Kassenangehörigen zu benutzen. Es würde in dieser Hinsicht doch recht beachtenswert sein, daß, falls die Reichsversicherungsordnung in dem ihr durch die Ausdehnung der Krankenversicherungspflicht gegebenen Umfange demnächst in Kraft treten sollte, bei uns in Deutschland nicht weniger als etwa 30 Millionen Menschen der Versicherungspflicht unterliegen würden, demnach beinahe die Hälfte der gesamten Bevölkerung des Deutschen Reiches. (Hört, hört!)

Meine Herren! Welche eigenartigen neuen Probleme, insbesondere nach der Richtung der Demokratisierung unserer gesamten Lebensverhältnisse sich hiermit eröffnen werden, ist hier nicht der Ort, zu untersuchen. Zu schwerwiegenden Bedenken muß es aber sicher Anlaß geben, wenn man sieht, wie in der Kommission das Treiben großer Parteien dahingeht, den Kreis der Versicherungspflichtigen noch immer weiter auszudehnen und zugleich hinsichtlich der äußeren Organisation der Krankenversicherung eine möglichst weitgehende Zentralisation der Kassen anzustreben.

Es soll keineswegs verkannt werden, daß durch eine Zusammenlegung mancher zersplitterter kleinerer Kassen auf dem Gebiete der Krankenfürsorge eine gute Wirkung erzielt werden würde. Dem steht aber auch hier das politische Moment gegenüber, daß durch die Agglomeration der politisch weit links stehenden Massen in großen Krankenkassen diesen eine Organisation gegeben wird, die vorerst allerdings lediglich auf die Versicherung abzielt, die aber nach den bisherigen Erfahrungen die einmal Organisierten, wenn nicht innerhalb, so doch außerhalb der großgewordenen Zentralkrankenkassen parteipolitisch immer zusammenführen wird und die, da durch die Zensitralation auch die kapitalistische Macht der Ortskrankenkassen ganz ohne Zweifel erheblich gesteigert wird, lediglich dazu dienen würde, die Machtfülle der sozialdemokratischen Leiter dieser großen Kassengebilde ganz wesentlich zu verstärken. (Sehr richtig!) Es ist daher wohl nur durchaus begreiflich und berechtigt gewesen, wenn die Konservativen, die Reichspartei und die Nationalliberalen diesem Prinzip einer allgemeinen Zentralisation der Krankenkassen, welches besonders eifrig von den Vertretern der Fortschrittlichen Volkspartei, den Sozialdemokraten und den Polen verfochten wurde, energisch entgegentraten und sich nicht nur scharf gegen die Gleichstellung der für die land- und forstwirtschaftlichen Arbeiter neu zu schaffenden sogenannten Landkrankenkassen mit den Ortskrankenkassen wandten, um zu verhüten, daß auf dem Umwege über die Krankenkassen auch die Landarbeiter sozialdemokratischen Einflüssen unterworfen würden, sondern vor allem auch die ungeschmälerte Erhaltung desjenigen Kassensystems forderten, das bisher noch vielerorts einen starken Zusammenhalt zwischen Arbeitgebern und Arbeitnehmern und damit ein gewisses Gegengewicht gegen die sozialdemokratischen Kassenverwaltungen gebildet hat.

Meine Herren! Es sind dieses die Betriebskrankenkassen, deren große Vorzüge in der Begründung des Entwurfs zwar anerkannt werden, die aber nach den einschlägigen Bestimmungen der Regierungsvorlage zu einem großen Teile dem Prinzip der Zentralisation würden zum Opfer fallen müssen. Nach den Bestimmungen des Entwurfs soll nämlich der Fortbestand einer Betriebskrankenkasse von dem Vorhandensein einer Mindestzahl von 100 Versicherten abhängig und die Errichtung einer neuen Kasse sogar erst bei 500 oder mit Genehmigung des Ober-Versicherungsamts bei 250 Versicherungspflichtigen zulässig sein. Diese unterschiedliche Behandlung der Errichtung neuer Betriebskrankenkassen und der weiteren Zulassung bestehender durch die Festsetzung einer so verschieden hohen Mindestzahl von Versicherten wurde denn auch von der Mehrheit der Kommission als sachlich in keiner Weise begründet bezeichnet, und es war das Zentrum, von welchem der Antrag gestellt wurde, daß für die Errichtung einer jeden Betriebskrankenkasse anstatt der im Entwurf vorgesehenen 500 Versicherungspflichtigen bereits 100 und für landwirtschaftliche Betriebe sogar schon 20 dauernd beschäftigte Versicherungspflichtige genügen sollten. Dieser Antrag fand bei den beiden konservativen Parteien und den Nationalliberalen naturgemäß alsbald Zustimmung. Dagegen konnte man sich bei diesen Parteien mit dem weiteren, vom Zentrum gestellten Antrage, die Errichtung einer Betriebskrankenkasse von der in geheimer Abstimmung zu gebenden Zustimmung der Mehrheit der Versammelten abhängig zu machen, berechtigterweise nicht einverstanden erklären. Da indessen die Parteien der „Linken" mit diesem zweiten Antrage des Zentrums auf Einführung der geheimen Abstimmung sympathisierten, nicht aber dem ersten Antrage auf Herabsetzung der Versichertenzahl zustimmten, so wurden schließlich bei der Schlußabstimmung beide Anträge des Zentrums, wie überhaupt der ganze Paragraph abgelehnt, und es besteht auf diesem Gebiete zurzeit eine Lücke im Gesetz. Es ist jedoch wohl anzunehmen, daß, wie es auch der Wille der Mehrheit der Kommission sein soll, diese Lücke noch ausgefüllt wird, da über die Notwendigkeit der Erhaltung der Betriebskrankenkassen ein Zweifel eigentlich kaum bestehen dürfte, und da es ferner dem sozialen Geist des ganzen Gesetzes stark zuwiderlaufen würde, wenn diejenige Kassenart, die der Eigenart des Fabrikbetriebes am meisten entspricht und die ihren Mitgliedern auf dem Gebiete der Krankenfürsorge größere Vorteile zu bieten vermag als irgendein anderes Kassensystem, fortan eliminiert werden sollte.

Mit großem Nachdruck muß daher auch einer gerade vor wenigen Tagen durch die Presse gegangenen Notiz entgegengetreten werden, in welcher die Annahme ausgesprochen wurde, daß man sich in industriellen Kreisen mit dem bisherigen Ergebnis der Kommissionsberatungen über die Reichsversicherungsordnung nur vollauf einverstanden erklären könne.

Meine Herren! Zu einer derartigen Einverständniserklärung kann die Industrie einen Anlaß wohl nicht eher haben, als bis auf einem der wichtigsten Gebiete unserer sozialen Versicherung, auf dem Gebiete der Krankenversicherung, eine befriedigende Lösung der herrschenden Streitfragen erzielt und vor allem eine Gewähr dafür gegeben ist, daß der Fortbestand und die Neuerrichtung der Betriebskrankenkassen, dieser geschichtlich geworden Kassenform, in keiner Weise gefährdet wird. Und es darf wohl mit Bestimmtheit ausgesprochen werden, daß es in den weitesten Kreisen der Industrie eine ebenso starke wie berechtigte Mißstimmung hervorrufen würde, wenn seitens der Vertreter der Regierung die in der ersten Lesung abgegebene Erklärung, daß ohne die Erhaltung der Betriebskrankenkassen die Reichsversicherungsordnung für die verbündeten Regierungen „unannehmbar" sein würde, nunmehr wieder zurückgezogen werden sollte. (Bravo!)

Meine Herren! Es ist wohl bekannt genug, welch' großes Befremden es bereits allgemein erregt hat, daß die Regierung einen Anlaß zu einem gleichen „Unannehmbar" nicht gefunden hat bei der Ablehnung einer Bestimmung der Vorlage, welche früher allgemein als eine conditio sine qua non für das Zustandekommen des Gesetzes angesehen wurde. Es ist dieses die Vorschrift, nach welcher der Ausschuß bei den Orts- und Landkrankenkassen fortan je zur Hälfte aus Vertretern der Arbeitgeber und der Versicherten bestehen sollte und an Stelle des bisherigen Verhältnisses von $^1/_3$ und $^2/_3$ die Arbeitgeber und die Versicherten in Zukunft gleichfalls je die Hälfte der Beiträge zu entrichten haben sollten. Diese Abänderung des bisher herrschenden Modus sollte doch ausgesprochenermaßen nur dazu dienen, den bislang infolge der ungleichen Verteilung des Stimmrechts bei den großen Kassengebilden zutage getretenen Mißständen, die sich in der ausschlaggebenden Stellung der sozialdemokratischen Leiter zeigten, entgegenzuwirken; lediglich mit Rücksicht auf dieses politische Moment haben sich die Arbeitgeber mit der auf 56 bis 60 Millionen Mark veranschlagten Mehrbelastung infolge der höheren Beiträge befreunden können. Um so eigentümlicher mußte es daher berühren, als aus den Kommissionsberichten zu ersehen war, daß die Vertreter der Regierung bei dem Kampfe um diese wichtige Bestimmung des Entwurfs, in welchem in der ersten Lesung nicht nur von den Sozialdemokraten und der Fortschrittlichen Volkspartei, sondern leider auch vom Zentrum mit Nachdruck für dieses, wie man behauptete, „historische" Recht des Arbeiters gekämpft wurde, ihre Forderungen so wenig energisch vertreten hatten. Es ist doch eine feststehende Tatsache, daß die Sozialdemokratie, die ihre ganze Stellung zur Arbeiterversicherung nur nach politischen Gesichtspunkten und nach Parteigrundsätzen zu richten pflegt, durch ihre ausschlaggebende Stellung in den staatlichen Einrichtungen der Krankenkassen ganz ungeheuer an Macht und Ansehen in weiten Volkskreisen gewonnen hat, und es wurde daher auch allgemein bisher als ein Hauptziel der jetzigen Reform der Krankenversicherung angesehen, diese Herrschaft der Sozialdemokraten in den großen Kassengebilden zu brechen und ihnen damit zugleich ein gewaltiges Agitationsfeld zu entziehen. Dieses Ziel hat die Regierung aber jetzt anscheinend ganz aus den Augen verloren und ist offenbar bereit, vor dem Mehrheitsbeschlusse der Kommission zu kapitulieren, nach welchem es auch in Zukunft bei der Drittelung des Stimmrechts in den Kassenverwaltungen sein Bewenden behalten soll. Es würde dann hier wieder einmal die bedauerliche Tatsache zu registrieren sein, daß regierungsseitig gesetzgeberische Maßnahmen zur Bekämpfung der Sozialdemokratie angekündigt werden, die dieser einen überaus wirksamen Agitationsstoff liefern, daß aber hinterher vor dem ablehnenden Votum des Parlaments ohne Kampf die Waffen gestreckt werden. (Sehr richtig!)

Meine Herreu! Neben dieser Frage der äußeren und inneren Organisation der Krankenkassen ist bei den bisherigen Kommissionsberatungen das heiß umstrittenste Gebiet die Regelung des **Verhältnisses zwischen den Aerzten und den Krankenkassen** gewesen.

Nicht weniger als fünf Tage sind in der ersten Lesung in einer zum Teil äußerst erregten Erörterung die verschiedenen Ansichten hierüber vorgebracht und diskutiert worden, und erst nach hartem Kampfe wurde in der Abstimmung die Schlacht zugunsten der Krankenkassen zunächst insofern entschieden, als die Bestimmung des Entwurfs, nach welcher die Regelung der rechtlichen Beziehungen zwischen den Krankenkassen und den Aerzten grundsätzlich durch Verträge zu erfolgen hat, gegen die Stimmen der Fortschrittlichen Volkspartei im wesentlichen nach der Vorlage der Regierung angenommen wurde. Des weiteren wurde den Wünschen der Krankenkassenverwaltungen dadurch entgegengekommen, daß den Kassen die freie Bestimmung des Arztsystems grundsätzlich zugestanden und für den Fall, daß die Kasse zu dem von ihr gewünschten Arztsystem unter angemessenen Bedingungen ärztliche Hilfe nicht erlangen kann, ihr der Ersatz der ärztlichen Behandlung durch eine Barleistung gestattet wurde.

Meine Herren! Es wird anerkannt werden müssen, daß mit dieser Abänderung des Entwurfs nur einem durchaus berechtigten Verlangen der Kassenverwaltungen Rechnung getragen worden ist. Denn daß für viele Kassen die freie Arztwahl, wenigstens in der Art, daß ein jeder Versicherter einen jeden beliebigen Arzt konsultieren kann, mit einer daraus resultierenden Zahlungsverpflichtung der Kassen, schlechterdings undurchführbar ist, dafür ist ein hinreichender Beweis in den Erfahrungen gegeben, die bisher schon mit einem solchen System von vielen großen Kassenverwaltungen gemacht worden sind. Es hat sich gezeigt, daß die freie Arztwahl die Simulation in kaum glaublicher Weise förderte und vor allem die Kassen mit ganz enormen, teilweise den finanziellen Ruin der Kassen mit sich bringenden Beträgen belastete. Die Kommission in ihrer überwiegenden Mehrheit wollte und konnte daher diese Tatsache auch nicht übersehen, und hat in der ersten Lesung davon Abstand genommen, die freie Arztwahl als das allein oder in der Regel allein zulässige System für die Versorgung der Kassenmitglieder gesetzlich festzulegen. Es muß dringend gehofft werden, daß sie auch in der jetzigen zweiten Lesung an diesem Beschlusse festhalten wird, nachdem seitens des Herrn Staatssekretärs für diese Lesung in bezug auf die Regelung der Arztfrage bereits anderweitige Vorschläge in Aussicht gestellt worden sind. Bei jeder anderweitigen Neuordnung dieser Materie wird doch stets zu berücksichtigen sein, daß sich die Krankenkassen den Aerzten gegenüber immer in einer gewissen Zwangslage befinden werden, solange sie gesetzlich verpflichtet sind, ihren Mitgliedern ärztliche Hilfe zu verschaffen, während für die Aerzte keine Gegenverpflichtung besteht, diese Hilfe auch zu leisten. Diese Zwangslage würde aber naturgemäß eine um so schlimmere werden, wenn in irgendeiner Weise vom Gesetz die freie Arztwahl festgelegt würde. Die Kassen würden sich alsdann in der ungünstigen Lage jemandes befinden, der über einen bestimmten

Gegenstand mit einem ganz bestimmten Gegenkontrahenten einen Vertrag abzuschließen verpflichtet ist, während es diesem Gegenkontrahenten seinerseits ganz freisteht, ob er den Vertrag schließen will oder nicht und er daher der Gegenseite seine Bedingungen ganz nach Belieben diktieren kann. Den Aerzten eines jeden Krankenkassenbezirks würde hiermit nach einem treffenden Vergleich des Herrn Professor Dr. Stier-Somlo ein Ausnahmerecht eingeräumt sein, das in gewissem Sinne an die mittelalterlichen Bannrechte erinnert, deren Inhalt bekanntlich in der Verpflichtung der Einwohner eines Bezirks bestand, alle Bedürfnisse einer bestimmten Art ausschließlich durch die Bannberechtigten bestreiten zu lassen. Es bedeutet daher nicht gerade ein großes Verständnis für Staat und Recht, wenn die führenden Elemente im Leipziger Aerzteverbande und der Führer der Fortschrittlichen Volkspartei in der Reichstagskommission dadurch der Regierung und dem Reichstage ihren Willen aufzuzwingen suchten, daß sie durch einen ärztlichen Generalstreik einen Zusammenbruch der ganzen Arbeiterversicherung herbeizuführen androhten.

Meine Herren! Wie sehr sich überhaupt auf dem Gebiete unserer sozialen Versicherung im Laufe der letzten Jahre die Begriffe von gegenseitigen Rechten und Pflichten und vor allem die Anschauungen über die ursprünglichen Ziele unserer sozialen Gesetzgebung verschoben haben, dafür liefern auch die bisherigen Beratungen der Kommission über die die Unfallversicherung betreffenden Vorschriften des Entwurfs einen beredten Beweis.

Es wird Ihnen bekannt sein, daß der Entwurf der Reichsversicherungsordnung schon an und für sich eine sehr erhebliche Ausdehnung des Kreises der Unfallversicherungspflichtigen mit sich gebracht hat. Diese Ausdehnung, die sich in der Praxis wohl als eine erheblich größere herausstellen wird, als zurzeit vielfach angenommen wird, erhält auch hier wieder eine weitere Steigerung durch den in der ersten Lesung gefaßten Beschluß der Kommission, nach welchem auf Grund eines Antrages der Sozialdemokraten in Zukunft auch die im Binnenfischereibetrieb beschäftigten Personen der Versicherungspflicht unterliegen sollen und durch die jetzt in der zweiten Lesung gefaßten weiteren Beschlüsse, auf Grund deren noch eine ganze Anzahl anderer Betriebe, wie Gerbereibetriebe, Fischzucht, Teichwirtschaft usw., in die Versicherungspflicht einbezogen werden sollen. Es war sogar Neigung in der Kommission vorhanden, den der Unfallversicherungspflicht zu unterstellenden Personenkreis noch weiter, und zwar sehr erheblich weiter auszudehnen, durch Einbeziehung aller Angestellten in den offenen Ladengeschäften. Diese Forderung wurde aber doch von der

Mehrheit der Kommission als zu weitgehend anerkannt, und mit der Begründung zurückgewiesen, daß es außerhalb des Bereiches der Möglichkeit liege, alle Gefahren des täglichen Lebens unfallversicherungspflichtig zu machen. Wie sehr trotzdem die Tendenz immer wieder zum Durchbruch kam, die Versicherungspflicht zu erweitern, und sie vor allem auch in die höheren sozialen Schichten gelangen zu lassen, dafür liefert der sowohl in der ersten als in der jetzigen zweiten Lesung vom Zentrum gestellte Antrag einen guten Beweis, nach welchem die gesetzliche Versicherungsgrenze der Fabrikbetriebsbeamten nicht, wie der Entwurf es will, bei 3000, sondern erst bei 5000 M. Jahresarbeitsverdienst gezogen werden soll. Dieser Antrag des Zentrums ist in der ersten Lesung abgelehnt worden, jetzt aber in der zweiten Lesung ist die Abstimmung einstweilen noch zurückgestellt gemäß einem Beschlusse der Kommission, nach welchem alle neuen Anträge auf zahlenmäßige Erweiterung der Versicherungsgrenze erst von einer Subkommission einer einheitlichen Prüfung unterzogen werden sollen. Aus dem Antrage geht aber, wie gesagt, wohl zur Genüge hervor, wie sehr man bei den maßgebenden Parteien geneigt ist, den ursprünglichen Boden unserer sozialen Versicherung als einer Arbeiterversicherung ganz zu verlassen und sie immer mehr zu einer Mittelstandsversicherung auszugestalten. Der Antrag ist nur eine Konsequenz des sich immer mehr geltend machenden Bestrebens, alle diejenigen Begriffsmerkmale, die bei der Inangriffnahme unseres ganzen sozialen Versicherungswesens als Voraussetzung einer jeden Versicherungspflicht gegolten haben, nunmehr fallen zu lassen und zu beseitigen.

Schon bei der Krankenversicherung hat man in dieser Hinsicht einen m. E. sehr bedenklichen Schritt getan, indem man nicht nur auf das Erfordernis der Betriebszugehörigkeit und der entgeltlichen Beschäftigung des Versicherten als Vorbedingung der Versicherungspflicht Verzicht geleistet hat, sondern sogar dadurch, daß man auch für die versicherungsfreien Ehefrauen der Kassenmitglieder die Gewährung bestimmter Leistungen als gesetzliche Regelleistungen festgesetzt, das Prinzip der versicherungspflichtigen Beschäftigung überhaupt ganz ausgeschaltet hat.

Meine Herren! Das gleiche Bild sozialen Fortschritts, wie es von den Sozialtheoretikern so gern genannt wird, hat sich auch bei den Beschlüssen der Kommission über die Unfallversicherung gezeigt, und die Bemühungen des Zentrums und seiner Freunde, sich in dieser Hinsicht noch wirksamer als bisher zu betätigen, sind in der jetzigen zweiten Lesung von Erfolg gekrönt gewesen. Während nämlich der Antrag des Zentrums, die Entschädigungspflicht nicht mehr, wie es bisher Rechtens war, auf die sich im Betriebe ereignenden Unfälle zu beschränken, sondern die Unfallversicherung auch auf die gewerblichen Berufskrankheiten auszudehnen, in der ersten Lesung abgelehnt worden war, ist diesem Antrage nunmehr in der zweiten Lesung gegen die Stimmen der beiden konservativen Parteien und der Nationalliberalen insoweit stattgegeben, als dem Bundesrat die Befugnis zum Erlasse derartiger Vorschriften zuerkannt worden ist.

Meine Herren! Daß im Falle einer solchen Ausdehnung der Unfallversicherung auch auf die gewerblichen Berufskrankheiten nicht nur der Rentenhunger und die Simulation, diese düsteren Kehrseiten des glänzenden Bildes unserer Unfallversicherung, eine weitere Förderung erfahren würden, sondern daß vor allem auch mit einem ganz gewaltigen Steigen der Entschädigungszahlen der Berufsgenossenschaften (man denke nur an die Wurmkrankheiten im Bergbaubetriebe) würde gerechnet werden müssen, darüber kann ein Zweifel wohl kaum bestehen. Sehr wünschenswert wäre es daher wohl gewesen, wenn die Begründung der Reichsversicherungsordnung einige zahlenmäßige Angaben darüber gebracht hätte, wie hoch sich voraussichtlich schon infolge der in der Regierungsvorlage vorgesehenen Ausdehnung der Unfallversicherung die Mehrbelastung der Versicherungsträger belaufen wird. Derartige Angaben sind indessen nicht gemacht worden und es läßt sich daher die Höhe dieser Steigerung nur abschätzen. Man wird aber wohl in der Annahme nicht fehl gehen, daß lediglich auf Grund der regierungsseitig vorgeschlagenen Ausdehnung des Kreises der Unfallversicherten bereits etwa 12 bis 15 Millionen Mark Versicherungslasten mehr entstehen werden, eine Belastung, die von umso größerer Bedeutung ist, als die Entschädigungszahlen der Berufsgenossenschaften allein im letzten Jahrzehnt um rund 53 pCt. gestiegen sind.

Meine Herren! Recht wenig Verständnis hat es unter solchen Umständen auch allgemein gefunden, daß diese im Interesse der Wohlfahrt unserer einheimischen arbeitenden Bevölkerung vom deutschen Unternehmertum neu zu übernehmende Belastung noch wieder eine weitere Steigerung, und zwar ohne jeden begründeten Anlaß, erfahren sollte durch die von der Regierung in Vorschlag gebrachte völlige Gleichstellung der Inländer und Ausländer auf dem Gebiete der Unfallfürsorge. Als Grund für diesen Vorschlag ist von Seiten der Regierung in den Motiven des Entwurfs die Tatsache verzeichnet, daß auf den internationalen Kongressen für Arbeiterversicherung und gesetzlichen Arbeiterschutz schon wiederholt der Wunsch nach Beseitigung der in unserem geltenden Recht für Ausländer getroffenen Ausnahmebestimmungen laut geworden sei. Diese Argumentation wird aber nicht gerade als sehr überzeugend empfunden werden können, da bisher nicht die Beobachtung gemacht worden ist, daß derartige Wünsche führender Sozialtheoretiker auf internationalen Kongressen auch auf die anderen europäischen Staaten den gleichen Eindruck gemacht und sie veranlaßt hätten, dem deutschen Vorbilde auf sozialpolitischem Gebiete in etwas schnellerem Tempo zu folgen. Es ist vielmehr eine allbekannte Tatsache, daß es bei den meisten auswärtigen Staaten an einer der deutschen gleichwertigen Unfallfürsorge für die eigenen Staatsangehörigen bislang noch völlig fehlt. Da somit deutscherseits auf eine entsprechende Reziprozität nur in außerordentlich geringem Umfange gerechnet werden könnte und selbst eine formale Gleichstellung der deutschen mit den Staatsangehörigen anderer Staaten für die ersteren in den meisten Fällen materiell ganz wertlos sein würde, so wurde es auch allgemein mit großer Befriedigung vermerkt, als die Kommission in der ersten Lesung die gegen den Vorschlag der Regierung vorgetragenen Bedenken als begründet anerkannte und trotz des von einem Vertreter des Auswärtigen Amts in Gemeinschaft mit der Fortschrittlichen Volkspartei und den Sozialdemokraten geleisteten Widerstandes den Beschluß faßte, die bisher im geltenden Recht für Ausländer bestehenden Ausnahmevorschriften in den Entwurf wieder einzufügen. Um so bedauerlicher ist es, daß die Kommission jetzt in der zweiten Lesung diesen Beschluß wieder aufgehoben und die Sache zunächst ihrer Subkommission zur Prüfung überwiesen hat, so daß die Befürchtung einer anderweitigen ungünstigeren Regelung der Sache nicht von der Hand zu weisen ist.

Meine Herren! Was im übrigen die Beschlüsse der Kommission zu den weiteren Bestimmungen der Reichsversicherungsordnung über die Unfallversicherung anbetrifft, so kann ich hier wohl davon absehen, auf diese Beschlüsse im einzelnen näher einzugehen, zumal sehr grundsätzliche Aenderungen in dieser Hinsicht an der Regierungsvorlage nicht vorgenommen worden sind. Ich möchte nur im allgemeinen erwähnen, daß die von der Kommission beschlossenen Abänderungen, z. B. die Gewährung des Anspruchs auf Rente selbst für den Fall verbotswidrigen Handelns oder den Fall des Verstoßes gegen bergpolizeiliche Verordnungen, die Möglichkeit der Bestellung früherer Arbeiter zu technischen Aufsichtsbeamten der Berufsgenossenschaften und ähnliche Neuerungen, sich durchweg als Maßnahmen im Interesse der Versicherten darstellen, und bei der auch in der Kommission vorherrschenden sozialpolitischen Strömung bei der Mehrzahl der Parteien naturgemäß alsbald Zustimmung fanden, während die von Seiten der Berufsgenossenschaften vorgetragenen Wünsche in wesentlicher Beziehung, z. B. in bezug auf die Vermeidung der Anhäufung übergroßer Reservefonds abgelehnt worden sind, obgleich sie als durchaus zweckmäßig und auch als überaus maßvoll bezeichnet werden mußten.

Meine Herren! Wie ich, wenn ich nicht irre, schon vorher kurz andeutete, hat auch das dritte große Gebiet unserer sozialen Versicherung, die Invalidenversicherung, durch die Beschlüsse der Kommission eine über den Entwurf sehr wesentlich hinausgehende Ausdehnung gefunden. Der Entwurf der Regierung hat zwar im Ausbau und in der Gestaltung der Invalidenversicherung, wenn man von der durch die Einführung einer freiwilligen Zusatzversicherung bedingten Ausdehnung der Leistungen absieht, gegenüber dem bisherigen Rechtszustande wesentliche Aenderungen nicht vorgenommen und vor allem von der Anfügung neuer Lohnklassen sowie der Herabsetzung des Alters für den Beginn der Altersrente Abstand genommen. Er hat aber mit der Hinterbliebenenversicherung, diesem alten Programmpunkt der Arbeiterparteien, einen völlig neuen Gedanken in das Gesetz hineingetragen, und es war wohl von vornherein zu erwarten, daß die nach dem Vorschlage der Regierung allen erwerbsunfähigen Hinterbliebenen eines Versicherten zu gewährenden Leistungen innerhalb der Kommission alsbald als zu kärglich bemessen bemängelt und auf eine Erhöhung dieser Leistungen abzielende Anträge gestellt werden würden. Diese Erwartung hat sich denn auch sehr bald erfüllt und nicht nur von sozialdemokratischer, sondern auch von Zentrums- und freisinniger Seite wurde lebhaft für eine Heraufsetzung der Witwen- und Waisenrenten plädiert. Es wurden hierbei von den Sozialdemokraten Forderungen erhoben, deren finanzielle Wirkung in einer Steigerung der wöchentlichen Durchschnittsbeiträge von 28 auf 60 Pfg. und in einer jährlichen Mehrbelastung von rund 266 Millionen Mark bestanden hätte. Diese Anträge sind zwar abgelehnt worden, aber es ist doch recht bezeichnend, daß bei den Erörterungen über diese Frage der Rentenerhöhungen in der ersten Lesung von einem Zentrumsmitgliede gegenüber dem Hinweise auf die mit einer jeden solchen Erhöhung verbundene große Mehrbelastung die Bemerkung gemacht wurde, daß ja die Unternehmer infolge der Ablehnung der vorgesehenen Hälftelung der Beiträge bei der Krankenversicherung 56 Millionen Mark gespart hätten und daß daher dieser Betrag sehr wohl zu einer Verbesserung der Hinterbliebenenversicherung Verwendung finden könnte. (Bewegung.)

Meine Herren! Ueber diesen Antrag der Verwendung der angeblich ersparten Unternehmerbeiträge von 56 Millionen Mark hat denn in der Tat auch eine längere Debatte in der Kommission stattgefunden, und es ist wohl nur dem energischen Eintreten der beiden konservativen Parteien und der Nationalliberalen zu verdanken, daß man diesen Betrag nicht völlig zu Arbeiterwohlfahrtszwecken aufgeteilt hat. Dagegen haben diese Parteien es nicht verhindern können, daß dennoch ein Teilbetrag dieser Summe, der von einem Vertreter der Regierung auf jährlich 12 oder auch 20 Millionen Mark berechnet worden ist, in der ersten Lesung durch Kommissionsbeschluß zur Gewährung einer sogenannten Kinder-Zuschußrente bestimmt worden ist. Wenn nun auch dieser Beschluß jetzt in der zweiten Lesung der Finanz-Subkommission zunächst noch zur Nachprüfung überwiesen worden ist, so unterliegt es doch wohl kaum einem Zweifel, daß die Einführung einer solchen Zuschußrente an Invalidenrentner mit Kindern unter 15 Jahren ein dauerndes Ergebnis der Kommissionsberatungen bleiben wird, da das Zentrum, die Fortschrittliche Volkspartei und die Sozialdemokraten geschlossen hierfür eine Mehrheit gebildet haben und wohl auch weiter bilden werden.

Meine Herren! Wenn man dieses Streben maßgebender Parteien, die Leistungen aus der Arbeiterversicherung in immer weitergehendem Maße zu erhöhen, ansieht, dann wird man unwillkürlich an den schönen Satz des corpus juris erinnert: „Facile est de alieno largiri“, d. h. „aus fremder Tasche läßt sich's leicht freigebig sein“, und es ist nur höchst bedauerlich, daß hierbei in keiner Weise berücksichtigt wird, daß schließlich derartige Belastungsproben für unsere Industrie eines Tages ganz unbedingt gefährlich auslaufen müssen und daß eine jede weitere Erhöhung der Leistungen der Reichsversicherung auch für die deutschen Reichsfinanzen zu den bedenklichsten Konsequenzen führen muß. Wenn sich daher diesem bei den Kommissionsberatungen mehrfach von der Regierung erhobenen Einwande gegenüber ein Mitglied wörtlich mit der Bemerkung abfand, daß „seine Stellung zu derartigen Anträgen nicht abhängig sei von der Finanzlage des Reiches“, dann steht dieses, für einen Reichstagsabgeordneten übrigens recht charakteristische Wort wohl ziemlich auf demselben Blatte, als wenn ein Sozialdemokrat bei der Ablehnung des Antrages auf Herabsetzung des Alters für den Beginn der Altersrente auf das 65. Lebensjahr und Einführung dreier neuer Lohnklassen bei der Invalidenversicherung der Regierung in der ersten Lesung den geradezu unglaublichen Vorwurf machte, „daß die Regierung sich weigere, den Arbeitern auch nur das Allernotwendigste zu bewilligen“. (Hört, hört!)

Meine Herren! Solche Aeußerungen zeigen wohl zur Genüge, wie wenig die Führer der organisierten Arbeiterschaft sich scheuen, sogar im Parlament unsere während einer Zeit von nunmehr 30 Jahren sich lediglich in der Richtung einer Besserung der Lage der Arbeiter bewegende Sozialpolitik herabzuwürdigen und die Leistungen zu verkleinern, die bei uns in Deutschland, wie bisher noch in keinem anderen Kulturstaate der Welt auf dem Gebiete der sozialen Versicherung zugunsten der Arbeiterschaft vollbracht worden sind. Es war die Erwartung wohl berechtigt, daß gegenüber einem solchen, in einer parlamentarischen Versammlung gegen die verbündeten Regierungen erhobenen unerhörten Vorwürfe von zuständiger Stelle aus mit einem recht kräftigen und deutlichen Worte geantwortet werde, wie es auch für die Autorität der Regierung sicher sehr viel förderlicher gewesen wäre, wenn sie in der Erkenntnis, daß die Regierung vor allem den Staatsgedanken zu verkörpern und zu vertreten hat und daß der Staat Macht ist, im Laufe der Kommissionsberatungen allen unerfüllbaren Ansprüchen mehr, als dieses geschehen ist, ein festes, unerschütterliches „Nein" entgegengesetzt hätte. (Sehr richtig!)

Die Regierung durfte wohl überzeugt sein, daß sie im Falle eines solchen Vorgehens die unbedingte Unterstützung derjenigen Parteien für sich gehabt hätte, die im Gegensatz zu dem sonst leider vielfach sichtbar gewordenen Wettbewerb um die Gunst der durch die Reichsversicherungsordnung unmittelbar Betroffenen sich bei ihren Entschließungen lediglich durch die Rücksicht auf die praktische Durchführbarkeit der Vorschläge und vor allem auch auf die finanzielle Tragfähigkeit der Versicherungsträger haben leiten lassen.

Meine Herren! Uneingeschränkte Anerkennung muß in dieser Hinsicht den beiden rechtsstehenden Parteien, der konservativen und der Reichspartei sowie auch den Nationalliberalen gezollt werden, und ich nehme keinen Anstand, es hier zu betonen, daß die Vertreter dieser Parteien während der Kommissionsberatungen es einzig und allein gewesen sind, die vom ersten Anfang an allen ihnen in bezug auf die Bedürfnisse der Industrie vorgetragenen Wünschen eine wirklich tatkräftige Unterstützung haben angedeihen lassen und die mit wirklicher Sachkenntnis die Bestimmungen des Entwurfs den Forderungen des praktischen Lebens anzupassen ernstlich bemüht gewesen sind. Wenn ihnen hierbei nicht immer ein voller Erfolg beschieden gewesen ist, so ist dieses nur darauf zurückzuführen, daß in sehr vielen Fragen, und zwar in Fragen von maßgebendster Bedeutung ihnen die drei großen Gruppen Zentrum, Freisinn und Sozialdemokratie als geschlossene Mehrheit gegenübergestanden haben.

Meine Herren! Es soll niemandem das Recht bestritten und keiner Partei verwehrt werden, für einen als zweckmäßig anerkannten

Ausbau der bestehenden Versicherungsgesetzgebung mit Nachdruck einzutreten; es muß hierbei aber unbedingt vorausgesetzt werden, daß alle diese Bestrebungen nur aus sachlichen Erwägungen des Sozialrechts heraus geschehen und nicht aus parteitaktischen Gründen, und daß vor allem die Forderungen nach einer immer weitergehenden Ausdehnung der Versicherungs- und Entschädigungspflicht mit den Interessen unserer heimischen Volkswirtschaft auf die Dauer vereinbar bleiben.

Daß aber in dieser Hinsicht die unbedingt notwendige Rücksicht nicht mehr gewahrt wird und daß die Grenzen nicht mehr genügend Beachtung finden, die einer jeden staatlichen Fürsorge durch die Notwendigkeit gezogen werden, Industrie, Handel und Gewerbe gegenüber dem Auslande auf dem Weltmarkte konkurrenzfähig zu erhalten, das dürfte wohl hinreichend ersichtlich sein, wenn man einmal die gewaltigen Anforderungen, die bei uns in Deutschland gegenwärtig zu sozialen Zwecken an alle gewerblichen und industriellen Unternehmer gestellt werden, in Vergleich stellt zu dem, was in anderen Ländern, und gerade den Hauptkonkurrenzländern von Deutschland, auf dem gleichen Gebiete von den gleichen Erwerbskreisen bisher gefordert worden ist und gegenwärtig gefordert wird.

Meine Herren! Für Kranken-, Unfall- und Invalidenversicherung sind im Deutschen Reiche seit dem Bestehen unserer Arbeiterversicherung bis zum Schluß des Jahres 1908 nicht weniger als 7,679 Milliarden Mark, bis Ende 1909 rund $8^1/_2$ Milliarden Mark verausgabt worden, und die gegenwärtigen jährlichen Kosten belaufen sich auf etwa 800 Millionen Mark. Diese Lasten werden sich durch die in der neuen Reichsversicherungsordnung vorgesehene Erweiterung der sozialen Versicherung noch um mindestens rund 200 Millionen Mark für das Jahr steigern, so daß alsdann die Summe der jährlichen Ausgaben für Versicherungszwecke bei uns fortan über 1 Milliarde Mark, d. h. für den Tag über 3 Millionen Mark, betragen wird. (Hört, hört!)

Meine Herren! Das sind Zahlen, die laut sprechen und die eben um so bedeutungsvoller sind, wenn man an der Hand der gerade vor kurzer Zeit vom Kaiserlich Statistischen Amt herausgegebenen Zusammenstellung, also einer amtlichen Zusammenstellung vergleicht, wie gering demgegenüber die tatsächlichen Leistungen sind, die in anderen europäischen Staaten, die überhaupt eine der deutschen vergleichbare sozialpolitische Gesetzgebung haben, zu Zwecken der Arbeiterversicherung aufgebracht werden. Um nur ein ganz kurzes Beispiel anzuführen: Während die jährlichen Leistungen für die Krankenversicherung in Deutschland zurzeit $350^1/_2$ Millionen Mark betragen, belaufen sie sich in Oesterreich-Ungarn auf 62½, in Frankreich auf 22 und in Belgien sogar nur auf 3,6 Millionen Mark. Noch heute marschiert also das junge Deutsche Reich auf dem Gebiete der sozialen Fürsorge für die Arbeiter weitaus an der Spitze aller Kulturnationen und es wäre wohl an der Zeit, daß unsere führenden Sozialpolitiker im Reichstage sowohl wie an den zuständigen Reichsstellen sich bei allen weiteren sozialpolitischen Maßnahmen diese Tatsache sowie auch die Sprache der vergleichenden Zahlen stets etwas mehr vergegenwärtigten, damit bei uns nicht eines Tages die Quellen, aus denen man bisher geschöpft hat, falls sie über Gebühr in Anspruch genommen werden, versagen. Denn neben dem Arbeiter, dem die Fürsorge zugute kommt, ist es doch in erster Linie der Arbeitgeber, der die Lasten der sozialen Gesetzgebung zu tragen hat, und der Gesetzgeber, der ohne Rücksicht auf die bisherigen Lasten dem Unternehmer immer wieder neue Lasten zumutet, sollte sich bewußt sein, daß eine jede, in blindem Eifer über das Ziel hinausgehende Sozialpolitik in ihrem Enderfolge das Gegenteil der Absicht herbeiführen und die dem wirtschaftlich Schwachen zugedachten Segnungen in Verderben wandeln muß. Denn es liegt wohl auf der Hand, daß, falls durch das Uebermaß gesetzgeberischer Eingriffe und sozialer Belastungen der Mut der Unternehmung unterbunden, die Produktivität der Arbeit heruntergesetzt und die Wettbewerbsfähigkeit mit dem Auslande lahmgelegt wird, ein Rückgang der deutschen Industrie unausbleiblich ist, wie es auch ebenso unausbleiblich ist, daß ein solcher Rückgang am letzten Ende seinen stärksten Niederschlag finden muß und wird in der Lage der arbeitenden Klassen.*) (Lebhafter Beifall und Bravorufe.)

Vorsitzender: Meine Herren, ich eröffne die Diskussion über den Vortrag, den Sie ja alle beifällig aufgenommen haben.

Reichstagsabgeordneter **Hausmann**-Lauenstein i. H.: Meine Herren! Das Direktorium des Verbandes hat an Fraktionen des Reichstages die Einladung ergehen lassen, einzelne ihrer Mitglieder zu der heutigen Tagesordnung zu delegieren. Daß die Fraktionen diese Aufforderung dankbar angenommen haben, geht daraus hervor, daß eine Anzahl Vertreter verschiedener Fraktionen hier erschienen sind, speziell, wie ich glaube, diejenigen Mitglieder, welche den Beratungen der Reichsversicherungsordnung beigewohnt haben.

---

*) Der Wortlaut der zur Beschlußfassung vorgelegten „Erklärung zur Reichsversicherungsordnung“ findet sich auf Seite 121 ff.

Meine Herren! Ich habe mir erlaubt, das Wort zu erbitten und bin dankbar dafür, daß es mir gewährt worden ist, um dem Herrn Vorredner, der sich im wesentlichen Teil seiner Ausführungen mit dem beschäftigt hat, was die Kommission in ihren Entschlüssen zutage gefördert hat, auf einzelne Punkte seiner Rede zu antworten.

Meine Herren! Wir machen heute die Erfahrung, und die Regierung macht sie mit, daß das Wort aus Goethes Zauberlehrling: „Die ich rief, die Geister, werd' ich nun nicht los" eine fatale Anwendung in mancher Beziehung findet auf die Gesetzesvorlagen. Wir haben bei dem Gesetz, welches Herr Bueck heute morgen schon erwähnt hat, beim Kaligesetz erlebt, daß man sogar bei rein wirtschaftspolitischen Gesetzen versucht und durchgesetzt hat, sozialpolitische Momente hineinzutragen. Um wieviel mehr ist das der Fall bei solchen Gesetzen, die rein sozialpolitischer Natur sind?

Die Regierung muß sich heutzutage, wenn sie derartige Gesetze vorlegt, in allen Fällen damit abfinden, daß weit über das hinausgegangen wird, was sie gewünscht hat.

Meine Herren! Als ich diese Vorlage sah, habe ich mir persönlich gesagt: ach du lieber Gott, die hätte wohl noch einige Zeit zurückgestellt werden können. (Geheimer Kommerzienrat Kirdorf-Rheinelbe: Sehr richtig!) Und, meine Herren, je länger ich mich mit der Sache beschäftigt habe, desto mehr bin ich in dieser Auffassung bestärkt worden. (Zustimmung.)

Gewiß, einzelnes mußte geschehen; es war ja auch ein Versprechen des Reichstages bezüglich der Hinterbliebenenversicherung abgegeben worden. Aber ich bin der Meinung, meine Herren, daß das, was mit der Hinterbliebenenversicherung zusammenhängt, auch für sich geregelt werden könnte, vielleicht besser als in Verbindung mit der Invalidenversicherung, wie es nunmehr geschehen ist. (Sehr richtig!)

Meine Herren! Der Herr Vorredner hat seinen Vortrag auf die Tatsachen gegründet, die ihm bekannt waren. Er hat speziell bei der Krankenversicherung einzelne Momente hervorgehoben, die aber doch in der allerletzten Stunde in etwas eine Aenderung erfahren haben; aus diesem Grunde möchte ich auf diese Punkte mit einigen Worten eingehen.

Der Herr Vorredner hat davon gesprochen, daß die Grenze, bis zu welcher die Versicherungspflicht ausgedehnt wird, gegenüber dem Entwurf der Regierung, der 2000 M. vorsah, nach den Beschlüssen der ersten Lesung auf 2500 M. hinaufgesetzt werden soll. Er hat dabei gesagt: das war ein nationalliberaler Antrag. Meine Herren, das ist richtig, es war ein nationalliberaler Antrag; aber man muß immerhin bedenken, daß es ein Vermittelungsantrag war. Die Sozialdemokraten hatten 5000 M. beantragt, die Zentrumspartei 3000 M., da glaubten wir, mit 2500 M. die Zustimmung der Mehrheit zu finden und fanden sie auch.

Inzwischen, meine Herren, und zwar seit gestern, ist die Majorität in der Reichstagskommission zu dem Beschlusse gekommen, daß sie die Grenze wieder auf 2000 M. herabsetzen will (Bravo!), und zwar bezüglich aller Fälle. Es ist allerdings von Zentrumsseite daran eine Bedingung geknüpft worden; sie geht dahin, daß bei den Berufsgenossenschaften die Beamten, welche bisher nur bis 3000 M. versichert waren, in Zukunft bis zu 5000 M. versichert werden sollen. Diese Frage wird später noch erörtert werden. Ich will nur jetzt schon erwähnen, daß also dieses Zugeständnis, welches da von der Zentrumsseite gemacht wurde, doch an gewisse Bedingungen geknüpft war.

Meine Herren! Es ist dann die Rede gewesen von der etwas haarsträubenden Beschlußfassung, die darauf hinausging, daß nicht versicherungspflichtige Ehefrauen im Falle eines Wochenbettes ähnlich oder fast ähnlich behandelt werden sollten wie die versicherungspflichtigen. Das war ein Beschluß, den die Parteien, die der Herr Vorredner mehrfach anerkennend erwähnte, von vornherein bekämpft haben. Nach Unterhaltungen, welche ich heute hatte, glaube ich, annehmen zu dürfen, daß man diesen Beschluß wieder rückgängig machen wird. (Bravo!) Also damit wird denn doch aus dem Gesetz eine Bestimmung entfernt werden, welche vielleicht dazu beigetragen hätte, neben anderen Punkten, falls sie nicht geändert werden, mir das Gesetz unannehmbar zu machen.

Meine Herren! Es ist dann auch die Frage der Betriebskrankenkassen in neuester Zeit von den Kommissionsmitgliedern einer Erörterung unterzogen worden. Sie wissen ja, daß die Beschlußfassung über die Betriebskassen an dem Verlangen gescheitert ist, daß die Arbeiter das Recht haben sollten, in geheimer Abstimmung darüber zu beschließen, ob Betriebskrankenkassen neu gegründet oder bestehen bleiben sollten — ein ganz unerhörtes Verlangen. Meine Herren, ich habe alle Ursache und allen Grund anzunehmen, daß dieses Verlangen fallen gelassen werden wird, und daß man auch in bezug auf die Regelung des Betriebskrankenkassenwesens jetzt auf einen Weg kommen wird, der, glaube ich, der Industrie zusagen möchte. Meine Herren, so weit ich unterrichtet bin, werden die Anträge zunächst dahin gehen, daß man bestehende Betriebskrankenkassen belassen will, wenn sie mindestens 100 Mitglieder zählen, daß man die Errichtung neuer Betriebskrankenkassen davon abhängig machen will, daß sie 250 Mitglieder haben. Meine Herren, die Sache ist noch nicht abgeschlossen. Es werden, ich glaube auch wohl von den Parteien, welche der Herr Vorredner verschiedentlich erwähnt hat, Anträge gestellt werden, Betriebskrankenkassen auch dann zuzulassen, wenn sie weniger als 100 Mitglieder haben, vielleicht mit der Modalität, daß man sagt, daß, wenn sie mindestens im Laufe des Jahres einmal eine bestimmte Höchstzahl von Mitgliedern haben, dann diese Mitgliederzahl für die Beurteilung der Kasse maßgebend sein soll. Meine Herren, ich glaube also, daß diese Frage, die bisher doch immerhin unentschieden war, so entschieden werden wird, daß auch die Industrie damit zufrieden sein kann.

Die Frage der Aerzte, Zahnärzte und Dentisten will ich nicht weiter funditus erörtern. Die Unterhandlungen darüber sind noch nicht abgeschlossen. Aber ich glaube, das schon sagen zu können, daß freie Arztwahl nicht eingeführt werden wird. (Bravo!) Ich glaube andererseits, darauf aufmerksam machen zu sollen, daß man sich bemühen wird, eingehender, als es bisher geschehen ist, nun auch Bestimmungen in das Gesetz hineinzubringen, welche dahingehen, daß, falls ein Abkommen mit dem behandelnden Arzte nicht zustande kommt, eine Abfindung an den Versicherten gegeben und ihm überlassen werden kann, seine Hilfe da zu suchen, wo er glaubt, sie finden zu können. Aber, wie gesagt, diese Dinge sind noch nicht abgeschlossen; etwas Sicheres läßt sich darüber nicht sagen.

Die Hauptsache indes bei der ganzen Krankenversicherung ist die Frage der Drittelung der Beiträge. Der Herr Vorredner hat ganz richtig gesagt, daß die großen Industrien sich bereit erklären, die Hälfte der Beiträge in Zukunft zu übernehmen. Er hat auch ausgeführt, daß dabei eine Summe von rund 56 Millionen Mark an Mehraufwendungen für die Arbeitgeber herauskommen würde. Meine Herren, trotz dieses Anerbietens der Arbeitgeber, 56 Millionen zahlen zu wollen, lehnte die sozialdemokratische Partei es ab, dieses Geschenk anzunehmen, weil sie glaubt, daß die Macht, die die Sozialdemokraten ja in der letzten Zeit in rücksichtsloser Weise in den Krankenkassen zur Geltung gebracht haben, irgendwie geschmälert werden würde.

Meine Herren! Ich fürchte nun, daß die Regierungsvorlage, welche eine Hälftelung der Beiträge vorsieht, nicht angenommen werden wird, und daß damit auch die Wünsche hinfällig werden, mehr Einfluß auf die Führung der Krankenkassen zu gewinnen.

Meine Herren! Ich muß dabei bemerken, daß aus zahlreichen Kreisen kleiner Gewerbetreibender Einwände gegen die Halbierung erhoben werden. Man muß mit diesen Einwänden immerhin rechnen.

Ich mache ferner darauf aufmerksam, daß durch die Halbierung der Einfluß, den die Arbeitgeber vermuten, immerhin noch nicht erreicht wird, denn eine große Anzahl von Kleinunternehmern gehört jetzt schon der Partei an, welche durch diese Maßnahme bekämpft werden soll, und so, meine Herren, sind — ich darf das vielleicht kurz nur andeuten — diejenigen Parteien, welche der Herr Vorredner verschiedentlich genannt hat, heute auf dem Wege, nach anderen Mitteln zu suchen, die dahingehen, dem Arbeitgeber die Stellung in den Krankenkassen einzuräumen, die er anstrebt und die er von Rechts wegen meines Erachtens verlangen kann. Ich darf mich in diesem Moment nicht weiter auf die Details einlassen. Ich will aber mitteilen, daß man von einer itio in partes gesprochen hat und dergleichen. Ich will davon hier abgehen.

Die Ausländerfrage ist einer Subkommission überwiesen worden. Die Sorge, welche der Herr Vorredner an die Verhandlungen der Subkommission geknüpft hat, ist, glaube ich, hinfällig. Ich glaube, daß die Subkommission bezüglich der Ausländerfrage wieder zu dem Resultat kommen wird, welches in der ersten Lesung ja als Majoritätsbeschluß zutage trat.

Ich darf noch auf eins aufmerksam machen, was nicht erwähnt wurde, auf die Ersatzkassen, die man früher Hilfskassen nannte. Darin soll jetzt eine wesentliche Aenderung eintreten. Früher brauchte ein Unternehmer zu den Ersatz- oder Hilfskassen zwangsweise einen Beitrag nicht zu bezahlen. In Zukunft wird er auch die Hälfte oder den Teil der Beiträge, der auf ihn entfallen würde, wenn seine Arbeiter in einer anderen Kasse wären, dieser Kasse zuführen müssen.

Ueber die Landkrankenkassen will ich weiter nicht reden. Ich will dem Herrn Vorredner zugeben, daß für die Landkrankenkassen gewisse eigenartige Verhältnisse vorliegen, daß man bestrebt sein soll, diese eigenartigen Verhältnisse bei den Landkrankenkassen besonders zu berücksichtigen.

Dann, meine Herren, hat der Herr Vorredner darin recht: wir sind leider jeden Tag in der Lage gewesen, die Versuche, die Leistungen der Kassen bis ins Unendliche zu erweitern, bekämpfen zu müssen. Wären diese Versuche nicht gemacht worden, dann wären wir mit unseren Unterhandlungen längst zu Ende gekommen.

Ich will mich in der Zeit möglichst beschränken; aber, meine Herren, Sie gestatten mir wohl, weil hier die Abstimmungen der Kommission wieder herangezogen worden sind, auch noch einzelne Punkte aus der Unfallversicherung und aus der Invalidenversicherung zu besprechen.

Meine Herren! Das ist richtig: Bei der Beratung der Unfallversicherung sind die Vorstände der Berufsgenossenschaften für uns von wesentlichem Nutzen gewesen, und ich glaube, die Berufsgenossenschaften können sich über die Vertretung, die sie durch die Parteien, welche der Herr Vorredner nannte, gefunden haben, nicht beschweren. Der größte Teil der Wünsche, welche die Berufsgenossenschaften hatten, ist erfüllt worden — allerdings, gebe ich zu, nicht in dem Falle, wo es sich um das Wahlrecht der Träger der Unfall- und Invalidenversicherung handelt, es ist daher ganz gut, daß wir den Vortrag des Herrn Vorredners heute angehört haben; vielleicht gelingt es, im Sinne der Wünsche noch etwas zu tun, welche der Centralverband hier in den allgemeinen Regeln ausgesprochen hat.

Meine Herren! Was die Versicherungsämter anbetrifft, so kann ich nur dem folgen, was da gesagt worden ist, auch in bezug auf die Rekursinstanz und die Vereinfachung des Verfahrens.

Ich möchte nur noch einen Punkt hervorheben, den wir auch unter allen Umständen meines Erachtens wieder beseitigen müssen, das ist der, daß die Unternehmer, welche einen Betriebsbeamten mit der Verantwortung betraut haben, nun die Strafe bezahlen sollen, die ein Betriebsbeamter in irgendeiner Weise, die mit dem Unternehmer gar nichts zu tun hat, verwirkt hat. Meine Herren! Das ist ein Novum in unserer ganzen Gesetzgebung, daß man jemand verpflichtet, Strafen zu zahlen, die ein anderer verwirkt hat. Schadenersatz für das, was die Angestellten tun, ist etwas anderes, den soll der Unternehmer leisten; aber Strafe tragen, meine Herren, das ist etwas Neues; dem werde ich nach wie vor aufs schärfste entgegentreten.

Ein Punkt, der gerade vielleicht hier die Versammlung interessiert, ist der, daß in erster Lesung eine Bestimmung angenommen war, daß die Diplomingenieure auf ihren Wunsch außerhalb der Versicherung sein durften. Diese Bestimmung ist aufgehoben, und es ist eine neue Bestimmung aufgenommen worden, daß diejenigen, welche Hochschulbildung besitzen, auf ihren Antrag von der Versicherungspflicht befreit werden können. Ich bin der Meinung, daß dieser Begriff: wer Hochschulbildung hat, zu allgemein gefaßt ist. Man müßte doch die Hochschulbildung etwas mehr präzisieren. Ich hatte den Antrag gestellt — den ich wahrscheinlich wiederholen werde —, daß nur derjenige das Recht hat, seine Befreiung von der Versicherung zu beantragen, der abgeschlossene Hochschulbildung hat. Aber das ist ja kein besonders wichtiger Punkt.

Auf die Frage der Versicherung der Beamten mit einem Gehalt bis zu 5000 M. bin ich bereits eingegangen. Ich werde nicht weiter darauf zurückkommen.

Aber eine Frage, die in den Verhandlungen der Berufsgenossenschaften eine sehr große Rolle gespielt hat, und die hier nicht erwähnt worden ist, ist die Bildung des Reservefonds. Meine Herren, man hört die Klage jetzt überall, der Reservefonds würde zu hoch bemessen; die Gegenwart würde belastet zugunsten der Zukunft. Meine Herren, wir haben uns über diese Frage in der Kommission tagelang unterhalten. Wir sind aber genötigt gewesen, den Ausführungen zu folgen, welche der Regierungskommissar machte, und welche dahingingen, daß trotz der hohen Summen, welche seit kurzer Zeit auf Grund des § 34 dem Reservefonds zugeführt werden, die Deckung für die Verpflichtungen noch nicht in vollem Maße vorhanden war. Die Kommission ist also gewissermaßen auf Grund dieser Darlegungen gezwungen gewesen, hier dem Vorschlage der Regierung zu folgen. Allerdings ist ein gewisses Korrelat durch einen Antrag geschaffen worden — ich hatte die Ehre, diesen Antrag zu stellen —, der bestimmt, daß nach zehn Jahren die Frage der Bildung der Reservefonds dem Reichstag zu neuer Beschlußfassung wieder vorgelegt werden muß.

Recht weit ist man gegangen, meine Herren, in der Bestimmung der Personen, welche als Facharbeiter angesehen werden sollen. Ich bedaure, daß auch die Anträge, die von unserer Seite gestellt wurden, nicht zur Geltung gekommen sind. Aber man wird ja versuchen, in dieser Beziehung das noch, was man ursprünglich gewünscht hat, zu erreichen. Der Herr Vorredner hat recht, daß da, wo eine geschlossene Mehrheit ist, die Minderheit nur schwer in der Lage ist, mit ihren Wünschen durchzukommen.

Meine Herren! Zur Invalidenversicherung möchte ich nur noch eins erwähnen: die Kinderrente. Die Kinderrente muß meines Erachtens aus dem Gesetz wieder heraus. Das ist ja etwas absolut Verkehrtes. Diejenigen Herren, die im praktischen Leben stehen, wissen, daß meist die Sache so kommt, daß man nicht wartet, bis der Mann weniger als ein Drittel der ortsüblichen Tagelohns oder ein Drittel des eigenen Tagelohns hat, sondern daß er schon früher Invalidenrente bezieht. Er bekommt sie, wenn er etwas in seinen Leistungen zurückgegangen ist. Mit Hilfe dieser Invalidenrente kommt er meist auf den Einnahmebetrag, den er früher in gesunden Jahren hatte. Nun soll also außer dieser Invalidenrente noch eine weitere Rente nach der Zahl der Kinder ihm zufließen. Meine Herren, dies ist eine Forderung, die ich für ungerechtfertigt halte. Der Antrag ist an sich noch etwas komisch, weil er sagt: wer Kinder unter 15 Jahren hat, soll für jedes Kind eine Rente haben. Also wenn er eins unter 15 Jahren hat und 12 über 15, dann bekommen alle 13 die Rente. Der Antrag ist also schon aus diesem Grunde nicht brauchbar und ein Beispiel dafür, wie solche Anträge zustande kommen. Wir werden nach wie vor gegen diesen Antrag stimmen.

Etwas Gutes hat die Invalidenversicherung doch gebracht, und das ist — ich will das gern zugestehen — auf Antrag der Herren Konservativen geschehen. Es ist die Beschränkung der freiwilligen Versicherung. Tatsächlich sind früher bei den sogenannten Schwiegermütterrenten allerhand Dinge passiert, die nicht hätten passieren sollen. Man hat jetzt Kautelen dafür geschaffen, daß jemand, der früher gearbeitet hat und in höherem Alter einmal wieder kurze Zeit arbeitet, um eine Rente zu bekommen, diese Rente nicht ohne weiteres bekommen kann, sondern eine bestimmte Anzahl von Marken geklebt haben muß.

Meine Herren! Die Frage der Festsetzung des 65. Lebensjahres für die Altersrente spielt ja eine große Rolle, und es gibt weite Kreise, die wünschten, daß die Altersrente im 65. Lebensjahre gewährt werden möge. Ich will gestehen, meine Herren, daß ich unter Umständen dafür wäre, wenn man die tausend anderen neuen Sachen, welche einen viel größeren Geldaufwand erfordern, dagegen fallen ließe. Das will man aber nicht, und weil man das nicht will und die Mittel für die Durchbringung eines derartigen Antrages nicht vorhanden sind, deshalb muß von einer solchen Bestimmung abgesehen werden.

Der Herr Vorredner hat bereits gesagt, daß bei der Hinterbliebenenversicherung von sozialdemokratischer Seite Anträge gestellt worden sind, die an Kosten jährlich 266 Millionen Mark ausmachen. Nun, meine Herren, bei der Gelegenheit wurde eine kleine Rechnung über die Summe aufgemacht, die herauskäme, wenn alle die Anträge, welche die Sozialdemokraten gestellt hatten, in dieses Gesetz aufgenommen werden würden. Meine Herren, es wurde da behauptet, daß $1^1/_2$ Milliarden im Jahre herauskommen würden. Ich habe noch mehr herausgerechnet: es würden fast zwei Milliarden Mark Mehrleistungen herauskommen, wenn man den Wünschen dieser Partei nachgekommen wäre.

Meine Herren! Ich glaube, daß ich auch mit den verschiedentlich erwähnten Parteien durchaus, wie bei fast allen Fragen, die wir behandelt haben, darin übereinstimme, daß wir über das, was der Gesetzentwurf schließlich will — und es ist recht viel, was er will —, nicht hinausgehen wollen. Wir wollen in dem Rahmen des Gesetzes bleiben. Kommt etwas Brauchbares zustande — das Gesetz bringt eine ganze Anzahl Verbesserungen in technischer und sonstiger Beziehung — nun gut, dann mag das Gesetz angenommen werden. Werden aber Beschlüsse gefaßt, die weit über das hinausgehen, was ich mir soeben als Prinzip zu bezeichnen erlaubte, dann, meine Herren, habe ich den Mut, gegen das Gesetz zu stimmen (Beifall), und ich glaube, eine Anzahl der übrigen Herren, mit denen ich in der Kommission zusammen gearbeitet habe, wird das ebenfalls tun. (Lebhafter Beifall.)

Vorsitzender: Meine Herren, die Ausführungen des Herrn Reichstagsabgeordneten Hausmann veranlassen mich — ich glaube, daß ich da in Ihrem Namen sprechen kann —, hier aus dem Referat des Herrn Regierungsrat Schweighoffer noch einmal herauszuheben die ausdrückliche Anerkennung und den Dank an die Parteien der Rechten und der Nationalliberalen in der Kommission, dafür, daß sie ein weitgehendes ausgiebiges Verständnis unseren Vorstellungen gegenüber an den Tag gelegt haben. Wir haben bei Gelegenheit der Behandlung dieser Frage gesehen, wie außerordentlich wichtig und wertvoll es für die Kreise unseres Erwerbslebens ist, wenn eine persönliche Fühlungnahme mit den Parteien hergestellt wird, wie es nur auf diesem Wege bei der starken Belastung der Reichstagsabgeordneten mit parlamentarischen Arbeiten in der Session überhaupt möglich ist, den Herren die Dinge nahezubringen, die ihnen auf dem Wege des gedruckten Materials gar nicht nahegebracht werden können. (Sehr richtig!)

Gerade diese persönliche Fühlung, die wir hier in diesem Falle ausgiebig in der Lage waren zu nehmen, hat es, glaube ich, möglich gemacht, daß doch eine ganze Reihe von falschen Vorstellungen geklärt worden sind. Die Ausführungen, die der Herr Reichstagsabgeordnete Hausmann uns eben gemacht hat, lassen ja erkennen, daß das Bestreben in ausgiebigem Maße vorhanden ist, auf dieser Seite und auf der Seite der Herren aus den konservativen Fraktionen, nach Möglichkeit den Interessen der Industrie gerecht zu werden.

Auf die Einzelheiten, die der Herr Reichstagsabgeordnete Hausmann hier dargelegt hat, möchte ich nur in ganz beschränktem Umfange eingehen, und in dieser Beziehung nur zwei Sachen herausgreifen, die für uns aber vielleicht das allerwichtigste dabei sind.

Das eine ist die Ausführung, die der Herr Reichstagsabgeordnete zu der Frage der Drittelung, respektive Halbierung machte, und das andere ist die Frage der Reservefonds bei den Berufsgenossenschaften.

Die Frage der Drittelung anlangend, glaube ich, recht unterrichtet zu sein, daß der eigentliche Ausgangspunkt aller Bestrebungen auf seiten der Reichsregierung, eine Revision der Versicherungsordnung herbeizuführen, die Erkenntnis gewesen ist, daß die Vorherrschaft der Sozialdemokratie in den Krankenkassen gebrochen werden müsse (sehr richtig!), und daß man schon vor mehr als zehn Jahren in der Regierung erkannt hat, daß der einzige Weg dazu die Beseitigung dieses verkehrten Verhältnisses in der Zusammensetzung der Vorstände ist.

Wenn man einmal bei der Durchführung eines solchen ganz neuen gesetzgeberischen Werkes einen Fehler gemacht hat, dann ist es schließlich kein Unglück, wenn man hinterher Farbe bekennt und nun diesen Fehler zu korrigieren sucht. Die Regierung hat den Versuch gemacht, diesen Fehler zu korrigieren, indem sie die Hälftelung vorgeschlagen hat. Die Industrie ist zum allergrößten Teil einsichtig genug gewesen, um auf diesen Boden zu treten, obwohl sie wußte, daß sie damit 56 Millionen Mark jährlich auf sich zu nehmen hat.

Nun ist uns entgegengehalten worden, sowohl aus Kreisen der Regierung, wie aus Kreisen der Abgeordneten — und der Herr Reichstagsabgeordnete Hausmann hat eben diesen Einwand noch einmal hervorgehoben: es gibt ja auch in den Kreisen der Industrie, in den Kreisen der Arbeitgeber, der kleinen Arbeitgeber namentlich, eine unendliche Menge, die nicht gewillt sind, diese Mehrausgabe auf sich zu nehmen. Ja, meine Herren, warum sind die Leute nicht gewillt, das zu tun? Ich habe die Dinge sehr genau verfolgt: zum allergrößten Teil aus dem Grunde, weil sie sich sagten: es nützt das ja doch nichts, denn es sind eine ganze Menge von Arbeitgebern schon jetzt Sozialdemokraten. Das ist aber ein Irrtum, die Leute sind nicht Sozialdemokraten, die Leute sind nur terrorisiert (sehr richtig!), sie erscheinen nur aus dem Grunde als Sozialdemokraten, weil sie ihrer Portemonnaie-Interessen wegen es sein müssen. Diese Leute müssen wir von den Sozialdemokraten, nicht in unserem Interesse, sondern im Reichsinteresse, wieder losmachen, und das, meine Herren, muß sich die Regierung sagen, das müssen sich meines Erachtens auch die Herren Reichstagsabgeordneten gesagt sein lassen, die das Interesse des deutschen Vaterlandes in dieser hochwichtigen Frage unter allen Umständen vertreten wollen. Die Sache ist so ernst, daß meines Erachtens der Centralverband Deutscher Industrieller alle Veranlassung hat, jetzt bei dieser Gelegenheit an den hier anwesenden Kommissar des Reichsamts des Innern, des Herrn Staatssekretärs Delbrück, noch einmal die dringende Bitte zu richten, seinem Herrn Chef dahingehend unsere Auffassung zum Ausdruck zu bringen, daß wir der Meinung sind, daß unter allen Umständen die Regierung nach dem ganzen Werdegang des Gesetzentwurfes die Verpflichtung hat, nach unserer Auffassung, nach der Auffassung der einsichtigen Teile der Industrie, diese Stellung einzunehmen, denn nur auf diese Weise ist es möglich, die Uebermacht der Sozialdemokratie nachhaltig zu brechen.

Wir stehen auf dem Standpunkt, daß wir in diesen Dingen nicht auf die Leute hören müssen, die kleinmütig sind, wir stehen auf dem Standpunkt, daß wir unter Umständen auch gegen einen Teil unserer eigenen Mitglieder — in diesem Falle sind wir einig — die höheren Interessen in den Vordergrund stellen und sagen: die Leute sehen das eben nicht ein, und wir, die wir einsichtig genug sind, müssen in diesem Falle vor den Riß treten und die Wahrheit sagen, und die Wahrheit ist: die Arbeitgeber sind nicht Sozialdemokraten, sie müssen es nur sein, weil sie sonst terrorisiert werden und weil sie sonst unter dem Boykott einfach wirtschaftlich zugrunde gehen.

Ich möchte in dem Zusammenhange noch eins sagen. Wenn sich die Industrie entschließt, 56 Millionen Mark zu opfern, um der Sozialdemokratie gegenüber wieder einigermaßen in die Macht zu kommen, dann ist das ein Opfer, das sie bringen kann, weil damit unendliche Vorteile verbunden sind, nicht bloß für die Industrie, sondern für die Allgemeinheit. Wenn man aber daraus, daß wir bereit sind, diese 56 Millionen auf uns zu nehmen, nun schließen wollte, daß wir überhaupt in der Lage sind, diese 56 Millionen beliebig zu opfern, so ist das ein Trugschluß.

Was die Reservefonds anlangt, so meine ich, sollte man davon ausgehen, daß die Deckung für die Verpflichtung rechnerisch überhaupt nicht herausgebracht werden kann. (Sehr richtig!) Es ist auch gar nicht nötig, daß diese Deckung rechnerisch herausgebracht werden kann (Zustimmung), denn die Deckung finden die Unfallberufsgenossenschaften in den Kreisen, die in den Berufsgenossenschaften zusammengeschlossen sind. (Zustimmung.) Nicht die Deckung in den Reservefonds ist die Hauptsache, sondern die Hauptsache ist die Leistungsfähigkeit der Industrie. Geht die Leistungsfähigkeit der Industrie oder der anderen in den Berufsgenossenschaften zusammengeschlossenen Kreise zurück, dann geht ganz von selbst auch alles Uebrige zurück, und eine andauernde rückläufige Bewegung läßt die Reservefonds dann bald viel zu groß werden, gegenüber den vorhandenen Verpflichtungen. (Sehr richtig!)

Die Sache kann nicht so angefangen werden, daß man diese Dinge rein rechnerisch prüft, sondern man muß sie prüfen unter dem

Gesichtspunkt: was ist notwendig und inwieweit sind die Industrien in der Lage, diese Belastung, wie sie vor einer Reihe von Jahren uns auferlegt worden ist, dauernd zu tragen, und da muß allerdings gesagt werden, daß bei den ungeheuren Lasten, die immer neu und immer neu wieder hinzukommen, es dringend erwünscht ist, daß das, was nicht absolut notwendig ist, auch vermieden wird. (Beifall.)

Generalsekretär **Bueck**=Berlin: Meine Herren! Ich möchte zunächst in bezug auf die Hälftelung der Beiträge feststellen, daß der betreffende Beschluß in einer sehr zahlreich besuchten Delegiertenversammlung des Centralverbandes gefaßt worden ist. In diesen Delegiertenversammlungen sind gewöhnlich alle Industrien vertreten, und der Beschluß ist einstimmig gefaßt worden, es erhob sich von keiner Seite Widerspruch.

Meine Herren! Einen sehr breiten Raum in dem Referat meines Herrn Nachfolgers hat die schwere Belastung der Industrie eingenommen und das Erstaunen darüber, daß große Parteien unserer Volksvertretung unbedenklich immer weiter und weiter darin gehen, diese Belastung zu erhöhen, und daß die Verbündeten Regierungen nicht immer mit dem von uns gewünschten und erforderlichen Widerstand dagegen aufgetreten sind.

Meine Herren! Die Industrie wird ja von verschiedenen Seiten und gerade von solchen, von denen derartige Bestrebungen ausgehen, für fähig gehalten, immer weitere Belastungen zu tragen. Die Belastungsgrenze scheint in deren Augen für die Industrie noch außerordentlich weit hinausgeschoben zu sein.

Meine Herren! Ich möchte dieser Tatsache gegenüber aber doch darauf verweisen, daß das ganze große Werk der Arbeiterversicherung, auf das wir stolz sind, und auf das auch ich stolz bin und mit Stolz blicke, durch eine derartige Belastung der Industrie selbst außerordentlich in Frage gestellt wird, auch durch die verschiedenen Ausdehnungen, denn, meine Herren, die Arbeiterversicherung ist ganz etwas anderes geworden, als sie unser alter großer Kaiser, der die Anregung dazu gegeben hat, in seiner berühmt gewordenen und unvergeßlichen Botschaft bezeichnet hat. In der Botschaft ist immer nur von Arbeiterversicherung — nicht von Lohnarbeiterversicherung — die Rede gewesen, und die weitere Ausdehnung auf alle möglichen anderen Berufskreise ist eben in der Annahme erfolgt, daß die Industrie fort und fort diese Lasten tragen könne.

Meine Herren! In dieser ganzen Arbeiterversicherung, auf die wir, wie gesagt, stolz sind und die wir nicht ungeschehen machen möchten, muß man doch immer den Gedanken hervorheben, daß gerade die Enthebung der Arbeiter von aller Sorge um ihre Zukunft und die Zukunft der ihrigen sie in den Stand setzt, für ihre eigenen sozialdemokratischen Umsturzbestrebungen diejenigen Beiträge zu leisten, von denen ich schon an anderer Stelle gesprochen habe. (Sehr richtig!)

Aber nun, die Gefährdung der Arbeiterversicherung selbst. Meine Herren, wir leben nicht in glänzenden Zeiten. Man wird aber auch die Zeit, in der wir leben, nicht als eine geradezu schlechte oder ungünstige bezeichnen können, am allerwenigsten als eine Zeit, in der man von Krisen sprechen könnte. Meine Herren, in dieser Zeit hat sich in der Nordwestlichen Eisen- und Stahlberufsgenossenschaft, die ich doch glaube, als eine der stärkstfundierten und bedeutendsten Genossenschaften bezeichnen zu können, im Jahre 1908 ein eigentümliches Verhältnis herausgestellt. Im Jahre 1908 hatte die Berufsgenossenschaft 6122 Mitglieder, und von 19 pCt. dieser Mitglieder haben die Beiträge für die Berufsgenossenschaft nur im Zwangsverfahren beigetrieben werden können. Meine Herren, im vorigen Jahre, 1909, hat die Berufsgenossenschaft 6188 Mitglieder gehabt, und von 1510, also von 24%, von 5% mehr als im vorhergehenden Jahre, haben die Beiträge nur im Zwangsverfahren beigebracht werden können. (Hört, hört!)

Meine Herren, das ist eine ungemein beängstigende Tatsache wenn das passieren konnte in Zeiten, die ich richtig als nicht schlecht charakterisiert zu haben glaube — wie soll das werden in Zeiten der Krisis! Meine Herren, ist es denn für alle Zeiten ausgeschlossen, daß wir auch solche Krisen erleben, wie die meisten von Ihnen sie nicht kennen, aber hier die älteren Herren sie in den siebziger Jahren kennen gelernt haben, wo eine sieben bis acht Jahre lange Krisis eine unendliche Zahl von industriellen Unternehmungen mit gewaltigen Kapitalien zugrunde richtete?

Meine Herren, wir haben gestern von dem Herrn Geheimen Kommerzienrat Kirdorf ein Urteil über den Bestand der großen Kartelle gehört, und wir können uns wohl im Deutschen Reiche keinen Mann vorstellen, der ein kompetenteres Urteil über diese Verhältnisse hätte. Herr Geheimer Kommerzienrat Kirdorf hat sich sehr skeptisch über die Neubildung dieser Kartelle und Syndikate ausgesprochen; er hat den Bestand über die jetzige Zeit der Verträge hinaus als sehr zweifelhaft dargestellt.

Meine Herren, lassen Sie einmal unsere großen Syndikate und Kartelle zugrunde gehen, dann, wie nicht anders zu erwarten ist, in unserer Großindustrie den Konkurrenzkampf von allen gegen alle losbrechen, so habe ich die Ueberzeugung: es wird eine Krisis geben, die mit einer Katastrophe in unserem ganzen Wirtschaftsleben enden wird. (Sehr richtig!) Meine Herren, ob da nicht bei diesen fort und fort mehr überspannten Leistungen für unsere soziale Versicherung diese zusammenbrechen wird, das ist sehr zu befürchten. Das wäre eins der traurigsten, furchtbarsten Ereignisse, die unser Deutsches Reich treffen könnten, und von diesem Gesichtspunkte aus sollten die Herren, die sich als unsere Volksvertreter bezeichnen, doch wohl in sich gehen und bedenken, ob nicht wirklich Einhalt zu tun ist in dieser fort und fort sich mehrenden schweren Belastung unserer Industrie. (Lebhafter Beifall.)

Handelskammersyndikus Dr. **Tille**-Saarbrücken: Meine Herren! Es ist einmal die Frage der Belastung der Industrie durch die Reichsversicherung und speziell durch die Reichsversicherungsordnung aufgerollt worden, und Herr Regierungsrat Schweighoffer hat die neue Belastung, wenn ich ihn recht verstanden habe, so eingeschätzt, daß sie ungefähr 200 Millionen betragen würde. Es ist dann weiter die Verwunderung darüber ausgesprochen worden, daß die Industrie so leichthin das Zugeständnis gemacht hat, daß sie für die Hälfte der Stimmen bei den Wahlen zu den Krankenkassenvorständen eine neue Last von 56 Millionen Mark auf sich nehmen wolle.

Ich meine, wenn man sich einmal die Entwickelung der Versicherungslasten in den letzten Jahren ansieht, so kann das nicht wundernehmen; denn, meine Herren, eine Summe von 56 Millionen ist so ungefähr die Summe, um die die Reichsversicherungslasten jetzt in jedem Jahre an sich auch ohne neue Reichsversicherungsordnung wachsen. Wenn Sie sich einmal die Entwickelung dieser Zahlen ansehen, so werden Sie finden, daß bis zum Jahre 1895 diese Steigerung verhältnismäßig gering war, daß sie aber in der neueren Zeit ungeheuer gestiegen ist, und zwar 1896 um 26 Millionen — ich nenne nur die Mehrlasten, die in jedem Jahr entstanden sind — 1897 um 21 Millionen, 1898 um 28 Millionen, dann um 35, 32, 40, 35, 41, 67, 46, 52, 47 und im Jahre 1908 um 42 Millionen. Es liegen da nicht etwa in jedem Jahr neue Gesetze vor, die die Sache verschärfen, sondern die Steigerung vollzieht sich ganz von selbst, gewissermaßen automatisch. Seit der Einrichtung der Invaliden-Versicherung im Jahre 1891 ist ja keine große neue Reform gekommen, abgesehen von der kleinen Krankenversicherungsreform im Jahre 1903. Es handelt sich hier auch nicht etwa nur um Zahlen, welche nur den Zuwachs der versicherten Bevölkerung zum Ausdruck brachten, sondern es handelt sich ebenso um eine Steigerung der absoluten Kopfzahlen;

gerade das bedenkliche ist, daß die Summe, die auf den Kopf der Versicherten fällt, ungeheuer gestiegen ist. Ich habe die Dinge für die drei verschiedenen Versicherungen ausgerechnet auf Grund der ziemlich verstreuten Aufstellungen der Statistischen Jahrbücher für das Deutsche Reich in seinen früheren Jahrgängen. Da stellte sich heraus, daß zum Beispiel die Krankenversicherung im Jahre 1885 nur 13,77 M. auf den Kopf kostete, im Jahre 1908 aber 27,04, mit anderen Worten, daß die Last sich seit 1885 verdoppelt hat. Die Unfallversicherung kostete im Jahre 1888 nur 2,79 M. auf den Kopf, im Jahre 1901 aber 9,95 M. Es liegt also mehr als eine Verdreifachung vor. Bei der Invalidenversicherung war es nicht anders als bei der Krankenversicherung. Sie kostete 1891 9,17 M. auf den Kopf, 1908 aber 18,78 M.

Sie sehen, es vollzieht sich hier eine automatische Mehrbelastung der deutschen Ertragswirtschaft in Form von Reichsversicherungslasten, so daß die Kopfsumme für die gesamte Reichsversicherung, die 1885 13,77 M. auf den Kopf betrug, im Jahre 1907 54,72 M. betrug. Wenn jetzt die Lasten dazu kommen, die uns Herr Regierungsrat Schweighoffer als wahrscheinlich in Aussicht gestellt hat, so werden wir nächstes Jahr ungefähr auf 70 M. Lasten auf den Kopf jedes Versicherten kommen. Dazu kommt, daß in diesen Berechnungen noch gar nicht einmal die Uebertragung der Vorschüsse der Post auf die Reichsversicherung enthalten ist. Das kommt ja in den Zahlen bis 1908 noch gar nicht zum Ausdruck. Ebenso nicht voll die Neuauflagen für die Reservefonds.

Wird die Reichsversicherungsordnung Gesetz, so wird der Ertragswirtschaft im ganzen hier eine Summe von 70 bis 80 M. auf den Kopf des einzelnen Lohnarbeiters auferlegt sein. Daß das von den allerschwerwiegendsten Folgen sein muß, darüber kann kein Zweifel sein. Solange ein fröhlicher Aufschwung stattfindet, sind selbst solche Lasten zu ertragen. Sobald aber ein Rückschlag kommt, wie er ja nicht ausbleiben wird, muß das zur Katastrophe führen. Wir haben heute die Tatsache, daß in den einzelnen Versicherungszweigen die Belastung jedes Jahr in der Invalidenversicherung um 50 Pf., in der Unfallversicherung um rund 1 M. und in der Krankenversicherung um rund 2 M. auf den Kopf wächst, und zwar gleichmäßig durch die lange Reihe der Jahre hindurch. Es scheint also, daß da dauernde Gründe vorliegen, die diesen Zuwachs schaffen. Daß dieser Lastenzuwachs gerade am stärksten ist auf dem Gebiete der Krankenversicherung, wo die Zunahme der Jahreskosten 2 M. beträgt, liegt zum großen Teil an der allzu großen Liberalität, mit der die Gesetzgebung freiwillige Leistungen möglich gemacht hat. Dadurch ist geradezu dem Klassenmoralismus und der Klassensentimentalität Tür und Tor geöffnet worden. Während die Versicherung früher den Zweck hatte, allein die Erhaltung des Erkrankten oder des Altgewordenen zu sichern, so ist vielfach durch die außerordentlich gestiegenen Krankenrenten und durch die sehr hoch bemessenen Invalidenrenten lediglich das Behagen der lohnarbeitenden Schichten gefördert worden. Daß eine große Reichsversicherung sich auf das unbedingt Notwendige beschränken muß, daß sie nur dazu da ist, der Not zu steuern und daß sie niemals die Aufgabe haben kann, die nichtarbeitsfähigen Volksglieder in besonders behagliche Verhältnisse zu versetzen, ist selbstverständlich. Ich glaube aber, daß diese Auswüchse freiwilliger Leistungen, die in der Vorlage der Reichsversicherungsordnung vertreten sind, namentlich da man den Krankenkassen die Möglichkeit gibt, zahlreiche freiwillige Leistungen zu schaffen — besonders gefährlich für die Vermehrung der Lasten sein werden. Denn sie werden vielfach von den Krankenkassen angenommen, weil der einzelne Unternehmer nicht das Odium auf sich nehmen will, ihnen zu widersprechen. Das wird eine der Hauptquellen für die künftige Zunahme der Reichsversicherungslast werden. Dazu kommt natürlich die zunehmende Rentensucht und die zunehmende Heuchelei, das Scheinkrankentum und die Schein-Invalidität, die in derselben Richtung wirken. Aber auch diese Dinge werden ja in der Hauptsache durch die Höhe der Renten hervorgerufen. Das sollte ernsten Anlaß geben, weiterhin sehr vorsichtig mit der Steigerung aller Kassenleistungen zu sein, wenn wir nicht schwere sittliche Schäden herbeiführen wollen.

Trotz dieser Tatsachen ist es wohl keine Frage, daß die überwältigende Mehrheit der deutschen Industrie geneigt gewesen wäre, die Mehrlast, die durch die Hälftelung der Krankenkassenbeiträge entstehen würde, auf sich zu nehmen. In den Kreisen, die mir persönlich nahestehen, ist die Ueberzeugung sogar die, daß das der einzige Grund ist, weswegen die Industrie sich nicht gegen viele andere Seiten der Vorlage schroff ausgesprochen hat. Wenn aber wirklich durch diese Vorlage das nicht erreicht werden sollte, daß die Hälftelung der Beiträge für die Krankenversicherung zur Einführung kommt, dann würde der einzige Grund weggefallen sein, der die Industrie vermocht hat, diese Last auf sich zu nehmen, und dann würde es wohl besser sein, wenn die ganze Vorlage scheiterte.

Aus diesem Grunde möchte ich mir den Vorschlag erlauben, die Resolution, die Ihnen vorgeschlagen worden ist, in ihrem letzten Satze etwas abzuändern. Der letzte Satz heißt:

„Das Zustandekommen eines Gesetzes, das den oben dargelegten Gesichtspunkten nicht Rechnung trüge, müßte den Centralverband mit allerernstester Sorge erfüllen.“

Ich glaube, diese Befürchtung geht doch noch nicht weit genug. Wir müssen uns doch wohl auf den Boden stellen, daß, wenn diese Dinge, die wir als die Voraussetzung für die Annahme dieses Gesetzes bezeichnet hatten, nicht in der endgültigen Form der Gesetzesvorlage ihre Erfüllung finden, dann die Industrie es vorziehen müsse, die ganze Vorlage scheitern zu sehen. Ich würde deswegen vorschlagen, den Satz so zu ändern:

„Sollte die Reichsversicherungsordnung in einer Form beschlossen werden, welche den oben dargelegten Gesichtspunkten nicht Rechnung trüge, so würde der Centralverband das Scheitern der ganzen Vorlage einer solchen Gesetzgebung vorziehen.“

Stellvertretender Vorsitzender Baurat Dr.-Ing. **von Rieppel:** Meine Herren, ich glaube, es ist richtiger, wenn die beantragte Resolution erst verlesen wird. Herr Dr. Tille ist schon auf Aenderungen eingegangen. Die Resolution ist ja noch gar nicht zur Kenntnis gebracht worden. Ich darf wohl Herrn Dr. Schweighoffer bitten, sie zunächst zu verlesen.

Regierungsrat a. D. Dr. jur. **Schweighoffer**-Berlin (liest):

„Der Centralverband Deutscher Industrieller gibt im Anschluß an seine in der Versammlung der Delegierten am 12. April d. J. zur Reichsversicherungsordnung gefaßte Entschließung der Befriedigung darüber Ausdruck, daß die Reichstagskommission für die Reichsversicherungsordnung mit den bisher beschlossenen Abänderungen des Gesetzentwurfs in mancher Hinsicht den vom Standpunkte der Industrie vorgetragenen Bedenken Rechnung getragen hat. Es wird insonderheit mit Genugtuung begrüßt, daß die Errichtung selbständiger Versicherungsämter abgelehnt worden ist und die Kosten für die an Stelle der Versicherungsämter tretenden Abteilungen für Arbeiterversicherung bei den unteren Verwaltungsbehörden, sowie auch für die Oberversicherungsämter den einzelnen Bundesstaaten auferlegt worden sind.

Zustimmung findet ferner der Beschluß der Kommission, durch welchen das Zuständigkeitsgebiet dieser Abteilungen für Arbeiterversicherung wesentlich eingeschränkt und die erstinstanzliche Spruchtätigkeit der Aemter auf dem Gebiete der Unfallversicherung beseitigt worden ist.

Dagegen muß der Centralverband Deutscher Industrieller seine Stimme erheben gegen eine Anzahl von Beschlüssen, von denen im Falle der endgültigen Annahme schwerwiegende Nachteile für die weitesten Kreise der Industrie zu befürchten sind.

I. Versicherungsbehörden.

Es wird Einspruch dagegen erhoben, daß die Träger der Unfall- und Invalidenversicherung bei der Wahl der Arbeitgebervertreter für die Ober-Versicherungsämter und das Reichsversicherungsamt fortan völlig ausgeschaltet sein sollen. Bei dem von der Kommission beschlossenen Wahlverfahren würde die Bedeutung dieser beiden Versicherungsträger in keiner Weise zu ihrem Rechte kommen und das eigentliche Unternehmertum gegenüber den Kleingewerbetreibenden bei den Spruch- und Beschlußkollegien der höheren Instanzen eine völlig ungenügende Vertretung finden.

II. Krankenversicherung.

1. Schwere Besorgnis erregt das bisherige Ergebnis der Verhandlungen der Kommission über den Fortbestand und die Errichtung der Betriebskrankenkassen. Es wird dringend verlangt, daß dieses Kassensystem, das den Kassenmitgliedern auf dem Gebiete der Krankenfürsorge größere Vorteile zu bieten vermag als irgendeine andere Kassenart und vielerorts noch einen starken Zusammenhalt zwischen Arbeitgebern und Arbeitnehmern bildet, ungeschmälert erhalten wird und alle den Fortbestand oder die Errichtung der Betriebskrankenkassen irgendwie erschwerende Bestimmungen abgelehnt werden.

2. Es müssen entschieden alle hinsichtlich der Regelung der Arztfrage gemachten Vorschläge zurückgewiesen werden, die über die von der Kommission in der ersten Lesung gefaßten Beschlüsse hinaus die rechtlichen Beziehungen zwischen den Kassen und den Aerzten einseitig im Interesse der Aerzte ohne die erforderliche Rücksicht auf die Existenzbedingungen der Kassen regeln würden.

3. Der Centralverband Deutscher Industrieller spricht sich gegen den Beschluß der Kommission aus, durch welchen die derzeitige Drittelung des Stimmrechts und der Beiträge der Arbeitgeber und der Versicherten bei den Kassenverwaltungen gegenüber der im Entwurf vorgesehenen Hälftelung wiederhergestellt worden ist. Die gleiche Zumessung des Stimmengewichts an Arbeitgeber und Versicherte in den Kassenorganen wird als eine unbedingte Voraussetzung erachtet, um die politische Ausnutzung der staatlichen Einrichtungen der

Krankenkassen von seiten der Sozialdemokratie zu verhindern und den Arbeitgebern eine positive Mitarbeit zu ermöglichen.

III. Unfallversicherung.

Grundsätzliche Bedenken müssen gegen die Beschlüsse der Kommission erhoben werden, durch welche die Entschädigungspflicht der Unternehmer in immer weitergehendem Maße ausgedehnt wird. Ferner ist aufrichtig zu bedauern, daß zahlreichen Vorstellungen der Berufsgenossenschaften insbesondere gegen die Anhäufung übergroßer Reservefonds nicht Rechnung getragen worden ist.

Der von der Regierung vorgeschlagenen Gleichstellung der Inländer und Ausländer auf dem Gebiete der Unfallfürsorge kann solange nicht zugestimmt werden, als nicht die ausländischen Staaten eine der deutschen materiell gleichwertige Gesetzgebung in dieser Hinsicht eingeführt haben.

IV. Hinterbliebenenversicherung.

Der Centralverband hat sich in seiner Delegiertenversammlung vom 12. April d. J. mit der Einführung einer Hinterbliebenenfürsorge trotz der damit verbundenen weiteren großen Belastung der Gewerbetätigkeit grundsätzlich einverstanden erklärt. Er muß aber einer jeden Erhöhung dieser Belastung durch Gewährung neuer Zuschußrenten entschieden widersprechen.

Der Centralverband faßt seine Stellungnahme dahin zusammen, daß die Erhaltung der Leistungsfähigkeit der deutschen Erwerbstätigkeit der oberste Gesichtspunkt auch auf dem Gebiete der Arbeiterversicherung bleiben muß.

Eine über die zulässigen Grenzen hinausgehende Belastung der Versicherungsträger würde nicht nur die Wettbewerbsfähigkeit der deutschen Volkswirtschaft schädigen, sondern schließlich sogar die Wohltaten der gesamten deutschen Arbeiterversicherung in Frage stellen. Das Zustandekommen eines Gesetzes, das den oben dargelegten Gesichtspunkten nicht Rechnung trüge, müßte den Centralverband mit allerernstester Sorge erfüllen."

Stellvertretender Vorsitzender Baurat Dr.-Ing. **von Rieppel:** Meine Herren, es wird von Herrn Dr. Tille beantragt, den letzten Absatz zu streichen und dafür den von ihm vorgeschlagenen Passus einzufügen, der, glaube ich, hier im Wortlaut vorliegt.

Generalsekretär **Stumpf**-Osnabrück: Meine Herren, ich möchte mich dafür aussprechen, daß wir die hier vorliegende Resolution einstimmig und ohne jede Abänderung annehmen. Sie lautet ja keineswegs so, wie ich sie gern gefaßt gesehen hätte. Ich habe mich gestern vergeblich bemüht, im Ausschuß den letzten Absatz der Resolution etwas anders zu gestalten. Das ist mir nicht gelungen, und ich verzichte auch heute auf neue Anträge, einerseits, weil der Berichterstatter, Herr Regierungsrat Dr. Schweighoffer, denjenigen Gesichtspunkt, den ich mit in den Vordergrund gestellt wissen wollte, in der Begründung wenigstens deutlich betont hat, dann, meine Herren, aber auch, weil ich glaube, daß die Beschlüsse der heutigen Sitzung und das dieselben stützende Referat für diejenigen Stellen, an denen man wirklich noch einiges Gewicht auf die Aeußerungen des Centralverbandes legt, genügen muß, um auch diejenigen Erwägungen beachtenswert erscheinen zu lassen, die in der Resolution nicht ausdrücklich behandelt worden sind.

Es ist ja unmöglich, bei einem derartigen Gesetzeswerk jede Einzelheit so erschöpfend zu besprechen, wie das Interesse haben könnte. Wir würden dann ja ungefähr den Reichstag ersetzen müssen und vielleicht in Wochen mit der Sache nicht fertig werden. Aber, meine Herren, zwei Momente möchte ich doch noch hervorheben, die mir von einer besonderen Wichtigkeit zu sein scheinen.

Herr Abgeordneter Hausmann hat mit Recht betont, und wir schließen uns darin seiner Auffassung, wie ich glaube, vollständig an, wie es auch aus unseren früheren Verhandlungen hervorgeht, daß wir das ganze Gesetz für durchaus unnötig halten. Wir sind der Meinung, daß, wenn an den Gesetzen über unsere Arbeiterversicherung irgendeine Verbesserung als dringlich erscheinen sollte, das durch eine Novelle hätte gemacht werden können, die wahrhaftig keine Umarbeitung aller bezüglichen Gesetze in ein Konvolut von 1754 Paragraphen notwendig machte. (Sehr richtig!) Das ist das eine, meine Herren!

Das andere aber, was ich hier zum Ausdruck gebracht sehen möchte, ist das, meine Herren, daß wiederum in diesem Gesetz und vor allem auch in den Verhandlungen der Kommission uns eine Feindseligkeit gegen die Industrie, ein Mißtrauen gegen die Arbeitgeber und eine Leichtherzigkeit in der Belastung unserer Erwerbstätigkeit entgegentreten, die uns doch mit den schwersten Besorgnissen erfüllen müssen. Was heißt das, meine Herren, die Frage, ob in ein derartiges Gesetz gewisse Bestimmungen hineinzubringen oder herauszulassen sind, lediglich danach zu entscheiden, ob dadurch nicht etwa auch dem Arbeitgeber ein sachlich sogar nützlicher Einfluß eingeräumt werden würde. So sagt man, wenn bei der Hälftelung der Beiträge die Arbeitgeber die Hälfte der Stimmen in der Krankenkassen-Verwaltung erhielten, dann würden die Arbeiter in ihren Rechten geschmälert! Das heißt aber nichts anderes, als der Arbeiter hat das Recht, hier allein Bestimmungen und Machtbefugnisse zu entwickeln. Der Arbeitgeber darf überhaupt nicht mehr Herr in seinem Hause sein, selbst dann, wenn es der Sache nur dienlich sein könnte, und wir dürfen keine Gesetze machen, die nach dieser Richtung hin irgendwie Grundlagen schaffen, welche geordnete Zustände in unserer deutschen Erwerbstätigkeit gewährleisten könnten! Das ist der Gesichtspunkt, von dem aus man die Hälftelung der Beiträge ablehnt und die Kassen lieber der Sozialdemokratie ausliefert.

Es liegen auch noch andere Anzeichen vor, zum Beispiel ein Kommissionsbeschluß über § 703, der in der letzten Lesung gefaßt worden ist. Da heißt es bezüglich der Berufsgenossenschaften, daß ein Dienstvertrag mit den Angestellten gemacht werden solle, und daß dieser Dienstvertrag im Entwurf erst den Angestellten, also den Kanzlisten, Schreibern usw. vorgelegt werden muß, ob sie auch etwas dagegen zu erinnern hätten. Dann soll das Reichsversicherungsamt Normativbestimmungen erlassen, und ehe die Leute angestellt werden, beziehungsweise ehe man sie einem Dienstvertrage unterwirft, muß dieser von der obersten Behörde genehmigt sein. Ja, meine Herren, ich frage mich, wie lange es denn noch dauern wird, daß in Anlehnung an dieses Vorgehen, bei dem es sich lediglich um ein keinerlei besondere Stellungen einnehmendes Bureaupersonal handelt, das von der Berufsgenossenschaft natürlich aus freien Stücken nach Bedarf angestellt und gelohnt werden muß, man ganz automatisch dazu kommt: jetzt wollen wir einmal die verschiedenen geschäftlichen Kontore und die einzelnen Verwaltungen der Industrie usw. durchgehen, ob wir nicht auch da irgend ein allgemeines Gesetz machen können, worin wir auch einen Dienstvertrag entwerfen, über den die Beteiligten zu hören sind, damit wir als Behörde dann von oben herunter — vielleicht gar der Reichstag selbst — überall in die Sachen hineinsprechen können.

Das ist doch ein Mißtrauen, das in der Tat eigentlich kaum zu verschärfen ist. So geht es weiter auch an anderer Stelle. Sie wissen, die Berufsgenossenschaften haben Beamte, die die Betriebe besuchen, um festzustellen, ob die Unfallverhütungsvorschriften befolgt werden, und ob nicht Zustände in einzelnen technischen Einrichtungen sich vorfinden, die einer Abstellung bedürfen, um Gefahren für Leben und Gesundheit möglichst auszuschließen. Das sind Sachverständige, die als Beauftragte in die Betriebe hineingehen. Aber nein, das genügt nicht, man hat jetzt einen Paragraphen hineingebracht, wonach auch den Vertretern des Reichsversicherungsamtes jederzeit das Betreten der Betriebe zusteht. Ja, meine Herren, ich habe nichts dagegen, die Herren können das ja ganz ruhig tun; es wird nichts dabei herauskommen. Aber der Geist des Mißtrauens, der aus dieser Bestimmung hervorgeht, das ist es, was einen wurmt, wenn man gerade in diesem Punkte die Ehrlichkeit unserer deutschen Industrie in einer so langen Lebenszeit kennen gelernt hat. Es ist tatsächlich niederdrückend, wenn man sieht, daß unsere Gesetzgeber es für nötig halten, Bestimmungen vorzusehen, die nur das Mißtrauen gegen den Unternehmer festlegen, im übrigen nach meiner festen Ueberzeugung so überflüssig sind, wie irgend etwas, und mit denen nicht das allergeringste gebessert werden dürfte. Wir haben ja schon etwas ähnliches mit den Sicherheitsmännern im Bergbaubetriebe. Ich will hier die Vorkommnisse in Dorstfeld ganz aus dem Spiel lassen. Daß aber die Sicherheitsmänner an der Sicherheit des Bergbaues nicht viel bessern werden, das scheint mir nach den bisherigen Ergebnissen so sicher, wie irgend etwas. (Zuruf: Verschlechtern!) Ja, das ist vielleicht nicht unrichtig.

Nun, meine Herren, ich weiß nicht, wie man die ganze Sache beurteilen soll, und wie sich die heute herrschende Strömung in unseren gesetzgebenden Faktoren und stellenweise auch innerhalb unserer Reichsregierung hat entwickeln können. Ist es übertriebene sozialtheoretische Begeisterung? Ist es bei unseren politischen Parteien hie und da — was soll ich sagen — Wahlpolitik, oder was ist es sonst, was dahin treibt, die Industrie immer mit neuen Belastungen zu überschütten, von denen wir ja wissen, daß, wenn alle Anträge durchgeführt würden — und deswegen vermag ich nicht anzuerkennen, daß es den Volksvertretern überall Ernst ist mit dem Wohl des Vaterlandes —, eine Belastung von 1 1/2 Milliarden herauskommen und damit den Gewerbefleiß des Landes vernichten würde?

Der Herr Referent hat bereits ausgeführt, daß, wenn die Ueberlastung der Industrie eintritt, wir tatsächlich auch zugleich die ganze Wohltat dieser Versicherungsgesetzgebung für die Arbeiter in Frage stellen. Denn von dem Augenblicke an, wo die Industrie ihre Leistungsfähigkeit einbüßt, beziehungsweise wo ihre Leistungsfähigkeit nicht mehr genügt, um alle diese Lasten auf sich zu nehmen, muß die Funktion der Versicherung einfach aufhören; und das wird sich auch ganz von selbst herausstellen, wenn wir in diesem Geist und Sinn weiterarbeiten, wie es bisher geschehen ist.

Das ist es aber nicht allein. Ich habe gestern noch einen anderen Gesichtspunkt in den Vordergrund gestellt, der mir zum Teil bestritten worden ist, den ich aber heute doch noch einmal wieder aufnehmen möchte. Ich machte darauf aufmerksam: wenn Sie die Industrie mit immer neuen Lasten überbürden, so hat das eine Einwirkung auf die Selbstkosten der Fabrikation, und es ist so unausbleiblich und so kaufmännisch selbstverständlich, wie nur irgend etwas sein kann, daß, wenn die Selbstkosten der Warenerzeugung sich steigern, sich notwendig auch die Preise der Waren steigern müssen. Wenn aber die Preise der Waren gesteigert werden, dann wirkt das zurück auf die Lebenshaltung unserer Bevölkerung, und zwar nicht allein auf die Lebenshaltung des Arbeiters, sondern auch des gesamten Mittelstandes, — wobei wir einmal annehmen wollen, daß diejenigen Kreise, die oberhalb des Mittelstandes stehen, die Belastung tragen können.

Mir ist gestern abend in der Ausschußsitzung von einer Seite erwidert worden: Das ist zwar ein schöner Gedanke von Ihnen, aber eine solche Abwälzung kann zum Beispiel von sehr vielen Industriezweigen gar nicht einmal versucht werden. Die sind an der Grenze angekommen. Wenn sie die Warenpreise verteuern wollen, dann können sie einfach nichts mehr absetzen. — Ja, meine Herren, das ist alles recht schön und gut gesagt; aber das wird mir kein Industrieller und kein Kaufmann bestreiten, daß, wenn sich meine Selbstkosten steigern, ich doch zunächst versuche, diese erhöhten Selbstkosten durch erhöhte Warenpreise herauszubringen. Diese Tatsache bestätigt Ihnen jeder Marktbericht, und solange die Möglichkeit dazu vorliegt, den Warenpreis erhöhten Selbstkosten anzupassen, wird kein Industrieller das unterlassen, weil ihm die Pflicht der Selbsterhaltung das gebietet. Das ist eine Binsenwahrheit, meine Herren, gegen die man nicht angehen kann. Allerdings, — wenn eine solche Ausgleichung nicht mehr möglich ist, dann tritt der Fall ein, auf den bereits hingewiesen wurde: dann stellen wir die Wirkungen und die Wohltaten der ganzen Arbeiterversicherung in Frage.

Wodurch die Industrie diese Feindseligkeit, das Mißtrauen, die leichtherzige Behandlung ihrer besonderen Interessen verdient hat, meine Herren, das ist mir ein Rätsel. Wenigstens diejenige Industrie, die im Centralverbande Deutscher Industrieller zusammengeschlossen ist, hat sie nicht verdient, denn, wenn aus irgendeinem Kreise in Deutschland nicht allein mit freiwilliger Initiative, sondern geradezu mit energischen Anregungen an der Fortentwickelung unserer sozialen Gesetzgebung mitgearbeitet worden ist, dann ist es aus den Kreisen des Centralverbandes gewesen, und deshalb haben wir allen Anspruch darauf, meine Herren, an die gesetzgebenden Körperschaften und an die verbündeten Regierungen die Bitte zu richten, endlich einmal den Kurs mehr nach der Seite zu steuern, wo nach unserer Ueberzeugung auch die Interessen der Wohlfahrt unseres gesamten Vaterlandes liegen. (Lebhafter Beifall.)

Reichstagsabgeordneter **Schickert**-Königsberg i. Pr.: Meine Herren, ich will Sie nicht lange aufhalten; die Stunde ist weit vorgeschritten, und ich möchte mich deshalb auf die Bemerkung beschränken, daß für meine politischen Freunde und mich, die wir in der Reichstagskommission für die Reichsversicherungsordnung mitgearbeitet haben, leitend gewesen ist neben einem sachgemäßen Ausbau unserer sozialpolitischen Gesetzgebung und der Einlösung gegebener Versprechungen — ich erinnere an die im Zolltarifgesetz zugesagte Witwen- und Waisenversorgung — auch die Eindämmung des ungesunden sozialdemokratischen Einflusses. Ich sage absichtlich: des ungesunden und unnatürlichen sozialdemokratischen Einflusses, meine Herren, denn daß auch die sozialdemokratisch vertretenen Arbeiter auf die Handhabung einer Gesetzgebung, die in erster Reihe die Arbeitnehmer angeht, einen maßgebenden Einfluß haben müssen, das ist ja selbstverständlich. Dieser Einfluß darf aber nicht ausarten und darf nicht mißbraucht werden.

Dann, meine Herren, war für uns leitend ein Maßhalten in der Auferlegung neuer Lasten, indem wir uns sagten, daß schließlich auch die stärksten Schultern zusammenbrechen müssen, wenn ihnen zu viel aufgepackt wird. Wir sind uns dabei — das möchte ich dem Herrn Vorredner erwidern — des Odiums, das bei den Massen infolge dieser unserer Haltung gegen uns erregt werden wird, sehr wohl bewußt gewesen und wir haben hierbei wahrlich keine Wahlpolitik getrieben.

Wenn wir nun nach den angegebenen Richtungen hin hier und da etwas erreicht haben, so sind wir dabei wesentlich unterstützt worden durch die Informationen, die wir von verschiedenen Berufsgruppen und — das möchte ich nicht unerwähnt lassen — auch von Ihrem Referenten, Herrn Regierungsrat Dr. Schweighoffer, erhalten haben. Wir haben daraus nicht unwesentlichen Nutzen für die Behandlung verschiedener Fragen gezogen, und ich möchte nicht unterlassen, dem Herrn auch an dieser Stelle unseren verbindlichsten Dank dafür auszusprechen. (Beifall.)

Geheimer Kommerzienrat **Vorster**-Köln: Meine Herren, ich wollte zu dem Abänderungsantrag des Herrn Dr. Tille sprechen.

Der letzte Satz der Resolution, die Ihnen hier in der jetzigen Fassung vorliegt, hat gestern abend in Ihrer Ausschußsitzung Anlaß zu einer längeren Erörterung gegeben. Es ist eine Anzahl von Gründen hervorgehoben worden, die dagegen sprechen, die Fassung des Herrn Dr. Tille zu wählen, und zwar war es unser verehrter Herr Generalsekretär Bueck, der namentlich dieser Auffassung Ausdruck gegeben hat. Zu meinem lebhaften Bedauern ist er aber jetzt nicht anwesend, er würde, wie ich glaube, sich auch gegen die Ausführungen des Herrn Dr. Tille und gegen dessen Antrag wenden.

Hier zu erörtern, aus welchen Gründen wir diese, ich möchte fast sagen, das ganze Gesetz abweisende Fassung nicht gewünscht haben, würde sehr lange dauern, auch ist diese Versammlung mehr eine öffentliche, während wir gestern in der Ausschußsitzung die vielen Für und Wider sorgfältig erwägen konnten. Praktische Politik treibend, waren wir der Ansicht, daß dieser Zusatz keinen wesentlichen Erfolg haben, im übrigen uns vielleicht allen möglichen Angriffen aussetzen würde. Wir haben uns daher darauf beschränken wollen, rein sachlich dasjenige, was wir an der Novelle in ihrer jetzigen Fassung auszusetzen haben, Ihnen vorzulegen.

Ich möchte bitten, dem dringenden Rat des leider abwesenden Herrn Generalsekretärs Bueck folgend, diesen letzten Satz nicht anzunehmen, sondern sich darauf zu vereinigen, was Ihnen als gestrigen Kompromißantrag Herr Generalsekretär Stumpf vorgeschlagen hat und was Sie als letzten Satz hier in der Resolution finden. Ich bitte, dem gestrigen Votum der Mehrheit Ihrer Kommission Folge zu geben und damit auch dem Ausschuß Ihr Vertrauen zu bekunden.

Stellvertretender Vorsitzender: Meine Herren, wenn das Wort nicht mehr gewünscht wird, so werde ich zunächst Herrn Dr. Schweighoffer als Referenten noch einmal das Wort geben.

Berichterstatter Regierungsrat Dr. jur. **Schweighoffer**-Berlin: Meine Herren, ich kann nur den Wunsch des Herrn Geheimrat Vorster lebhaft unterstützen. Es würde unbedingt zu weit führen, wenn man alle die Gesichtspunkte noch einmal darlegen wollte, die gestern den Ausschuß veranlaßt haben, diese Fassung zu wählen, wie sie jetzt in dem letzten Satz gewählt worden ist. Der Antrag, den letzten Passus anders, und zwar schärfer, zu formulieren, ist schon gestern erwogen worden. Es wurde vom Ausschuß eine Kommission eingesetzt, die längere Zeit beraten hat, um sich schließlich auf die Ihnen vorliegende Schlußfassung zu einigen. Wenn daher nicht ein ganz besonderer Grund vorliegt, jetzt hier heute in der Delegiertenversammlung diesem letzten Passus einen schärferen Ausdruck zu verleihen, so bitte ich Sie, von meiner Seite aus als Referent dringend, die Fassung, wie sie jetzt vorliegt, und wie sie von Ihrem Ausschusse festgesetzt worden ist, anzunehmen und zu genehmigen, daß die Geschäftsführung diese Resolution an die geeigneten Instanzen weitergibt.

Stellvertretender Vorsitzender: Meine Herren, ich habe zu meinem Bedauern übersehen, daß Herr Direktor Meesmann das Wort gebeten hat.

Direktor **Meesmann**=Mainz: Ich bitte zu gestatten, daß ich auf zwei Punkte noch hinweisen darf.

Stellvertretender Vorsitzender: Wenn die Versammlung einverstanden ist. (Wird bejaht.)

Direktor **Meesmann**=Mainz: Ich wollte auf zwei Punkte hinweisen, die die Resolution nicht alterieren, die aber praktisch doch für die Herren Abgeordneten, die hier anwesend sind, von Interesse sind. Es handelt sich einmal um den § 706 des Gesetzes, wonach in Zukunft sämtliche Streitigkeiten aus dem Dienstverhältnis der Beamten der Berufsgenossenschaften dem Reichsversicherungsamt zur Entscheidung vorgelegt werden sollen. (Heiterkeit.)

Meine Herren! Das halte ich für eine außerordentlich bedenkliche Bestimmung. Bedenken Sie, daß die Verwaltungen der einzelnen Berufsgenossenschaften an Hunderten von Orten dezentralisiert sind. Wenn nun irgendein Beamter mit seinem Vorstand eine Differenz bekommt, dann ist er nach diesem Gesetz berechtigt, sich beschwerdeführend an das Reichsversicherungsamt zu wenden, und das Reichsversicherungsamt hat die Verpflichtung, die Beschwerde zu untersuchen und eine Entscheidung zu treffen. Meine Herren, wohin soll denn das führen? Das Reichsversicherungsamt müßte voraussichtlich besondere Regierungsräte entsenden, die im Lande umherfahren und Untersuchungen anstellen; und wie bedenklich ist es, meine Herren, eine Behörde, wie das Reichsversicherungsamt, eine Verwaltungsbehörde, die doch dem Tagesstreit entrückt sein soll, mit der Entscheidung über derartige interne Dienstfragen zu behelligen. Ich halte das für eine außerordentlich bedenkliche Bestimmung und möchte sehr darum bitten, daß diese Bestimmung beseitigt wird.

Meine Herren! Das Zweite ist der § 847 des Gesetzes. Der betrifft die Unfallverhütung. Hier ist ein scheinbar ganz unbedeutender Zusatz gegenüber dem bestehenden Recht in die Vorlage aufgenommen worden. Während nämlich bisher die Berufsgenossenschaften nur ver=

pflichtet waren, Unfallverhütungsvorschriften zu erlassen und während ihnen die Art, wie sie dieselben erließen und die Fassung überlassen war, lautet jetzt § 847 so, daß sie die „erforderlichen“ Unfallverhütungsvorschriften zu erlassen haben. Meine Herren, aus dieser veränderten Fassung kann gefolgert werden, daß in Zukunft über die Art und Weise, wie die Unfallverhütungsvorschriften zu fassen sind, das Reichsversicherungsamt in letzter Linie entscheidet. Meine Herren, das war seither nicht der Fall. Seither konnte das Reichsversicherungsamt nur den Erlaß von Unfallverhütungsvorschriften erzwingen, es konnte aber nicht sagen: so und so müssen die Unfallverhütungsvorschriften lauten.

Meine Herren! Ich erinnere Sie an einen Ausspruch von Bismarck, der die berufsgenossenschaftliche Organisation seinerzeit geschaffen hat und der diesen Gedanken begründet hat mit dem Hinweise darauf, daß man die Pflicht zur Entschädigung der Unfälle verbinden müsse mit der Aufgabe der Berufsgenossenschaft, für die Verhütung von Unfällen zu sorgen.

Meine Herren! Vor zehn Jahren, bei der Novelle zum Gewerbeunfallgesetz ist in der Kommission der Antrag gestellt worden: man sollte dem Reichsversicherungsamt die Befugnis geben, im Falle dieses Amt mit einer Berufsgenossenschaft nicht über die Fassung der Unfallverhütungsvorschriften übereinkommt, seinerseits die Vorschriften zu oktroyieren. Damals, meine Herren, hat sich die Kommission des Reichstags mit großer Majorität auf den Standpunkt gestellt, daß das nicht angängig wäre, weil es einen zu tiefen Eingriff in das Wirtschaftsleben bedeute, eine Reichsbehörde mit einer solchen Aufgabe zu betrauen.

Es ist in der Kommission, wie mir bekannt ist, der Antrag gestellt worden, das Wort „erforderlichen“ zu streichen. Dieser Antrag ist aber leider abgelehnt worden, und gerade aus der Ablehnung dieses Antrags könnte nun erst recht gefolgert werden, daß das Reichsversicherungsamt in Zukunft die Berechtigung hätte, endgültig darüber zu befinden, in welcher Weise die Unfallverhütungsvorschriften zu fassen sind.

Meine Herren! Mir sind Beispiele bekannt — ich nehme gar keinen Anstand, das hier mitzuteilen —, daß lediglich an der bisher fehlenden Befugnis des Reichsversicherungsamts der Erlaß sehr tiefeingreifender, die Betriebe wirtschaftlich schädigender Vorschriften gescheitert ist, Vorschriften, von denen nachher das Reichsversicherungsamt selbst anerkannt hat, daß sie nicht auszuführen seien.

Meine Herren! Wenn die Befugnis aber hier ausgesprochen ist, daß das Reichsversicherungsamt endgültig über die Unfallverhütungsvorschriften entscheidet, dann können sich daraus die allerbedenklichsten Folgen für die Industrie ergeben, und deshalb möchte ich nochmals die Wichtigkeit dieses Punktes betonen und den Herren, die berufen sind, in der Sache mitzusprechen, doch ans Herz legen, dieser Frage nochmals ihre Aufmerksamkeit zu schenken. (Beifall.)

Stellvertretender Vorsitzender: Meine Herren, nun scheint das Wort nicht mehr gewünscht zu werden. Der Referent, Herr Dr. Schweighoffer, verzichtet auf das Schlußwort.

Ich würde dann in der Weise vorgehen, daß ich die einzelnen Absätze zur Abstimmung bringe. Wünschen Sie, daß ich sie noch einmal verlese? (Wird verneint. Zuruf: En bloc!) Meine Herren, das kann ich nicht, weil zum Schluß ein Abänderungsantrag vorliegt. Ich könnte dann bloß sagen, daß Sie einschließlich des Punktes IV die Resolution angenommen haben. (Zustimmung.) Ich bitte diejenigen Herren, die für die Annahme der Resolution sind einschließlich des Punktes IV, ihre Sitze zu behalten, diejenigen, die dagegen sind, sich von ihren Sitzen zu erheben. — Die Annahme ist einstimmig erfolgt.

Bei dem Schlußsatz ist von Herrn Dr. Tille eine Aenderung vorgeschlagen worden. Ich würde den Unterantrag des Herrn Dr. Tille zunächst zur Abstimmung bringen. Herr Dr. Tille schlägt vor:

„Sollte die Reichsversicherungsordnung im Reichstage in einer Form angenommen werden, welche den oben dargelegten Gesichtspunkten nicht Rechnung trüge, so würde der Centralverband das Scheitern der ganzen Vorlage vorziehen."

Ich bitte diejenigen Herren, die für den Antrag des Herrn Dr. Tille sind, sich von den Sitzen zu erheben. (Geschieht.) Das ist die Minderheit. Dann darf ich annehmen, meine Herren, daß Sie den Schlußsatz der Vorlage annehmen. — Das ist einstimmig geschehen.

Meine Herren, damit wären wir am Ende unserer Beratungen. Ich danke Ihnen verbindlichst und danke insbesondere den Herren Reichstagsabgeordneten und Vertretern der Regierungen für ihre Beteiligung.

Schluß $5^{1}/_{4}$ Uhr.

Das Festmahl,

welches abends 7 Uhr im Hotel Adlon stattfand, brachte dem Ehrentag des jugendfrischen achtzigjährigen Jubilars H. A. Bueck noch eine intimere, herrliche Krönung. Die Teilnahme war so stark, daß der große Saal nicht ausreichte und auch in den Nebenräumen Tafeln aufgestellt werden mußten. Inmitten der Ehrentafel saß Herr Generalsekretär Bueck zwischen dem Staatssekretär des Innern Herrn Delbrück und dem Minister für Handel und Gewerbe Herrn Sydow. Dort hatten ferner ihren Platz die Regierungsvertreter Geheimräte Jaup, Hoffmann, Drews und Dr. Huber; der Vizepräsident des Reichstags Schulz sowie die Reichstagsabgeordneten Freiherr von Richthofen, Graf Westarp, Schickert, Kreth, Beuchelt, Pauli-Potsdam, Fuhrmann, Haußmann-Hannover, Dr. Junck, Vogel, Schwabach, Neuner, von Dirksen, Freiherr von Gamp, Dr. Arendt, Liebermann von Sonnenberg, Hanisch, Kölle, Behrens, Herzog, von Damm. Weiter Geheimrat Goldberger, Geheimrat Rießer; vom Direktorium des Centralverbandes Landrat Rötger, die Geheimen Kommerzienräte Kirdorf, Schlumberger, Vorster, Geheimer Bergrat Hilger, Baurat Dr. von Rieppel, Kommerzienrat Semlinger; ferner die Herren Krupp von Bohlen, Geheimrat Hugenberg, Geheimrat Servaes, Ministerialdirektor Hoeter usw., dazu eine Anzahl der nächsten Freunde des Herrn Bueck.

Zuerst ergriff das Wort

Landrat a. D. **Rötger**-Berlin: Wie immer bei den Festmahlen des Centralverbandes gilt das erste Glas Seiner Majestät dem Kaiser, unter dessen mächtigem Szepter, dank einer zielbewußten Fortführung der bewährten Schutzzollpolitik unseres großen Kanzlers, Deutschlands Erwerbsleben in ungeahnter Weise sich entfalten konnte, unter dessen Friedensregierung, im Schutze einer starken Flotte, Deutschlands Handel und Verkehr jenseits der Meere neue Verbindungen finden, alte Beziehungen ausbauen konnte, alles Erscheinungen, die zusammengenommen in unserem Volke Wohlstand und Lebenshaltung in allen erwerbstätigen Kreisen, insonderheit auch in der gesamten lohnarbeitenden Bevölkerung, auf eine höhere Stufe gestellt haben.

Des, meine Herren, können wir uns freuen, und wir wollen der Hoffnung Ausdruck geben, daß das Verständnis für die Wechselwirkung aller dieser eben erwähnten Faktoren in die weitesten Kreise hineinbringt, dann wird es unter der Flagge des Kaisers weiter vorwärts gehen können. Meine Herren, lassen Sie uns von neuem die Treue und die Hingebung an Kaiser und Reich geloben in dem Ruf: Seine Majestät der Kaiser hurra, hurra, hurra!

Die Versammlung stimmte kräftig ein. Bald darauf erhob sich

Geheimer Kommerzienrat **Kirdorf**-Rheinelbe: Sehr geehrte Herren! Mir ist der höchst ehrenvolle Auftrag geworden, namens des Direktoriums und namens des Ausschusses und der Delegiertenversammlung des Centralverbandes Deutscher Industrieller Ihnen, hochverehrter Herr Bueck, die Worte des Dankes, der Anerkennung und der Wünsche, die wir alle hier empfinden und die in unserer aller Herzen leben, zum Ausdruck zu bringen. Gern und freudig habe ich den Auftrag aus dem Direktorium übernommen, mir schmeichelnd, das nicht zuletzt der Grund ist, daß uns die längste gemeinsame Tätigkeit im Dienste der Industrie verbindet und daß besonders freundschaftliche Beziehungen mich mit Ihnen verbinden, die sich geschlossen haben, seitdem es mir vergönnt war, im Direktorium des Centralverbandes so nahe zusammen mit Ihnen zu arbeiten.

Gern habe ich den Auftrag übernommen, aber mit einer gewissen Zaghaftigkeit, denn, wenn man auch sagt: Wes das Herz voll ist, des geht der Mund über, so hält es doch schwer, die genügenden und die vollen Worte zu finden für die Anerkennung und den Dank, den wir einem Bueck schuldig sind. (Beifall.) Doppelt schwer ist es, wenn man einem Manne, wie Bueck, so nahe steht; dann darf man auch nicht zu viel sagen. (Heiterkeit.)

Auf die vielfachen Begrüßungen, die ihm heute morgen zuteil geworden sind und die alle den Dank, die Anerkennung, die Verehrung aussprachen, hat er mit der Stimme seines tiefen Gefühls gesagt: ich weiß nicht, ob ich die Worte für den Dank finde — aber auch für die Abwehr. Und, meine Herren, das ist ja das seltene Zeichen eines Mannes von Verdiensten sondergleichen, daß ihn zugleich eine Bescheidenheit sondergleichen ziert, und deshalb muß ich mich in Grenzen halten, damit mir von Herrn Bueck nicht die Abwehr zuteil wird. Hat er doch heute morgen gesagt: „Die Verdienste, die Sie mir zuschreiben, habe ich ja gar nicht; was ich getan habe, habe ich in Ausführung meines Amtes als Ausdruck meines Pflichtgefühls getan." Ja, meine Herren, wenn das nur Pflichterfüllung ist, was ein Bueck getan hat in den 37 Jahren seiner Tätigkeit (lebhafter Beifall), dann sind die vielen regsamen Glieder in der Industrie — ich zähle mich zu ihnen — sämtlich Faulenzer gewesen. (Lebhafter Beifall und Heiterkeit.)

Seitdem es mir vergönnt ist, in naher Beziehung mit Herrn Bueck im Interesse des Centralverbandes zu arbeiten, ist es oft vorgekommen, daß wir bis zu später Abendstunde zusammen waren, daß wir uns dann in kleinem geselligen Zusammenfinden stärkten, und wenn ich dann am nächsten Morgen die liebenden und sorgsamen Töchter, die ihn begleiteten, frug, wie ist es dem verehrten Herrn Vater ergangen, hat er auch geschlafen und sich ausgeruht, dann lautete die Antwort: „Oh, er ist schon wieder ganz frisch, er hat diese Nacht bis zwei Uhr noch gearbeitet." (Heiterkeit.)

Meine Herren, so etwas kriegt nur ein Bueck zuwege, der mit 80 Jahren noch in dieser körperlichen und geistigen Jugendfrische dasteht, denn nicht allein die geistigen Leistungen stehen ihm zu Gebote, sondern auch die körperlichen. Ist mir doch gerade in diesen Tagen noch erzählt worden, daß unserm hochverehrten Herrn Bueck die ersehnte Gelegenheit gegeben war, einen Fuchs zu schießen. (Heiterkeit.) Er stand auf dem Fuchswechsel, und, meine Herren, in dem Augenblick, wo der Fuchs wechseln wollte, wurde ihm ein Eilbrief überreicht (Heiterkeit), und das Pflichtgefühl hatte gesiegt; denn in dem Augenblick als er den Brief öffnete, wechselte der Fuchs. (Große Heiterkeit.)

Wenn das, was Bueck getan hat, nur eine einfache Ausübung der Amtspflichten ist, dann, meine Herren — ich kann es nur wiederholen — muß ich mich hier eigentlich als einen der pflichtvergessensten Menschen der Welt bekennen (Heiterkeit), denn die Nachtruhe, wie Bueck es tat, konnte ich nicht entbehren.

Wenn man einen Mann feiern wollte wie Bueck, müßte man einen Ueberblick seines Lebens geben; aber, meine Herren, dazu reicht auch die Zeit nicht aus, die mir zur Verfügung steht, und ich müßte auch das wiederholen, was Sie heute schon in unseren geschäftlichen Verhandlungen in Wort und Schrift empfangen haben.

Aber, meine Herren, mit einem kurzen Blick kann auch darauf hingewiesen werden, wie erstaunlich die Entwickelung eines Mannes wie Bueck ist, der so gewaltige Dienste im Interesse der Industrie geleistet hat, der fern im Osten das Licht der Welt erblickte, wo man, glaube ich, heute noch von der Bedeutung der Industrie nicht die richtige Anschauung hat (Heiterkeit); meine Herren, dieser Mann, den ich als den berufensten, erfolgreichsten Vertreter der deutschen Industrie wohl mit Recht bezeichnen darf, hat noch bis in sein volles Mannesalter hinein einem anderen Beruf, der Landwirtschaft, angehört. In vollem Mannesalter hat er den Beruf verlassen. Er ist durch die Gestaltung der Umstände damals auf eine gewisse Zeit, soviel ich weiß, in das Versicherungswesen hineingekommen, und infolge der hervorragenden Leistungen, die er in einem Vortrag da gezeigt hat, hat man ihn zur Vertretung der wirtschaftlichen Interessen geholt, die sich endlich in den Rheinlanden zusammenfanden und die einen tüchtigen Mann nötig hatten.

Und wie hat unser Bueck sich da bewährt, wie hat er in schneller Auffassung die Aufgaben gelöst, die ihm da gestellt wurden, und wie treu hat er, der, wie gesagt, erst im Mannesalter in den Dienst der Industrie eingetreten ist, die Führung ihrer Interessen übernommen!

Soll ich kurz darauf hinweisen, was er in Gemeinschaft mit den damals führenden Mitgliedern des Centralverbandes seit 1887 im Dienste des Centralverbandes geleistet hat, als der eigentliche geschäftsführende Führer — denn so bedeutend die Männer auch waren, die an der Spitze des Centralverbandes gestanden haben, Bueck hat ihnen gleichwertig immer zur Seite gestanden, und sein Geist war auch derjenige, der mit seinen Mitarbeitern im Centralverband gänzlich bestimmend war. (Bravo!) Lassen Sie mich auf zwei Hauptpunkte hinweisen: den Wechsel in der Handelspolitik, die Erzielung geeigneter Zölle durch die Verbindung mit der Landwirtschaft — der Zölle, die nötig waren, um die deutsche Arbeitstätigkeit wieder zu sichern und auf gesunden Boden zu stellen.

Diese Tat allein, meine Herren, der wir ja die Entwickelung unserer deutschen Industrie verdanken, müßte ihm und seinen Mitarbeitern ein Denkmal setzen.

Dann hat er aber mit den Mitarbeitern im Centralverbande — und das hat er heute noch als eins der größten Ruhmesblätter des Centralverbandes bezeichnet — mit Liebe, mit Hingebung, mit Ueberzeugung die Aufgabe aufgenommen, die durch die Botschaft unseres hochseligen Kaisers Wilhelm I. uns gestellt war: die Ausbildung der Arbeiterversicherung. (Beifall.) Mit Liebe und Hingebung hat der Centralverband an diesem segensreichen Werk mitgearbeitet, weil er mit seinem großartigen Schöpfer, dem Fürsten Bismarck, die Hoffnung, die Ueberzeugung teilte, daß man damit erreichen würde, was er erzielen wollte: den Frieden zwischen den Gewerbetreibenden, den Arbeitgebern und den Arbeitnehmern.

Das Ziel haben wir nicht erreicht; aber unermüdlich ist die Arbeit auf diesem Gebiet weitergegangen, und für mich, der ich nun seit einer längeren Reihe von Jahren mit dem Herrn Bueck und den anderen Mitarbeitern im Centralverbande stehe, ist es der staunenswerteste und bewundernswerteste Teil der Arbeit gewesen, die in den letzten 20 Jahren geleistet worden ist, wo mehr und mehr diese Tätigkeit sich erstreckte auf eine aufgezwungene Verteidigungs- und Abwehrtätigkeit (sehr wahr!), auf einen Kampf, nicht zur Ausbildung der sozialen Gesetzgebung, wie wir sie uns gedacht hatten, sondern zur Abwehr von gesetzlichen Maßnahmen auf dem Gebiete der sozialen und wirtschaftlichen Einrichtungen, die zu Lasten, zu Einengungen, zu Erschwerungen und Verteuerungen geführt haben, und vor allen Dingen unsere Stellung im Kampf gegen den schwarzen und roten Umsturz erschwert haben. (Beifall.) Es war das Erstaunlichste, daß da die Arbeitstätigkeit nicht versagt hat. Noch gestern haben wir davon ein Beispiel gehabt, indem unser verehrter Freund Bueck auch hier sagte: wir müssen tatkräftig und wirksam mitarbeiten, wir müssen sorgen, daß das Gute, das in der Reichsversicherungsordnung enthalten ist, zur Geltung kommt, so daß andere — ich habe zu ihnen gehört —, die Minderheit, sich fügen mußten und doch mit Bewunderung ansehen mußten, daß man nicht zu dem Ergebnis kommt, das uns so nahe liegt, daß wir den Maßnahmen, die wir mit Bedauern als solche sehen, die die Gestaltung und die Erhaltung der großen Blüte unserer Industrie erschweren und bedrohen, ein starres Nein entgegensetzen. Das hat Freund Bueck — und in seinem Sinne hat der Centralverband gearbeitet — nie getan. Er hat es nie getan, trotzdem ja auch heute wieder sein so glänzender Geschäftsbericht uns das dargetan hat, meine Herren, daß, so jugendfrisch, wie er an Körper und Geist ist, er nicht mit der jugendlichen Hoffnungsfreudigkeit und Vertrauensseligkeit in die Zukunft blickt, sondern daß er mit dem Ernste des erfahrenen Mannes gesehen hat, welcher schweren Zeit die Industrie entgegengeht (sehr wahr!), wie er warnend die Stimme erhoben hat, ernsthaft prüfend, wie er so schwer in die Zukunft sieht, wie wir alle, die wir ernsthaft unsere Verhältnisse prüfen und uns sorgend fragen müssen: kann die Industrie auf der Höhe erhalten werden? Das ist eine Frage, die außerordentlich schwer zu entscheiden ist, und unser Freund Bueck sieht die ernste Lage; trotzdem versagt die Freudigkeit nicht, mitzuarbeiten, so lange noch die Kräfte vorhanden sind.

Meine Herren! Können Sie sich einen besseren Abschied unseres Freundes Bueck denken —, aber Gott sei Dank nur in seiner Eigenschaft als Geschäftsführer, als Mitglied des Direktoriums bleibt er uns erhalten — können Sie sich bessere Abschiedsworte denken, als was er uns heute zurief? Es ist ein altbewährtes Wort: Seid ein ig einig, einig! (Lebhafter Beifall.)

Meine Herren! Ich hoffe, daß das Wort dieses jugendfrischen Mannes, der im 80. Lebensjahre steht, Widerhall findet in der Industrie, denn, meine Herren, es ist notwendig. Nicht allein sind die Gegensätze in den wirtschaftlichen Verbänden aus persönlichen Gegensätzen entstanden, aus persönlichem Ehrgeiz und Reibungen, auf die unser Freund Bueck heute hingewiesen hat, nein, meine Herren, die Einigkeit auch in den zusammengeschlossenen Industrien, die wir durch hochausgebildete Verbände glaubten befestigt zu sehen, kommt immer mehr ins Schwanken, und, meine Herren, wenn wir das Wort unseres Bueck uns nicht vor Augen halten, so gehen wir Zeiten entgegen, die schlimmer sind als das Bild, das Freund Bueck heute uns vorgeführt hat. (Zustimmung.)

Aber, meine Herren, wir wollen nicht vergessen, was wir einem Bueck schuldig sind. Wir wollen stets eingedenk sein seines Beispiels und seiner Worte. Lassen Sie uns hoffen, daß er noch lange in seiner Jugendfrische (bravo!) mit uns tätig ist, um uns immer und immer wieder zuzurufen von der hohen Warte, auf der er steht: Seid einig, einig, einig! (Lebhafter Beifall.)

Unserem Bueck wünschen wir nicht volle Ruhe, damit kann er nicht auskommen (heiterer Beifall), aber daß er nicht arbeitet, wie bisher, sondern sich in der Arbeit mäßigt und mit uns noch gemeinsam tätig ist im Dienste und zum Vorteil der deutschen Industrie (Beifall), daß ihm so ein befriedigender Lebensabend beschieden sei in seiner Jugendfrische und in voller Arbeitskraft, daß wir uns noch lange dieser Mitarbeit erfreuen dürfen. (Beifall.)

Darauf, daß alle diese Wünsche sich erfüllen zum Ausdruck des Dankes, der Anerkennung, der Verehrung und Freundschaft, bringen wir ihm ein fröhliches Glückauf! und ein dreifaches Hoch; Freund Bueck lebe hoch, hoch, hoch!

Laut und herzlich scholl es durch den Saal, in allgemeiner Bewegung wird der Jubilar umdrängt, jeder möchte ihm noch persönlich seine Sympathie und Glückwünsche darbringeu. Sodann sprach

Geheimer Kommerzienrat **Schlumberger**-Mülhausen i. E.: Meine Herren! Die ehrende Aufgabe namens des Direktoriums, die heutigen Gäste des Centralverbandes Deutscher Industrieller freundlichst von diesem Tische zu begrüßen und willkommen zu heißen, ist mir beschieden.

Um so leichter wird es mir sein, diese Pflicht zu erfüllen, als heutzutage ein gewisser Mut dazu gehört, sich als Freund der Industrie zu bekennen (sehr wahr! und Heiterkeit) und wir den Herren um so dankbarer für ihr Erscheinen uns zu zeigen haben.

Deswegen, meine Herren, seien recht herzlich angesprochen alle hier anwesenden Gäste, nämlich die Herren Vertreter des Reiches, sowie der bundesstaatlichen Verwaltung, diejenigen der Gesetzgebung, der Presse, der befreundeten Verbände, der Wissenschaft und überhaupt aller Körperschaften, welche den industriellen und wirtschaftlichen Fragen als dem Gegenstande ihrer Studien im modernen deutschen Erwerbsleben sich widmen.

Gemeinsam sollen die Bemühungen aller dieser wahren Vaterlandsfreunde unbeirrt und zielbewußt auf das Gedeihen des gesamten produktiven Deutschen Reiches gerichtet sein.

Inmitten so vieler sich widersprechenden Interessen kann die durchgedachte Einigkeit allein zum allgemeinen Wohl führen.

In diesem Sinne, meine Herren, lade ich Sie freudig ein, Ihre Gläser zu leeren zur Ehre und zum Dank für die sich hier befindenden Gäste. Sie leben hoch, hoch, hoch!

Nun ergriff der Gefeierte das Wort:

Generalsekretär **Bueck**-Berlin: Meine hochgeehrten Herren! In einem sehr freundlich gehaltenen Artikel, den die Zeitung „Die Post“ heute brachte, ist auf das alte Wort hingewiesen worden, daß mein Leben schön gewesen sei, denn es sei Mühe und Arbeit gewesen. (Beifall). Mühe und Arbeit ist ja viel vorhanden gewesen, aber schön ist es auch gewesen in sehr vielen Beziehungen, und wenn ein so langes Leben abschließt mit einem Tag, wie dem heutigen — denn das ist doch eigentlich der Abschluß meines Lebens (lebhafter Widerspruch), was noch kommt, das wird wohl nicht mehr viel wert sein (Widerspruch) —, wenn man einen solchen Tag erlebt, meine Herren, dann ist er wohl geeignet, all die Mühe und Arbeit und alles Trübe und Sorgenvolle, was man auch erlebt hat, auszugleichen und gewissermaßen einen rosigen Schein auf den noch kommenden Rest im voraus schon zu werfen.

Ich habe gesagt: schön ist das Leben gewesen und namentlich in meiner dienstlichen und geschäftlichen Tätigkeit in sehr vielen Beziehungen. Denn, meine Herren, mir war es beschieden, diese gewaltige Zeit des Aufschwunges unserer deutschen Nation, unseres schönen herrlichen Reiches in wirtschaftlicher Beziehung mitzuerleben, und nicht nur sie mitzuerleben, sondern auch tätig in den einzelnen Phasen dieser gewaltigen Entwickelung mitzuwirken. (Beifall.) Das ist ein Glück, das ich nicht genug zu schätzen weiß (Beifall), und es hat verschönend auch auf jeden einzelnen Tag gewirkt, und jeder einzelne Tag brachte für mich und den Verband, dem ich zu dienen hatte, etwas Neues.

Aber schön war es auch ganz besonders, da es mir die Gelegenheit gewährte, mit so hervorragenden ersten Männern in unserem Wirtschaftsleben und in unserer Industrie in die innigsten Beziehungen zu treten.

Wenn ich die Reihe meiner Vorgesetzten und derjenigen, die mich eingeführt haben in dieses Amt, und denen ich weiter Führung und Leitung zu verdanken habe, betrachte, so sind das Namen, die hoch in der Erinnerung stehen. Leider sind viele von ihnen schon vor mir weggegangen aus diesem Leben.

Heute vormittag hatte ich die Freude, des Herrn Geheimen Kommerzienrat Servaes zu gedenken. Von der Bildung des Vereins Deutscher Eisen- und Stahlindustrieller her, im Jahre 1874, bis jetzt vor wenigen Jahren, war er mein Vorgesetzter und Führer. Und sehen Sie die Reihe der Männer im Centralverbande Deutscher Industrieller: den Geheimen Kommerzienrat Schwartzkopff, eine Zierde der Industrie und des Deutschen Reiches. Meine Herren, dem Herrn Geheimrat Schwartzkopff hat der Centralverband ganz außerordentlich viel zu verdanken. Sie müssen sich der Zeit erinnern — leider sind nur noch wenige hier, die sie miterlebt haben —, in der der Centralverband beziehungsweise die Männer, die ihn gründeten, den Kampf gegen das damalige freihändlerische Wirtschaftssystem aufnahmen, einer Zeit, in der jeder, der von Schutzzoll sprach — wie ich kürzlich eine Aeußerung gehört habe — entweder als Vaterlandsverräter oder als Dummkopf angesehen wurde. In dieser Zeit, als der Centralverband der Parole des verewigten unvergeßlichen Herrn von Kardorff folgend, „gegen den Strom“ schwamm, wenigstens zunächst zu schwimmen versuchte, war kein Vorsitzender aus der großen Industrie zu finden, denn jeder hatte Angst vor dieser Hetze und Verfolgung, die ihn unfehlbar getroffen hätte. Wir sahen: dieser junge Verband, von dem wir so viel erhofften — ich war damals in meiner Stellung in Rheinland und Westfalen — würde zugrunde gehen, wenn nicht ein hervorragender Mann an seine Spitze träte. Da erklärte sich in der größten Not Herr Geheimer Kommerzienrat Schwartzkopff bereit, hier als Berliner Industrieller vor der ganzen Börse, vor der ganzen Industrie das Odium auf sich zu nehmen und Vorsitzender des Centralverbandes Deutscher Industrieller zu werden. Dazu gehörte sehr viel Mut und sehr viel Ueberzeugungstreue. Und von dem Augenblicke an begann der Aufstieg dieses großen Verbandes.

Dann der Geheime Kommerzienrat Haßler, einer der größten Industriellen auf dem Gebiete der Baumwollindustrie in Süddeutschland, der mit Leib und Seele für den Centralverband und für dessen Bestrebungen arbeitete.

Und, meine Herren, wem steht nicht das Bild des Geheimen Finanzrat Jencke vor Augen (Beifall); wer erinnert sich nicht an diesen Mann, der seinesgleichen suchte in der Schärfe und in der Schnelligkeit des Urteils und in dem weiten Blick und der großzügigen Auffassung, mit der er alle Verhältnisse zu beurteilen gewohnt war. Ich kann wohl sagen, es ist eine der größten Enttäuschungen in meinem Leben gewesen, daß ich mit diesem Manne nicht habe weiterarbeiten können. Wir hatten es uns so schön gedacht, als er endlich seine rege Tätigkeit aufgegebeu hatte und sich nach Dresden ins Privatleben zurückzog, dann züsammen für den Centralverband arbeiten zu können. — Nun, es sollte nicht sein.

Dann kommt der von uns allen so hochverehrte Herr von Vopelius. Meine Herren, wer erinnert sich nicht an seine vornehme Art, den Vorsitz in unserer Versammlung zu führen; wer erinnert sich nicht an das Wohlwollen, mit dem er jedem einzelnen gegenüber aufzutreten gewohnt war und das ich im höchsten Maße zu genießen das Glück gehabt habe. Wer erinnert sich nicht an das feine Verständnis, namentlich für alle politischen Verhältnisse, die an uns herantraten. Auch er ist durch schwere Erkrankung, an der er augenblicklich noch leidet, verhindert gewesen, weiter bei uns zu wirken, und auch hier wieder kam die Enttäuschung für mich, daß ich diesen guten, hervorragenden Vorgesetzten nicht mehr hatte.

Diese Männer alle haben verschönend in mein Leben eingegriffen.

Nun, meine Herren, für alles das, was Sie heute an mir getan haben, sage ich Ihnen meinen herzlichsten Dank.

Schwer, sehr schwer, meine Herren, ist es mir geworden, aus meiner Tätigkeit zu scheiden. Aber wenn es vielleicht auch noch gegangen wäre, so doch nur unter der Empfindung, daß ich nicht mehr den Anforderungen an Initiative und Tatkraft gewachsen wäre, wie sie für diese Stelle, die ich heute noch einnehme, notwendig sind. (Oho!) Und, meine Herren, vor allen Dingen der Außenwelt gegenüber war es nicht länger zu halten: ein Greis von 80 Jahren! (Lebhafter Widerspruch. Zuruf: Junger Mann!) Nein, nein, meine Herren, das war doch richtig.

Also ich sage Ihnen herzlichen Dank.

Auch in der Rede, die mein hochverehrter Gönner und Freund, Herr Geheimrat Kirdorf, gehalten hat, hat er nicht ganz vermeiden können, was er vermeiden wollte: mir die Gelegenheit zur Abwehr zu geben. (Heiterkeit.) Diese Gelegenheit hat er mir ebenso wie die Herren heute vormittag in hohem Grade gegeben, denn was sein freundliches Wohlwollen, seine Liebenswürdigkeit, mit der er mir stets im Leben begegnet ist, ihn verleitet haben, zu sagen, das war viel zu viel. (Widerspruch.) Ja, meine Herren, dat helpt nich! (Heiterkeit.)

Aber, meine Herren, wir alle haben wohl heute und in den letzten Jahren gesehen, was der Centralverband zu bedeuten hat. Meine Herren, die besondere Veranlassung meiner Verabschiedung mag ja manches unserer verehrten Mitglieder heute zu uns geführt haben, das vielleicht sonst der Versammlung ferngeblieben wäre. Aber, meine Herren, blicken Sie zurück auf die Versammlungen der letzten Jahre. Ich habe selbst schon die letzte, am 12. April abgehaltene als eine hervorragende bezeichnet. So ist die Teilnahme unserer Mitglieder stetig gewachsen. So haben wir gesehen, wie die Mitarbeit immer größer und das Interesse immer lebhafter geworden ist. Wenn wir heute leider sagen müssen, daß eine große Anzahl Industrieller an ihrer Interessenvertretung nicht das genügende Interesse nimmt, so muß ich doch hervorheben, daß diese Interessenvertretung für die Industrie unter den heutigen Verhältnissen nicht mehr zu entbehren ist, denn, meine Herren, der einzelne Industrielle hat in dem Kampfe um die Existenz, um das Gedeihen seiner ganzen Unternehmungen so viel zu tun, ist so intensiv beschäftigt, daß es den allermeisten nicht möglich ist, die draußen liegenden Interessen genauer zu verfolgen und zu wahren. (Sehr richtig!) Das ist die Aufgabe der Interessenvertretungen, die sich der Industrie gewidmet haben, und namentlich der großen Organisation, die, wie ich heute schon erwähnte, 195 derartige Vereine, Körperschaften, Verbände umfaßt und dadurch eine weit ausgedehnte Grundlage gewonnen hat, um so erfolgreich, wie es irgend möglich ist, bei all den Widerständen, in dem Zwiespalt, der sich in unserem eigenen Lager entwickelt, für die Interessen der Industrie einzutreten.

Daher, meine Herren, möchte ich heute meine Tätigkeit auch hier schließen mit der Mahnung an Sie: Halten Sie fest an Ihren Interessenvertretungen, nehmen Sie Anteil an ihren Arbeiten, stärken Sie dadurch, daß Sie diesen Anteil zu erkennen geben, diejenigen, die die Pflicht haben, für Sie zu arbeiten! Dann werden Sie ein gutes Werk tun auch in Ihrem eigenen Interesse. (Lebhafter Beifall.)

Ich hoffe, daß der Centralverband namentlich nach der großartigen Stiftung, die Sie heute für ihn vollzogen haben, in der Lage sein wird, Ihren Ansprüchen stets zu entsprechen, Ihre Hoffnungen und Erwartungen zu erfüllen, denn die leitenden Personen sind derart gestaltet, daß von ihnen das beste zu erwarten ist.

Namentlich richte ich an meine hochverehrten lieben Kollegen, die mir immer mit soviel Freundlichkeit und Aufopferung unterstützend zur Seite gestanden haben, mit denen allen ohne Ausnahme ich — das kann ich wohl sagen — in friedlichen und freundschaftlichen Verhältnissen gelebt habe (Beifall), die dringende Bitte, meinem Nachfolger dieselbe freundliche Gesinnung und dieselbe gütige und aufopfernde Unterstützung in der Erfüllung seiner sehr schweren Aufgaben zuteil werden zu lassen wie mir in den langen Jahren unseres Zusammenarbeitens. (Beifall.)

Nun bitte ich Sie, meine Herren, erheben Sie Ihre Gläser und trinken Sie auf das Wohl des Centralverbandes Deutscher Industrieller! Möge er unwandelbar für die Interessen der Industrie erfolgreich und wirkungsvoll noch für unabsehbare Zeit bestehen und wirken. Der Centralverband Deutscher Industrieller, er lebe hoch!

Weiterhin erhob sich der

Staatssekretär des Innern Dr. **Delbrück**: Der Platz, der mir durch unsere liebenswürdigen Wirte angewiesen worden ist, bringt mir wohl das Recht und die Pflicht, für die freundlichen Worte zu danken, die eben Herr Schlumberger an die Gäste des heutigen Abends gerichtet hat, obwohl ich nicht im Zweifel darüber bin, daß vielleicht ein anderer legitimierter wäre als ich, diesen Dank der Gäste auszusprechen; denn, wie der Tag überhaupt ein besonderer Tag ist, so hat auch das Bild dieser Tafel für diejenigen, die, wie ich, nicht zum ersten Mal hier weilen, einen anderen Eindruck als sonst.

Aber, meine Herren, ich will versuchen, den Anforderungen, die die vielseitigen Gäste, die heute hier versammelt sind, an mich wohl stellen könnten, nach Möglichkeit zu entsprechen.

Meine Herren! Herr Schlumberger hat es den Gästen zur besonderen Ehre angerechnet, daß sie hier erschienen seien; denn es sei heute nicht ganz leicht, sich als Freund der Industrie zu bekennen. (Sehr richtig!) Meine Herren! Ob das wirklich so schwer ist, weiß ich nicht. (Zuruf: Es ist schwer!) Ich könnte nur vielleicht für meine Person hinzufügen, daß es noch etwas schwereres gibt: von der Industrie als ehrlicher Freund anerkannt zu werden. (Heiterkeit.) In dieser schwierigen Lage wird ja außer mir unter den hier anwesenden

Gästen nur höchstens einer sein, und ich kann also diesen Fall hier weiterhin unerörtert lassen. Ich glaube aber, versichern zu können, daß wir alle, die wir heute hier als Gäste in diesen gastlichen Räumen weilen, selbst wenn es uns schwer sein sollte, uns als Freunde der Industrie zu bekennen (Heiterkeit), uns doch freuen würden, den Mut gehabt zu haben, weil wir dadurch die Möglichkeit gehabt haben, an dem heutigen Feste teilzunehmen. (Heiterer Beifall.)

Meine Herren! Was wir heute feiern, das ist nicht der Centralverband der Industriellen, sondern das ist und bleibt — und das wird für alle Redner, die heute sprechen, so bleiben — immer Ihr verehrter, scheidender Generalsekretär Herr Bueck.

Nur schätzen, bewundern und feiern wir, die wir außerhalb des Centralverbandes stehen, die wir nicht zu den ganz echten Freunden der Industrie gehören (Heiterkeit), ihn vielleicht unter einem etwas anderen Gesichtspunkte.

Meine Herren! Das Leben der Völker und das Leben der einzelnen muß ein Kampf sein, wenn es etwas taugen soll. (Zustimmung.) Diejenigen, die berufen sind, den Staat zu regieren oder dabei mitzuhelfen, sind in der undankbaren Lage, daß sie nicht etwa frisch und freudig in diesen Kampf hineinspringen können, sondern sie haben im großen und ganzen die Aufgabe, dafür zu sorgen, daß in dem Drange nach vorn, in dem Kampfe der widerstreitenden Interessen nicht der Schwache zu Boden falle, daß nicht das noch lebensfähige Alte unter die Räder komme, daß daneben auch das frisch aufblühende neue Leben zu seinem Rechte gelange. Das führt eben dahin, daß man eigentlich niemandes Freund ist. Und doch, meine Herren, hat vielleicht niemand mehr als wir ein Verständis für die Bedeutung dieses Kampfes und für die Bedeutung der Kämpfer, die, auf welcher Seite es auch sei, in ihm stehen, und gerade diese Kämpfer sind es, die dem gesammten Leben eines Volkes seinen spezifischen Charakter und den Zielen eines Staates die letzten Erfolge geben. (Beifall.)

Und so freuen wir uns alle an einem Manne wie meinem verehrten Herrn Nachbar, als einem von denen, die mitgearbeitet haben wie wenige an dem Glück und dem Gedeihen ihres Vaterlandes. (Lebhafter Beifall.) Vielleicht gerade um deswillen, weil sie eben Kämpfer gewesen sind bis zum letzten, weil sie Kämpfer gewesen sind, die auch, wenn ich einmal persönlich sprechen darf, uns nicht immer bequem gewesen sind. (Heiterkeit.) Gerade diese unbequemen Kämpfer, meine Herren, schätzen wir und lieben wir (Beifall), weil wir wissen, daß das Vaterland ohne sie nicht existieren kann. (Beifall.)

So bitte ich Sie denn, meine Herren, die Sie mit mir als Gäste an dieser Tafel weilen, dem Wunsche Ausdruck zu geben, daß es der deutschen Industrie niemals fehlen möge an solchen Männern, wie Sie heute einen feiern, und diesen Wunsch zusammenfassen in den Ruf: „Die deutsche Industrie, sie lebe hoch!"

Unter immer lebhafter gewordener Stimmung huldigt nun ein alter Freund dem Kollegen:

Generalsekretär **Stumpf**-(Osnabrück): Meine sehr verehrten Herren! Nicht etwa, als ob ich es für notwendig hielte, die mit Recht so ehrende Anerkennung, die meinem lieben Freunde und Kollegen Bueck heute von so vielen Seiten zuteil geworden ist, auch meinerseits noch einmal zu unterstreichen, ergreife ich das Wort. Dazu liegt keine Veranlassung vor. Aber es ist das Bedürfnis seiner Kollegen, der Geschäftsführer der hier vertretenen Körperschaften und Vereine, ihn wenigstens nicht im Unklaren über die Gefühle zu lassen, die er ja selbst bereits als von ihm empfunden Ihnen geschildert hat, die wir ihm aber auch noch ausdrücklich auf Händen entgegentragen möchten.

Ein anderer hätte das sehr wahrscheinlich heute besser gemacht, (Widerspruch), nämlich unser Freund Dr. Beumer, der leider nicht hier sein kann; und so ist mir, als dem ältesten Mitarbeiter unseres Bueck diese Ehre zuteil geworden. Ich darf Ihnen verraten, daß im nämlichen Jahre 1873, in welchem er zu Düsseldorf gewissermaßen in den Dienst der industriellen Interessen trat, es auch mir beschieden war, die Geschäftsführung des damals ersten wirtschaftlichen Fachvereins Deutschlands, des Vereins deutscher Eisengießereien zu übernehmen. Schon in jener Zeit haben wir uns in Düsseldorf und Berlin oft getroffen und zusammen gearbeitet, wenn wir dabei auch nicht immer einer Meinung gewesen sind. Aber, was ich an meinem Freunde Bueck immer hochgeschätzt habe, das war seine vornehme Sachlichkeit in der Behandlung derjenigen Auffassungen und Fragen, die ihn beschäftigten, und es war daneben auch der feine Charakter, der nach der Debatte alles vergaß, was die Meinungen trennte und lediglich den Menschen im Menschen sah. (Beifall.) So ist es noch heute, und das, lieber Freund Bueck, wissen Deine Kollegen alle.

Er hat es heute beklagt — oder doch ein gewisses Bedauern darüber ausgesprochen, daß in unserer nationalökonomischen Wissenschaft seit Jahrzehnten ein Geist lebt, der den berechtigten Interessen unserer vaterländischen Industrie nicht sehr förderlich ist. Man arbeitet zu viel in grauer Theorie und in utopischer Weltverbesserung, und die

Schulen von Schmoller, Brentano und wie sie sonst heißen mögen, sind nicht diejenigen, die unser Vaterland zur weiteren Blüte bringen werden. Nun, dafür kann unser Bueck einen Trost haben: auch er hat Schule gemacht, und meine Kollegen, die mit mir aus dieser Schule hervorgegangen sind, wissen ganz genau, was sie ihm zu danken haben. Durch ihn ist ihnen vielfach der nebelfreie Blick in das wirkliche Leben geöffnet, und in den vielen, eingehenden und gründlichen Verhandlungen, die wir hier gepflogen haben, ist eine ganze Menge meiner Kollegen, die stellenweise zunächst noch in theoretischen Auffassungen aufgingen, zu ganz anderen Anschauungen gelangt. (Sehr richtig!) Ich will hoffen und ich habe den lebhaften Wunsch, daß es auch ferner so bleiben, daß das richtige Gefühl für die Interessen unserer nationalen Arbeit nie ins Wanken geraten möge. Bei meinem Freunde Bueck und mir hatte das keine Gefahr. (Heiterkeit.) Er ist ja aus der Landwirtschaft hervorgegangen. (Heiterkeit.) Da hat er auch praktisch mit Hacke und Pflug gearbeitet. Ich selbst stehe seit ungefähr 55 Jahren in industriellem Berufe, habe meinen Blick für das Wesen und die Bedeutung der Dinge in der Geschäftsführung großer wirtschaftlicher Fachvereine geweitet und führe noch heute meine Handelskammergeschäfte im Nebenamt. Ich bin also stets mit dem praktischen Leben im innigsten Zusammenhange geblieben und habe mich sehr oft fragen müssen, ob dasjenige, was um mich herum oder auch in Berlin geschah, sich wirklich mit den Auffassungen decke, die man aus der eigenen Tätigkeit schöpfen mußte. Darauf gehen wir hier natürlich nicht weiter ein. (Heiterkeit.) Mich freut nur das eine, daß ich — den man im vorigen Jahre hier den jungen Mann des Herrn Bueck nannte — (Heiterkeit), namens derjenigen Kollegen, die mit mir heute an dieser Festtafel anwesend sind, versprechen kann, daß wir in Buecks Geiste solange weiter arbeiten werden, wie unsere persönlichen Kräfte reichen (Beifall), und ich hege den lebhaften Wunsch, aber auch die Hoffnung, daß der Nachwuchs, der demnächst für uns eintreten muß und uns folgen wird, in diesem Geiste, in Deiner Schule, lieber Freund, weiterwirken wird. (Beifall.)

Es ist auf das Geburtstagskind soviel heute schon gesprochen und getrunken worden, daß ich mich, trotz voller Rüstigkeit bei seinen hohen Jahren doch sorge, ob es ihm bekommen würde, wenn wir jetzt noch einmal auf ihn tränken. Ich glaube aber auch, wir tun ihm einen Gefallen damit, wenn ich meine Ansprache mit dem Wunsche schließe, daß unter einer so vorzüglichen Leitung, wie derjenigen unseres jetzigen Vorsitzenden, des Herrn Landrats Rötger (Beifall), der neue Geschäftsführer, Buecks Nachfolger, den er uns so warm ans Herz legt, Herr Regierungsrat Dr. Schweighoffer (Beifall) in dem Sinne und mit dem Erfolge seine Tätigkeit aufnehmen und weiterführen möge, wie er es in so glanzvoller Weise zu tun vermocht hat.

Ich bitte Sie deshalb, meine Herren, Ihr Glas zu ergreifen und mit mir zu trinken auf das Wohl dieser beiden Herren, nämlich unseres allverehrten Vorsitzenden, des Herrn Landrats Rötger und des Nachfolgers unseres lieben Bueck, des Herrn Regierungsrates Dr. Schweighoffer. Sie leben hoch!

Meine Herren! Ich habe nur eine Bitte an unseren lieben Bueck noch auszusprechen. Mir wird nämlich von unseren Kollegen der dringende Wunsch geäußert, daß Du nachher, wenn wir mit dem Essen fertig sind, Dich einmal hier in den Nebensaal bemühst, damit wir uns gemeinsam mit Dir photographieren lassen. (Beifall.)

Den Reigen der Redner schloß

Landrat a. D. **Rötger**-Berlin: Meine Herren! Herr Stumpf hatte die Liebenswürdigkeit, mich und den Nachfolger von Herrn Bueck zu erwähnen, und das ruft mich auf den Plan. Ich bin schon sehr lange geladen, etwas zu sagen (Heiterkeit), aber ich konnte es nicht, weil ich den Herrn Bueck nicht hierher kriegen konnte. (Heiterkeit). Jetzt habe ich einmal von meiner Machtbefugnis ihm gegenüber Gebrauch gemacht, und nun ist er wieder hier.

Meine Herren! Ich möchte noch einmal, was ich heute morgen schon gesagt habe, erwähnen, daß ich es persönlich, und Sie alle mit mir, auf das lebhafteste und aufrichtigste bedauere, daß unser verehrter Freund Dr. Beumer nicht hier ist. (Zustimmung.) Ich möchte einschieben, daß ich zwei Telegramme habe, die zu Ihrer Kenntnis zu bringen sind. Das eine ist von Herrn von Vopelius, an den wir ja heute morgen telegraphiert haben:

„Den Herren Delegierten herzlichsten Dank für die freundlichen Wünsche. Meine Gedanken waren heute bei Ihnen. (Gez.) von Vopelius.“ (Beifall.)

Das andere lautet:

„Der Delegiertenversammlung des Centralverbandes danke ich herzlich für die freundlichen Grüße. Ich bin auf dem Krankenbett im Geiste dort und gedenke insbesondere des 80jährigen Jubilars. Gruß (gez.) Beumer.“ (Beifall.)

Die Herren, die regelmäßig an unseren Versammlungen und insbesondere an den sich daran anschließenden Festessen teilnehmen, wissen ganz genau, warum ich Freund Beumer genannt habe.

(Sehr richtig!) Es fehlt uns heute ganz entschieden in Beumer der Festredner auf das Haus unseres Herrn Bueck, und nun will ich es versuchen, an seine Stelle zu treten, und es scheint mir richtig zu sein, wenn ich das jetzt tue, nachdem ich nun einmal aufgerufen bin; denn ich habe gemerkt, es ist ein allgemeiner Stillstand in den Toasten eingetreten, nachdem Herr Stumpf gesprochen hatte (Heiterkeit), es wird eben von mir erwartet, die vorhandene Lücke auszufüllen, so gut es geht. Da die Sache bei Herrn Bueck etwas kompliziert liegt, so müssen Sie mir schon gestatten, daß ich über die Hausordnung — ich halte mich sonst immer streng an die Hausordnung — und über das Haus hinausgehe und den hier in meiner Nachbarschaft sitzenden Wilhelm Hirsch und seine Frau mit einschließe. (Beifall.)

Meine Herren! Wer von uns in die Häuslichkeit des Herrn Bueck gesehen hat, der weiß ganz genau, wo ein sehr erheblicher Teil der Kraft hergenommen wird, die er in dem Dienst der deutschen Industrie in den langen, langen Jahren, in denen er uns gedient hat, aufgewendet hat. Nachdem ihm zu früh seine Lebensgefährtin von der Seite genommen worden war durch Gottes Ratschluß, da sind seine Töchter bemüht gewesen, sie ihm zu ersetzen, und sie haben diese Tätigkeit in nie rastender Arbeit mit solchem Erfolge durchgeführt, daß unser verehrter Freund in alter Rüstigkeit vor uns steht, in der wir ihn heute wie allemal, wo wir hier zusammen gewesen sind, bewundern konnten.

Das, meine Herren, wollen wir den Damen damit danken, daß wir in dieser Stunde ihrer gedenken (Beifall), und wir wollen in dieses Gedenken auch einschließen die anderen Mitglieder der Familie, die fern von Berlin weilen, und den uns allen liebwerten Schwiegersohn Hirsch.

Ich möchte Sie bitten, meine Herren, Ihre Gläser zu erheben und den Kindern des Herrn Bueck zu danken mit einem fröhlichen Hoch. Sie leben hoch!

Zum initium fidelitatis wurde, wie die „Deutsche Industriezeitung" berichtet, auf Veranlassung des Herrn Steinmann-Bucher in einem Nebensaal eine Photographie Buecks im Kreise aller anwesenden Kollegen, Geschäftsführer und Syndici aufgenommen. Eine Aufnahme der Ehrentafel ist leider mißlungen.

* * *

Der 12. Dezember, der eigentliche achtzigste Geburtstag Buecks, gestaltete sich im intimen Kreise der Häuslichkeit zu weiteren Ehrungen und Freundschaftsbezeugungen für den Gefeierten. Die Wohnräume waren durch unzählige Spenden in einen herrlichen Blumengarten verwandelt. Aufrecht wie immer und von den überaus großen physischen und psychischen Anstrengungen der letzten Tage kaum berührt, empfing der Jubilar im Kreise der Seinen die zahlreichen Besucher. An 250 Glückwunschtelegramme und Schreiben waren eingelaufen.

Der Herr Reichskanzler sandte folgendes Telegramm:

Zu Ihrem achtzigsten Geburtstage spreche ich Ihnen meine herzlichsten Glückwünsche aus. Mögen Ihnen Ihre alte Frische und Tatkraft noch lange erhalten bleiben und Ihrem Lebensabend die Erinnerung an Ihr erfolgreiches Wirken zum Besten der nationalen Arbeit verschönen.

Reichskanzler von Bethmann Hollweg.

In ähnlicher freundlicher und anerkennenswerter Weise haben auch Staatsminister Delbrück, Minister von Breitenbach, Unterstaatssekretär Schreiber, Präsident van der Borght, Präsident von Schulz-Hausmann u. a. ihre Glückwünsche zum Ausdruck gebracht.

Von Sr. Majestät dem König wurde Bueck der Rote Adlerorden zweiter Klasse mit Eichenlaub verliehen.

Verzeichnisse.

Liste der Anwesenden
in der
Ausschußsitzung am 8. Dezember 1910 in Berlin.

Mitglieder des Direktoriums:

Herr Rötger, Landrat a. D., Berlin, Vorsitzender.

„ von Rieppel, A., Dr.-Ing. h. c. und Dr. phil., Kgl. Baurat, Vorsitzender des Bayerischen Industriellen-Verbandes, Nürnberg, Aeußere Cramer-Klettstr. 12, Erster stellvertretender Vorsitzender.

„ Koenig, G., Geh. Regierungsrat, Vorsitzender des Direktoriums des Vereins der Deutschen Zucker-Industrie, Zweiter stellvertretender Vorsitzender, Berlin W, Kleiststr. 32.

„ Kirdorf, E., Geh. Kommerzienrat, Generaldirektor der Gelsenkirchener Bergwerks-Akt.-Ges., Rheinelbe bei Gelsenkirchen.

„ Vorster, Jul., Geh. Kommerzienrat, M. d. H. d. Abg., Vorsitzender des Vereins der Industriellen des Reg.-Bez. Köln, Köln.

„ Schlumberger, Th., Geh. Kommerzienrat, Vorsitzender des Elsässischen Industriellen-Syndikats, Mülhausen i. Els.

„ Semlinger, H., Kommerzienrat, Vorsitzender des Vereins Süddeutscher Baumwollindustrieller, Bamberg.

„ Hilger, Geh. Bergrat, Generaldirektor der Vereinigten Königs- und Laurahütte, Vorsitzender der Oestlichen Gruppe des Vereins Deutscher Eisen- und Stahl-Industrieller. Berlin NW, Dorotheenstr. 50.

„ Bueck, H. A., geschäftsführendes Mitglied im Direktorium, Berlin.

Mitglieder der Geschäftsführung:

Herr Schweighoffer, Dr. jur., Regierungsrat a. D., stellvertretender Geschäftsführer, Berlin.
„ Zakrzewski, Dr., Berlin.
„ Ballerstedt, Dr. jur., Berlin.
„ Ebner, Dr., Berlin.

Mitglieder:

Herzog Ernst Günther zu Schleswig-Holstein, Schloß Primkenau.
Herr Amann, Kommerzienrat, Boennigheim.
„ Anhegger, Eugen, Direktor des Vereins Süddeutscher Baumwollspinner, Augsburg, Eßlingen.
„ Baare, Fritz, Geh. Kommerzienrat, Bochum.
„ Beukenberg, Baurat, Hörde i. W.
„ von Borsig, Ernst, Kommerzienrat, Berlin.
„ Brauns, H., Kommerzienrat, Eisenach.
„ Brockhaus, Prokurist der Firma Berliner Sandsteinwerke Rob. Gutmann, G. m. b. H., Berlin, Neustädtische Kirchstr. 15.
„ Brückner, Rich., Fabrikbesitzer, Vorsitzender des Vereins Deutscher Papierfabrikanten, Calbe a. S.
„ Büttner, Dr., Syndikus der Handels- und Gewerbekammer für Schwaben und Neuburg, Augsburg, und des Vereins Süddeutscher Baumwoll-Industrieller, Augsburg.
„ Dietrich, Dr., Handelskammer-Syndikus, Plauen.
„ Ditges, Generalsekretär, Geschäftsführer des Vereins Deutscher Papierfabrikanten und des Vereins Deutscher Schiffswerften, Berlin, Lützow-Ufer 17.
„ Fiebelkorn, Dr., Geschäftsführer des Verbandes deutscher Tonindustrieller, Berlin.
„ Fleitmann, R., Kommerzienrat, Iserlohn.
„ Flohr, Baurat, Bredow-Stettin.
„ Frölich, Fr., Ingenieur, Geschäftsführer des Vereins Deutscher Maschinenbau-Anstalten, Düsseldorf.
„ Goldberger, Geh. Kommerzienrat, Vorsitzender der Ständigen Ausstellungskommission für die deutsche Industrie, Berlin.
„ Goldschmidt, Karl, Dr., Kommerzienrat, Essen (Ruhr).
„ Gottstein, Dr., Kommerzienrat, Breslau.
„ Großberger, Generaldirektor, Kneuttingen.
„ Haarmann, A., Dr.-Ing., Geh. Kommerzienrat, Osnabrück.

Herr Haas, Geh. Kommerzienrat, Mannheim.
„ Hallbauer, Kommerzienrat, Lauchhammer.
„ Hirsch, W., M. d. H. d. A., Syndikus der Handelskammer für den Kreis Essen, Essen (Ruhr).
„ Hoeter, Ministerialdirektor a. D., Berlin W, Kurfürstendamm 220.
„ Hummel, Friedrich, Generaldirektor, Ettlingen.
„ Kamp, Kommerzienrat, Grunewald-Berlin.
„ Kauffmann, Georg, Dr., Kommerzienrat, Vorsitzender der Handelskammer Schweidnitz, Wüstegiersdorf i. Schl.
„ Knochenhauer, Bergrat, Kattowitz (O.-S.).
„ Körting, Kommerzienrat, Hannover.
„ Kuhlo, Dr., Syndikus des Bayerischen Industriellenverbandes,
„ Langen, C. O., München, Kommerzienrat, M.-Gladbach.
„ Martens, Dr., Syndikus der Handelskammer Dortmund, Dortmund.
„ Meesmann, Geschäftsführer des Mittelrheinischen Fabrikantenvereins und der Süddeutschen Gruppe des Vereins Deutscher Eisen- und Stahl-Industrieller, Mainz.
„ Melchior A., Geh. Kommerzienrat, Nürtingen.
„ Menck, Kommerzienrat, Altona.
„ Methner, Geh. Kommerzienrat, Landeshut.
„ Mittelstaedt, Wilhelm, Oberlangenbielau.
„ Müllensiefen, Th., Kommerzienrat, Crengeldanz.
„ Müller, Geh. Ober-Finanzrat a. D., Direktor der Dresdner Bank, Berlin.
„ Mundt, Arthur, i. Fa. Berliner Gipswerke L. Mundt vorm. H. Kühne, Berlin SW, verlängerte Trebbiner Straße.
„ Röchling, Louis, Kommerzienrat, Völklingen a. Saar.
„ Rocke, Dr., Geschäftsführer des Fabrikantenvereins für Hannover-Linden und die benachbarten Kreise, Hannover.
„ Rennen, Kommerzienrat, Oberhomburg.
„ Schaafhausen, Direktor, Neu-Welzow (Niederlausitz).
„ Schmid, Th. W., Spinnereidirektor, Hof i. B.
„ Schott, F., Kommerzienrat, Heidelberg.
„ Schrey, Geh. Baurat, Kais. Regierungsrat a. D., Vorsitzender des Verbandes Ostdeutscher Industrieller, Danzig.
„ Schroers, A., Kommerzienrat, erster Vorsitzender des Vereins der deutschen Textilveredelungsindustrie Düsseldorf, Crefeld.

Herr Schrödter, E., Dr.-Jng., Geschäftsführer des Vereins Deutscher Eisenhüttenleute, Düsseldorf.

" Servaes, Geh. Kommerzienrat, Düsseldorf.

" Siemens, Bergrat, Halle a. S., Königstr. 84, Vorsitzender des Deutschen Braunkohlen-Industrie-Vereins, Halle a. S.

" Steller, Paul, Generalsekretär des Vereins der Industriellen des Regierungsbezirks Köln und des Vereins Deutscher Werkzeugmaschinenfabriken, Köln.

" Stumpf, F., Generalsekretär des Georgs-Marien-Bergwerks- und Hütten-Vereins, Syndikus der Handelskammer zu Osnabrück, Osnabrück.

" Tille, Alexander, Dr., Generalsekretär des Vereins zur Wahrung der gemeinsamen wirtschaftlichen Interessen der Saarindustrie und Syndikus der Handelskammer Saarbrücken, Saarbrücken.

" Voltz, Dr., Generalsekretär des Oberschlesischen Berg- und Hüttenmännischen Vereins, Kattowitz.

" Wandel, Justizrat, Essen (Ruhr).

" Weisdorff, Generaldirektor, Burbacherhütte bei Saarbrücken.

" Wiebe, Dr., Syndikus der Handelskammer Bochum, Bochum.

" Williger, Bergrat, Kattowitz.

" Ziegler, Kommerzienrat, Düsseldorf.

Ferner waren anwesend:

Herr Haßlacher, Ruhrort, Vertreter der Rheinischen Stahlwerke.

" Heymann, Kommerzienrat, Berlin.

" Jehle, Rechtsanwalt, Syndikus des Württembergischen Industriekartells, Stuttgart.

" Nothmann, Vertreter der Oberschlesischen Stahlwerksgesellschaft, Berlin.

" Steinmann-Bucher, Herausgeber der „Deutschen Industrie-Zeitung“, Berlin.

" Strecker, Redakteur der „Deutschen Volkswirtschaftlichen Korrespondenz“, Berlin.

" Tänzler, Dr., Syndikus der Hauptstelle Deutscher Arbeitgeberverbände, Berlin.

" Wieland, Phil., Kommerzienrat, Ulm.

Entschuldigt haben sich:

Vom Direktorium:

Herr von Vopelius, R., Hüttenbesitzer, Mitglied des Herrenhauses, Vorsitzender des Verbandes der Glasindustriellen Deutschlands und der Glas-Berufsgenossenschaft, Sulzbach bei Saarbrücken.

„ Vogel, Geh. Kommerzienrat, Vorsitzender des Verbandes der Textilindustriellen Chemnitz, Chemnitz.

Von Mitgliedern:

Herr Beumer, Dr., Mitglied des Hauses der Abgeordneten, Generalsekretär, Geschäftsführer der Nordwestlichen Gruppe des Vereins Deutscher Eisen- und Stahl-Industrieller und des Vereins zur Wahrung der gemeinsamen wirtschaftlichen Interessen in Rheinland und Westfalen, Düsseldorf.

„ Böcking, Rudolph, Geh. Kommerzienrat, Halbergerhütte, Post Brebach.

„ Budde, Professor, Generaldirektor der Aktiengesellschaft Siemens & Halske, Berlin.

„ Curtius, Richard, Duisburg.

„ Delius, Karl, Dr.-Ing. h. c., Geh. Kommerzienrat, Aachen.

„ Dulon, Kommerzienrat, Magdeburg.

„ Euler, W., Kommerzienrat, Bensheim.

„ von Guilleaume, Th., Kommerzienrat, Köln.

„ Krüger, Generalleutnant z. D., Exzellenz, Berlin.

„ von Langen, Gottlieb, Köln.

„ Laurenz, Kommerzienrat, Ochtrup i. W.

„ Marwitz, Kommerzienrat, Dresden.

„ Möhlau, Ad., Kommerzienrat, Düsseldorf.

„ Oswald, W., Kommerzienrat, Koblenz.

„ Randebrock, Bergrat, Generaldirektor, Rheinelbe-Gelsenkirchen.

„ Rickel, Ferd., Harburg a. d. Elbe.

„ Ugé, Kommerzienrat, Kaiserslautern, Pfalz.

„ Walter, W., Direktor, Hannover-Linden.

„ Winkler, Paul, Geh. Kommerzienrat, Fürth i. Bayern.

Liste der Anwesenden
in der
Delegiertenversammlung am 9. Dezember 1910 in Berlin.

Vertreter der Reichs- und Preußischen Staatsbehörden:

Vertreter des Reichsamts des Innern:

Herr Geh. Oberregierungsrat Delbrück.
" " " Jaup.

Vertreter des Ministeriums des Innern:

Herr Geh. Oberregierungsrat Drews.

Vertreter des Herrn Ministers für Handel und Gewerbe:

Herr Geh. Regierungsrat Dr. Huber.

Vertreter des Reichstags:

Herr Graf von Westarp, Schöneberg.
" Rittergutsbesitzer von Bieberstein, Bosemb (Bez. Königsberg).
" " von Kaphengst, Kohlow (Neumark).
" Pauli, Potsdam.
" Freiherr von Richthofen, Kohlhöhe bei Gutschdorf.
" Oberregierungsrat Schickert, Königsberg i. Pr.
" Liebermann von Sonnenberg, Charlottenburg.
" Generalsekretär Behrens, Essen-Ruhr.
" Stadtrat Hanisch, Pirna.

Herr Bürgermeister Herzog, Obernkirchen.
„ Amtsgerichtsrat Kölle, Clausthal.
„ Kommerzienrat Bahn, Sorau.
„ Generalsekretär Fuhrmann, Steglitz.
„ Bürgermeister Hausmann, Lauenstein.
„ Kaiserl. Bankdirektor Ortel, Thorn.
„ Berghauptmann Vogel, Bonn.

Ferner nahmen als **Vertreter von befreundeten industriellen Organisationen** teil:

Der Zentralstelle für Vorbereitung von Handelsverträgen:
Herr Vosberg-Rekow, Dr., Direktor, Berlin.
„ Guttsmann, Direktor, Berlin.
„ Etienne, Dr., Berlin.

Des Vereins zur Wahrung der Interessen der chemischen Industrie Deutschlands:

Herr Wenzel, D., Direktor, Berlin.
„ Horney, Dr., Berlin.

Der Ständigen Ausstellungskommission für die deutsche Industrie:

Herr Goldberger, Geh. Kommerzienrat, Vorsitzender, Berlin.
„ Heimann, Dr., Berlin.

Des Vereins der Industriellen Pommerns und der benachbarten Gebiete:

Herr Flechtner, Dr., Stettin.

Des Hansabundes:

Herr Rießer, Geh. Justizrat, Professor, Dr., Berlin.

Der Vereinigung der Exportfirmen Berlins:

Herr Glier, Dr., Berlin.

Mitglieder des Direktoriums:

Herr Rötger, Landrat a. D., Berlin, Vorsitzender.
„ von Rieppel, A., Baurat, Dr.-Ing. h. c., Generaldirektor der Vereinigten Maschinenfabrik Augsburg und Maschinenbaugesellschaft Nürnberg, Nürnberg, erster stellvertretender Vorsitzender.

Herr Koenig, G., Geh. Regierungsrat, Vorsitzender des Direktoriums des Vereins der Deutschen Zucker-Industrie, Berlin W, Kleiststr. 32, zweiter stellvertretender Vorsitzender.
„ Kirdorf, E., Geh. Kommerzienrat, Generaldirektor der Gelsenkirchener Bergwerks-Akt.-Ges., Rheinelbe bei Gelsenkirchen.
„ Vorster, Jul., Geh. Kommerzienrat, Mitglied des Hauses der Abgeordneten, Vorsitzender des Vereins der Industriellen des Regierungsbezirks Köln, Köln.
„ Schlumberger, Th., Geh. Kommerzienrat, Vorsitzender des Elsaß-Lothringischen Industriellen-Syndikats, Mülhausen i. E.
„ Semlinger, H., Kommerzienrat, Vorsitzender des Direktoriums des Vereins Süddeutscher Baumwoll-Industrieller, Direktor der Mechanischen Baumwollspinnerei und Weberei Bamberg, Bamberg.
„ Hilger, Geh. Bergrat, Generaldirektor der Vereinigten Königs- und Laurahütte, Vorsitzender der Oestlichen Gruppe des Vereins Deutscher Eisen- und Stahl-Industrieller, Berlin NW, Dorotheenstr. 50.
„ Bueck, H. A., geschäftsführendes Mitglied im Direktorium, Berlin.

Mitglieder der Geschäftsführung:

Herr Schweighoffer, Dr. jur., Regierungsrat, stellvertretender Geschäftsführer, Berlin.
„ Zakrzewski, Dr., Berlin.
„ Ballerstedt, Dr. jur., Berlin.
„ Ebner, Dr., Berlin.

Mitglieder:

Herr Abers, Ziegeleibesitzer, Wilhelmshaven.
„ Amann, Kommerzienrat, Boennigheim.
„ Anhegger, Eugen, Direktor des Vereins Süddeutscher Baumwollspinner, Augsburg, Eßlingen.
„ Ascher, Dr., Vertreter der Firma Dr. M. Ascher & Co., Berlin.
„ Aust, H., Kommerzienrat, Vertreter von Kathreiners Malzkaffeefabriken, G. m. b. H., München.
„ Baer, Dr., Forst i. L., Vertreter des Fabrikanten-Vereins Forst i. L. und des Forster und Lausitzer Arbeitgeber-Verbandes.

Herr Baur, G., Vertreter der Firma Fried. Krupp A. G. Germaniawerft, Kiel.
" Beisert, Geschäfsführer des Deutschen Braunkohlen-Industrie-Vereins, Halle a. S.
" Bendix, Max, Vertreter des Verbandes deutscher Leinenindustrieller, Bielefeld.
" Beukenberg, Baurat, Hörde i. W., Vertreter der Akt.-Ges. Phoenix.
" Blohm, Dr.-Ing., Hamburg, Vertreter des Verbandes der Eisenindustrie, Hamburgs.
" Boelcke, Dr., Vertreter des Gesamtverbandes Deutscher Metallindustrieller, Berlin.
" Bothmann, Vertreter der Oberschlesischen Stahlwerksgesellschaft, Berlin.
" Brauns, H., Kommerzienrat, Eisenach.
" Brockhaus, Prokurist der Firma Berliner Kalk-Sandsteinwerke Rob. Guthmann, G. m. b. H., Berlin.
" Brückner, Richard, Calbe a. Saale, Vorsitzender des Vereins Deutscher Papierfabrikanten.
" Burgers, Vertreter der Gelsenkirchener Bergwerks-Aktiengesellschaft, Gelsenkirchen.
" von Busch, Hochneukirch, Vertreter der Firma J. A. Lindgens Erben.
" Buschmann, B., Vertreter der Ziegelei-Berufsgenossenschaft, Charlottenburg.
" Busley, Geh. Regierungsrat, Professor, Berlin, Vertreter von F. Schichau, Elbing.
" Büttner, Dr., Syndikus der Handels- und Gewerbekammer für Schwaben und Neuburg, Augsburg, und des Vereins Süddeutscher Baumwoll-Industrieller, Augsburg.
" Butz, Gerichtsassessor, Dr., Essen.
" Buz, R., Augsburg.
" von Caron, Rittergutsbesitzer, Eldingen.
" Charlier, Kommerzienrat, Köln-Deutz, Vertreter der Norddeutschen Wagenbau-Vereinigung.
" Damköhler, Braunschweig, Vertreter der Ziegelei-Berufsgenossenschaft.
" Dierig, Georg, Vertreter der Firma Christian Dierig, G. m. b. H., Oberlangenbielau.
" Dietrich, Dr., Syndikus der Handelskammer Plauen.
" Dilloo, Dr., Oberlangenbielau.

Herr Ditges, Generalsekretär, Geschäftsführer des Vereins Deutscher Papierfabrikanten und des Vereins Deutscher Schiffswerften, Berlin, Lützow-Ufer 17.
„ Dittmar, M., Magdeburg, Vorsitzender der Vereinigung deutscher Baumwollstrickgarnfabrikanten.
„ Dröge, Bergwerksdirektor, Berlin, Vertreter der Firma Caesar Wollheim.
„ Eisner, Dr., Vertreter der Firma J. P. Bachem, Cöln.
„ Elster, J., Adorf i. Vogtl., Vertreter der Firma Gebrüder Uebel.
„ Faelliger, Dr., Syndikus des Oberschlesischen Grubenholz-Syndikats, Beuthen.
„ Fasolt, Dr., Geschäftsführer des Vereins zur Wahrung der gemeinsamen wirtschaftlichen Interessen der deutschen Elektrotechnik, Berlin.
„ Fellinger, Rich., Dr., Berlin, Vertreter des Siemens-Concern.
„ Fiebelkorn, Dr., Geschäftsführer des Verbandes deutscher Tonindustrieller, Berlin.
„ Finke, Adolf, Vertreter der Königin Marienhütte, Cainsdorf i. Sa.
„ Fischer, Vertreter der Spinnerei Neuhof, Hof i. B.
„ Flathmann, J., Geschäftsführer, Charlottenburg.
„ Fleitmann, R., Kommerzienrat, Iserlohn, Vertreter der Vereinigten deutschen Nickelwerke, Schwerte.
„ Flesch, Vertreter der Firma A. Borsig, Berlin-Tegel.
„ Frölich, Fr., Ingenieur, Geschäftsführer des Vereins Deutscher Maschinenbau-Anstalten, Düsseldorf.
„ Fuchs, H., Direktor der Norddeutschen Wagenbau-Vereinigung, Charlottenburg, Bleibtreustr. 20.
„ Funcke, Bergrat, Bergwerksdirektor, Vorstandsmitglied der Gelsenkirchener Bergwerksaktiengesellschaft, Kamen i. Westf.
„ Gabelmann, Generaldirektor, Berlin, Vertreter der Niederlausitzer Kohlenwerke.
„ Goldschmidt, Karl, Dr., Kommerzienrat, Essen, Vertreter der Firma Th. Goldschmidt, Essen-Ruhr.
„ Gottstein, Dr., Kommerzienrat, Breslau, Vertreter der Cellulosefabrik Feldmühle und Vorsitzender des Vereins Deutscher Zellstoff-Fabrikanten.
„ Götze, Emil, Generalsekretär des Verbandes der Glasindustriellen Deutschlands und der Glasberufsgenossenschaft, Berlin.
„ Grabenstedt, Dr., Generalsekretär des Gesamtverbandes Deutscher Metallindustrieller, Berlin.

Herr Großberger, Kneuttingen, Generaldirektor des Lothringer Hüttenvereins Aumetz-Friede.
„ von Guilleaume, Arnold, Kommerzienrat, Vertreter der Firma Felten & Guilleaume, Köln.
„ Gulden, W., Vertreter der Handelskammer, Chemnitz.
„ Grunenberg, Dr., Bergwerksdirektor, Vorsitzender des Niederschlesischen Kohlensyndikats und des Vereins für die bergbaulichen Interessen Niederschlesiens, Waldenburg in Schlesien.
„ Hallbauer, Kommerzienrat, Lauchhammer.
„ Hampke, Dr., Geschäftsführer der Gewerbekammer Hamburg, Hamburg.
„ Hasenclever, Regierungsrat, Frankfurt a. M.
„ Haßlacher, Dr., Vertreter der Rheinischen Stahlwerke, Ruhrort.
„ Haumann, Oberbürgermeister, Köln, Vertreter der Vereinigten Stahlwerke, van der Zypen und der Wissener Eisenhütten-A.-G.
„ Heinemann, Geschäftsführer des Verbandes Deutscher Betriebskrankenkassen, Essen-Ruhr.
„ Heubner, Dr., Syndikus der Handelskammer Schweidnitz.
„ Heymann, Hermann, Kommerzienrat, Berlin.
„ Heyroth, Dr., Berlin, Vertreter der Ziegelei-Berufsgenossenschaft.
„ Hippenstiel, Geh. Regierungsrat, Direktor der Zuckerberufsgenossenschaft, Berlin.
„ Hirsch, M. d. H. d. A., Syndikus der Handelskammer für den Kreis Essen, Essen (Ruhr).
„ Hoffmann, Generaldirektor, Vertreter der Oppelner Portland-Zementfabrik, vorm. F. W. Grundmann, Oppeln.
„ Hoffmann, Leberecht, Vertreter der Hoffmanns Stärkefabriken, A. G., Salzuflen.
„ Holstein, Vertreter des Arbeitgeberverbandes der Rheinischen Seidenindustrie, Krefeld.
„ Hoesch, Wilh., Geh. Kommerzienrat, Düren.
„ Hoeter, Ministerialdirektor a. D., Berlin W, Kurfürstendamm 220.
„ Hugenberg, Geh. Finanzrat, Vorsitzender im Direktorium der Fried. Krupp A.-G., Essen-Ruhr.
„ Hummel, Generaldirektor, Ettlingen.
„ Jahn, W., Stettin, Vertreter der Ziegelei-Berufsgenossenschaft.
„ Janssen, C., Vertreter des Rheinisch-Westfälischen Cementsyndikats, Bochum.

Herr Janssen, Cappenberg, Vertreter der Bergwerksgesellschaft Trier zu Hamm.
„ Jehle, Rechtsanwalt, Geschäftsführer des Württembergischen Industrie-Kartells, Stuttgart.
„ Illgner, Direktor, Oppeln.
„ John, W., Dr., Syndikus des Verbandes Ostdeutscher Industrieller, Danzig.
„ Jüngst, Geh. Bergrat, Berlin.
„ Kaindorff, Generaldirektor der Fürstlich Pleß'schen Güterverwaltung, Schloß Waldenburg i. Schles.
„ Kamp, Kommerzienrat, Berlin-Grunewald.
„ Karcher, Kommerzienrat, Frankenthal (Pfalz).
„ Karcher, Vertreter der Dillinger Hüttenwerke, Dillingen (Saar).
„ Kauffmann, Georg, Dr., Kommerzienrat, Wüstegiersdorf in Schlesien, Vorsitzender der Handelskammer Schweidnitz.
„ Keibel, Dr., Syndikus der Handelskammer Mülheim (Ruhr) Oberhausen.
„ Kind, R., Dr., Vertreter des Vereins zur Wahrung der gemeinsamen wirtschaftlichen Interessen von Rheinland und Westfalen, Düsseldorf.
„ Klemme, Bergassessor Dr.-Ing., St. Avold.
„ Knochenhauer, Bergrat, Vertreter des Oberschlesischen Berg- und Hüttenmännischen Vereins, Kattowitz.
„ Kobrow, Paul, Vertreter der Gewerbekammer Hamburg.
„ Kopf, C., Vertreter der Baumwollweberei Mittweida, Mittweida.
„ Körting, B., Kommerzienrat, Hannover.
„ Körting, E., Berlin.
„ Körting, Max, Leipzig.
„ Kramer, Ernst, Duisburg.
„ Krieger, B., Vertreter des Verbandes Deutscher Tonindustrieller und des Vereins der Kalksandsteinfabriken.
„ Kröger, Kommerzienrat, Alten b. Dessau.
„ Krüger, Generalleutnant z. D., Exzellenz, Geschäftsführer des Vereins der Fabrikanten landwirtschaftlicher Maschinen und Geräte sowie des Verbandes Deutscher Maschinenfabrikanten für Brauereiindustrie, Berlin.
„ Krueger, Korvettenkapitän, Vertreter der Deutschen Kohlenverkaufsgesellschaft, Berlin.
„ Kuhlo, Dr., Syndikus des Bayerischen Industriellen-Verbandes, München.
„ Kühne, C., Stuttgart.

Herr Kusel, Direktor, Vertreter der Baumwollspinnerei A. G. Gelenau.
„ Landsberg, H., Frankfurt a. M., Vertreter des Heddernheimer Kupferwerks, Frankfurt, und des Kupferblechverbandes, Cassel.
„ Langen, E. O., Kommerzienrat, Präsident der Handelskammer und Vorsitzender des Vereins rheinisch-westfälischer Baumwollspinner, M.-Gladbach.
„ Lehmann, Direktor, Vertreter der Norddeutschen Cellulosefabrik, Königsberg i. Pr.
„ Lehmann, Professor Dr., Handelskammersyndikus, Geschäftsführer des Vereins Deutscher Tuch- und Wollwarenfabrikanten und des Vereins für die berg- und hüttenmännischen Interessen im Aachener Bezirk, Aachen.
„ Leideritz, Hauptmann, Dr., Mannheim, Vertreter der Industriebörse Mannheim.
„ Levy, Dr., Hohensalza, Vertreter des Verbandes Ostdeutscher Industrieller.
„ Liebetanz, Düsseldorf.
„ Liebrich, Oberhausen, Vertreter der Handelskammer Mülheim (Ruhr) Oberhausen.
„ Mannstaedt, L., Köln-Kalk.
„ Marx, Dr., Syndikus der Handelskammer Altena i. W.
„ Maue, Vertreter der Firma Gebrüder Maue, Seidenberg O./S.
„ Meck, Konsul, Nürnberg, Vertreter des Bayerischen Industriellen-Verbandes, München.
„ ter Meer, G., Ingenieur, Hannover.
„ Meesmann, Direktor, Mainz, Geschäftsführer des Mittelrheinischen Fabrikantenvereins.
„ Mehner, H., Bergrat, Vertreter der Gutehoffnungshütte, Oberhausen.
„ Meidel, Vertreter des Vereins Deutscher Brücken- und Eisenbau-Fabriken, Berlin.
„ Melchior, A., Geh. Kommerzienrat, Nürtingen.
„ Menck, Kommerzienrat, Altona.
„ Methner, P., Geh. Kommerzienrat, Vertreter der Schlesischen Leinenindustrie Methner & Frahm A. G., Landeshut.
„ Meyer, Wilhelm, Rechtsanwalt, Hannover, Vorsitzender des Vereins Deutscher Eisen- und Stahlindustrieller.
„ Mayer, Paul, Dr., Vertreter des Vereins zur Wahrung gemeinsamer Wirtschaftsinteressen der Deutschen Elektrotechnik, Berlin.

Herr Meyer, Franz, Glauchau, Vertreter der Oelsnitzer Bergbaugewerkschaft, Oelsnitz.
„ Meyer, O., Vertreter der Akt. Ges. Vulkan, Köln.
„ Mittelstaedt, Vertreter der Firma Christian Dierig, G. m. b. H., Oberlangenbielau.
„ Moldenhauer, Professor Dr., Vertreter des Haftpflicht- und Versicherungsschutzverbandes, Köln.
„ Mollat, Dr., Syndikus der Handelskammer Siegen und Geschäftsführer des Berg- und hüttenmännischen Vereins, Siegen.
„ Müllensiefen, Kommerzienrat, Crengeldanz, Vertreter des Vereins deutscher Tafelglashütten, Kassel.
„ Müller, W., Geh. Oberfinanzrat, Direktor der Dresdner Bank, Berlin.
„ Müller, Th., Hüttendirektor, Neunkirchen, Bez. Trier.
„ Mundt, Arthur, Vertreter des Deutschen Gypsvereins, Berlin.
„ von der Nahmer, Vertreter des Bergischen Fabrikanten-Vereins, Remscheid.
„ Noell, Carl, Würzburg, Vertreter der Firma Gg. Noell & Co. und des Vereins der Brücken- und Eisenbaufabriken.
„ Pelzer, Dr., Laubenheim, Vorsitzender des Verbandes der Harzproduktenfabrikanten.
„ Peltzer, Adolf Fr., Fabrikbesitzer, M.-Gladbach, Vertreter des Vereins der Textilindustriellen von M.-Gladbach und Umgegend.
„ Pfeil, Regierungsbaumeister, Vertreter der Firma Siemens & Halske A. G., Berlin.
„ Pieper, Vertreter der Gesellschaft Ver. Constantin der Große, Bochum.
„ Pohl, Dr., Vertreter des Arbeitgeberverbandes für die Provinz Sachsen und der Vereinigung Deutscher Baumwollstrickgarnfabrikanten, Magdeburg.
„ Probst, E., Kommerzienrat, Immenstadt.
„ von Prondzynski, F., Generaldirektor, Vertreter der Zentralverkaufsstelle Schlesischer Portland-Zementfabriken und der Groschowitzer Portland-Zementfabrik, Groschowitz bei Oppeln.
„ Prüssing, Paul, Dr., Vertreter der Sächsisch-Thüringischen Portland-Cementfabrik E. Prüssing & Co., Schönebeck a. Elbe.

Herr Ramelow, H., Rechtsanwalt, Geschäftsführer des Deutsch-Argentinischen Centralverbandes, Berlin.
„ Reimann, R., Vertreter des Vereins der deutschen Zuckerindustrie, Berlin.
„ Rennen, Kommerzienrat, Oberhomburg.
„ Reusch, Kommerzienrat, Generaldirektor der Gutehoffnungshütte, Oberhausen (Rheinland).
„ Rieck, John, i. Fa. Heinrich Brandenburg, Hamburg, Vertreter der Hamburger Gewerbekammer, Industrie-Kommission.
„ Rocke, Dr., Geschäftsführer des Fabrikanten-Vereins für Hannover, Linden und die benachbarten Kreise, Hannover.
„ Rosenstein, L., Vertreter des Rheinisch-Westfälischen Cement-Syndikats, Bochum.
„ Roesicke, Dr., Görsdorf.
„ Runge, Vertreter des Vereins Berliner Kaufleute, Berlin.
„ Saatz, Coswig.
„ Sartorius, Kommerzienrat, Bielefeld.
„ Schaafhausen, Bergwerks-Direktor, Neu-Welzow (Niederlausitz).
„ Schaltenbrand, Direktor des Stahlwerksverbandes, Düsseldorf.
„ Scheda, Syndikus des Ausschusses zur Förderung vaterländischer Arbeitervereine, Berlin.
„ Schieß, Dr., Vertreter des Rheinisch-Westfälischen Kohlen-Syndikats, Essen-Ruhr.
„ Schimmelpfeng, W., Berlin-Zehlendorf.
„ Schirmacher, Direktor, Berlin.
„ Schlenker, Dr., Syndikus der Handelskammer Chemnitz.
„ Schlesinger, Arthur, Gleiwitz, Vertreter des Verbandes Oberschlesischer Grubenholzhändler.
„ Schmid, Th. W., Spinnereidirektor, Hof i. B., Vertreter des Vereins süddeutscher Baumwollindustrieller.
„ Schmidt, Vertreter der Firma J. G. Schmidt jun. Söhne, Altenburg.
„ Schoeller, Rudolf, Fabrikant, Düren.
„ Schott, F., Kommerzienrat, Heidelberg.
„ Schrey, Geh. Baurat, Kais. Regierungsrat a. D., Vorsitzender des Verbandes Ostdeutscher Industrieller, Danzig.
„ Schrödter, E., Dr.-Ing., Ingenieur, Geschäftsführer des Vereins Deutscher Eisenhüttenleute, Düsseldorf.
„ Schroers, Arthur, Kommerzienrat, Vertreter des Vereins der Deutschen Textilveredelungsindustrie, Crefeld.
„ von Schubert, Generalleutnant z. D., Exzellenz, Berlin.

Herr Schürholz, H., Vorsitzender des Verbandes Deutscher Cocos-industrieller, Hervest-Dorsten.

„ Schütz, B., Berlin, Vertreter des Alexanderwerks, Remscheid.

„ Schwabe, Direktor der Rhein-Bahn-Gesellschaft, Düsseldorf.

„ Schwarz, C., Dr., Hannover, Vertreter des Fabrikantenvereins Hannover.

„ Siber, Geschäftsführer des Vereins Deutscher Portland-Cement-fabrikanten, Stettin.

„ Sieg, Konsul, Danzig.

„ Siegel, Schönebeck a. Elbe.

„ von Skal, Metz, Vertreter des Vereins für die bergbaulichen Interessen Lothringens und die Interessen der Eisen- und Stahl-Industrie.

„ von Skene, Karl, Geh. Kommerzienrat, Klettendorf bei Breslau.

„ Spindler, Dr., Vertreter der Siemens & Halske A.-G., Berlin.

„ Springorum, Kommerzienrat, Generaldirektor, Vorsitzender des Vereins Deutscher Eisenhüttenleute, Dortmund.

„ Stoeckicht, Vertreter der Firma Th. & G. Stoeckicht, Rüsselsheim.

„ Stark, Emil, Kommerzienrat, Vorsitzender der Vereinigung Sächsischer Spinnereibesitzer, Chemnitz.

„ Stegemann, Vertreter des Vereins der Steinkohlenwerke, Aachen.

„ Steinegger, L., Vertreter der Baumwollspinnerei Mittweida, Mittweida.

„ Steller, Paul, Generalsekretär des Vereins der Industriellen des Regierungsbezirks Köln und des Vereins Deutscher Werkzeugmaschinenfabriken, Köln.

„ von Stumm, F., Berlin.

„ Stumpf, F., Generalsekretär des Georgs-Marien-Bergwerks- und Hütten-Vereins, Syndikus der Handelskammer zu Osnabrück.

„ Tänzler, Dr., Syndikus der Hauptstelle Deutscher Arbeitgeber-verbände, Berlin.

„ Tschierschky, Dr., Geschäftsführer des Vereins der Deutschen Textilindustrie, Düsseldorf.

„ Tille, Alexander, Dr., Syndikus der Handelskammer Saar-brücken, Generalsekretär des Vereins zur Wahrung der gemeinsamen wirtschaftlichen Interessen der Saarindustrie und der Südwestlichen Gruppe des Vereins Deutscher Eisen- und Stahl-Industrieller, Saarbrücken.

„ Trentke, Direktor der Firma C. Kulmiz, G. m. b. H., Saarau.

Herr Tübben, A., Geschäftsführer des Deutschen Kupferdrahtverbandes, Köln-Lindenthal.
„ Ugé, Kommerzienrat, Kaiserslautern, Vertreter des Vereins Deutscher Eisengießereien, Düsseldorf.
„ Urbach, Vertreter des Cementwarenfabrikantenvereins Deutschlands, Berlin.
„ Ventzki, Kommerzienrat, Graudenz.
„ Voltz, Dr., Generalsekretär des Oberschlesischen Berg- und hüttenmännischen Vereins, Kattowitz.
„ Vopelius, Louis, Kommerzienrat, Sulzbach.
„ Voye, Dr., Geschäftsführer der Handelskammer Hagen und des Vereins der Märkischen Kleineisenindustrie, Hagen.
„ Wächter, Direktor, Zwickau, Vertreter der Handelskammer Plauen.
„ Waibel, E., Kuchen.
„ Walde, Direktor der Kölnischen Baumwollspinnerei und Weberei, Köln.
„ Walter, Senator, Fabrikdirektor, Hannover-Linden.
„ Wandel, Justizrat, Vertreter der Firma Fried. Krupp, A.-G., Essen (Ruhr).
„ Weber, Herm., Geh. Kommerzienrat, Vertreter der Handelskammer Gera.
„ Weber, Dr., Vertreter der Oberschlesischen Stahlwerks-Gesellschaft, Berlin.
„ Weichelt, C., Leipzig.
„ Weisdorff, Generaldirektor, Burbacher Hütte bei Saarbrücken.
„ Werner, Kommerzienrat, Hannover, Vertreter des Fabrikantenvereins Hannover.
„ Wiebe, Dr., Syndikus der Handelskammer Bochum, Bochum.
„ Wieland, Phil., Kommerzienrat, Ulm a. D.
„ Wienand, Emil, Rheydt, Vertreter der Spinnereivereinigung Rheydt.
„ Wieser, H. C., Vertreter der Firma Websky, Hartmann & Wieser, G. m. b. H., Wüstewaltersdorf i. Schles.
„ Wurmstich, Direktor, Geschäftsführer der Südwestdeutschen Eisen-Berufsgenossenschaft, Saarbrücken.
„ Wurst, Dr., Vertreter der Handelskammer Münster.
„ Ziegler, Kommerzienrat, Oberhausen.
„ Zimmermann, Dr., Vertreter der Firma Körting & Matthiessen, A.-G., Leipzig.
„ Zuhner, Professor, Mannheim.

Als Gäste waren anwesend:

Herr Ebner, Dr. jur., Assessor, Berlin.
„ Elsner, Georg, Berlin.
„ Fischer, Major, Berlin.
„ Hindermann, Carl, Berlin.
„ Honthumb, Geh. Baurat, Berlin.
„ Mottau, Oberstleutnant z. D., Kaiserswalde.
„ Peters, Dr., Berlin.
„ Petri, Geh. Baurat, Berlin.
„ Schultz, Baumeister, Berlin.
„ Schweinburg, Herausgeber der „Berliner Politischen Nachrichten", Berlin.
„ Skopnik, Referendar, Berlin.
„ Steinmann-Bucher, Herausgeber der „Deutschen Industrie-Zeitung", Berlin.
„ Strecker, Dr., Herausgeber der „Deutschen volkswirtschaftlichen Korrespondenz", Berlin.
„ Ziegler, Dr., Generalsekretär der Vereinigung der in Deutschland arbeitenden Privat-Feuerversicherungsanstalten, Berlin.

Als Vertreter der Presse waren anwesend:

Herr Everth, Dr., Redakteur, „Deutsche Export-Revue", Berlin.
„ Foertsch, „Berliner Lokalanzeiger", Berlin.
„ Herzberg, Vertreter des Korrespondenz-Bureaus, Berlin.
„ Jorke, Berlin.
„ Krause, Redakteur, „Berliner Politische Nachrichten", Berlin.
„ Linschmann, Dr., Redakteur, „Kölnische Zeitung", Berlin.
„ Neumann, „Rheinisch-Westf. Zeitung", Berlin.
„ Pohl, Dr., Chefredakteur, „Die Post", Berlin.
„ Wießner, Redakteur, „Frankfurter Zeitung".

Entschuldigt haben sich:

Vom Direktorium:

Herr von Vopelius, Hüttenbesitzer, Mitglied des Herrenhauses, Vorsitzender des Verbandes der Glasindustriellen Deutschlands und der Glas-Berufsgenossenschaft, Sulzbach bei Saarbrücken.
„ Vogel, Geh. Kommerzienrat, Vorsitzender des Verbandes der Textilindustriellen Chemnitz, Chemnitz.

Von Mitgliedern:

Herr Beumer, Dr., Mitglied des Hauses der Abgeordneten, Generalsekretär, Geschäftsführer der Nordwestlichen Gruppe des Vereins Deutscher Eisen- und Stahl-Industrieller und des Vereins zur Wahrung der gemeinsamen wirtschaftlichen Interessen in Rheinland und Westfalen, Düsseldorf.
„ Böcking, Rudolph, Geh. Kommerzienrat, Halbergerhütte.
„ Budde, Professor, Generaldirektor der Aktiengesellschaft Siemens & Halske, Berlin.
„ Curtius, Richard, Duisburg.
„ Delius, Carl, Dr.-Ing. h. c., Geh. Kommerzienrat, Aachen.
„ Dulon, M., Kommerzienrat, Magdeburg.
„ Euler, W., Kommerzienrat, Bensheim.
„ von Guilleaume, Th., Kommerzienrat, Köln.
Hannoversche Eisengießerei A.-G., Misburg.
Herr Haeusel, Direktor der Sieg-Rheinischen Hütten-Aktiengesellschaft, Friedrich-Wilhelms-Hütte.
„ von Langen, Gottlieb, Köln.
„ Laurenz, Kommerzienrat, Ochtrup i. W.
„ Lindgens, Adolf, i. Fa. Lindgens & Söhne, Mülheim a. Rhein.
„ Marwitz, Kommerzienrat, Dresden.
„ Möhlau, Adolf, Kommerzienrat, Düsseldorf.
„ Niedt, Generaldirektor, Gleiwitz.
„ Oswald, W., Kommerzienrat, Koblenz.
„ Randebrock, Bergrat, Rheinelbe bei Gelsenkirchen.
„ Rickel, Direktor, Harburg a. d. Elbe.
„ Stahl, Dr.-Ing., Kommerzienrat, Düsseldorf.
„ Treutler, Bergwerksdirektor, Kohlscheid.
„ Venator, Kommerzienrat, Dessau.
„ Winkler, Paul, Geh. Kommerzienrat, Fürth i. Bayern.

Der Ausschuß des Centralverbandes

nach den Neuwahlen und Ergänzungen vom 9. Dezember 1910.

Mitglieder.	Stellvertreter.
Böcking, Rud., Geh. Kommerzienrat, Brebach.	Röchling, Louis, Kommerzienrat, Völklingen a. Saar.
Brauns, H., Kommerzienrat, Eisenach.	Lehmann, Professor, Dr., Handelskammersyndikus, Geschäftsführer des Vereins Deutscher Tuch- und Wollwarenfabrikanten und des Vereins für die berg- und hüttenmännischen Interessen im Aachener Bezirk, Aachen.
Brückner, Rich., Fabrikbesitzer, Vorsitzender des Vereins Deutscher Papierfabrikanten, Calbe a. S.	Euler, W., Kommerzienrat, Bensheim.
Delius, Karl, Dr.-Ing. h. c., Geh. Kommerzienrat, Aachen.	Delden, Gerrit van, Kommerzienrat, Gronau i. W.
Flohr, Baurat, Bredow-Stettin.	Toussaint, Direktor, Kiel.
Gärtner, R., Kommerzienrat, Freiburg i. Schl.	Websky, Ernst, Fabrikbesitzer, Tannhausen.
Goldschmidt, Karl, Dr., Kommerzienrat, Essen.	Curtius, Richard, Duisburg.
Haarmann, A., Dr.-Ing., Geh. Kommerzienrat, Osnabrück.	Baare, Fritz, Geh. Kommerzienrat, Bochum.
Hummel, Friedrich, Generaldirektor, Ettlingen.	Kraner, Direktor, Erlangen.
Kauffmann, Georg, Dr., Kommerzienrat, Wüstegiersdorf i. Schl.	Mittelstaedt, Wilhelm, Oberlangenbielau.

Kraushaar, Dr., Generaldirektor, Hannover.

Langen, C. O., Kommerzienrat, M.-Gladbach.

Linke, Paul, Domänenrat, Slawentzitz.

Lueg, H., Dr.-Ing., Geh. Kommerzienrat, Düsseldorf.

Melchior, A., Kommerzienrat, Nürtingen.

Meyer, Ed., Fabrikbesitzer, Aachen.

Meyer, Wilhelm, Rechtsanwalt, Hannover, Langensalzastr. 4.

Mieg, Daniel, Fabrikant, Mülhausen i. E.

Müser, Generaldirektor, Dortmund.

Randebrock, Bergrat, Generaldirektor, Gelsenkirchen.

Rickel, Ferd., Direktor, Harburg.

Sartorius, Franz, Kommerzienrat, Bielefeld.

Servaes, Geh. Kommerzienrat, Düsseldorf.

Stark, Emil, Kommerzienrat, Chemnitz.

Ugé, Kommerzienrat, Kaiserslautern (Pfalz).

Walter, W., Direktor, Hannover-Linden.

Weisdorff, Generaldirektor, Burbacher Hütte bei Saarbrücken.

Heintze, G., Direktor, Döhren bei Hannover.

Laurenz, Anton, Kommerzienrat, Ochtrup i. W.

Knochenhauer, Bergrat, Kattowitz.

Schrödter, E., Dr.-Ing., Ingenieur, Geschäftsführer des Vereins Deutscher Eisenhüttenleute, Düsseldorf.

Bourcart, Fabrikbesitzer, Gebweiler.

Neubarth, Eug., Kommerzienrat, Forst i. L.

Jüngst, Geh. Bergrat, Berlin, Kurfürstendamm 214.

Kiener, André, Handelskammerpräsident, Colmar i. Els.

Graßmann, Bergrat, Essen (Ruhr).

Caro, Geh. Kommerzienrat, Gleiwitz.

Herbst, Kommerzienrat, Triebes.

Möhlau, Ad., Kommerzienrat, Düsseldorf.

Kamp, Kommerzienrat, Grunewald-Berlin, Auerbachstr. 9.

Zeyß, Richard, Dr., Syndikus der Handelskammer Crefeld.

Stumpf, F., Generalsekretär des Georgs-Marien-Bergwerks- und Hütten-Vereins, Syndikus der Handelskammer zu Osnabrück, Osnabrück.

Amann, Emil, Kommerzienrat, Bönnigheim i. Württemberg.

Wandel, Justizrat, Essen (Ruhr).

Williger, Bergrat, Kattowitz.

Winkler, Paul, Geh. Kommerzienrat, Fürth i. Bayern.

Ziegler, Kommerzienrat, Düsseldorf, Ahnfeldstr. 17.

Voltz, Dr., Generalsekretär des Oberschlesischen berg- und hüttenmännischen Vereins, Kattowitz.

Müllensiefen, Th., Kommerzienrat, Crengeldanz.

Reusch, Kommerzienrat, Gutehoffnungshütte-Oberhausen II, Rheinland.

Zugewählte Mitglieder.

Baur, Baurat, Germaniawerft, Kiel.

Beukenberg, Baurat, Hörde i. W.

Beumer, W., Dr., M. d. A., Generalsekretär des Vereins zur Wahrung der gemeinsamen wirtschaftlichen Interessen in Rheinland und Westfalen und der Nordwestlichen Gruppe des Vereins Deutscher Eisen- und Stahl-Industrieller, Düsseldorf.

Blohm, Dr.-Ing., Herm., Hamburg.

Bock, Heinrich, Kommerzienrat, Würzburg.

Böker, M., Kommerzienrat, Vorsitzender des Bergischen Fabrikantenvereins, Remscheid.

von Borsig, E., Kommerzienrat, Berlin.

Brandt, Dr., Syndikus der Handelskammer Düsseldorf, Geschäftsführer des Vereins Deutscher Eisengießereien, Düsseldorf.

Brockhaus, Prokurist der Firma Berliner Sandsteinwerke Rob. Guthmann, G. m. b. H., Berlin, Neustädtische Kirchstr. 15.

Budde, Professor, Generaldirektor der Aktiengesellschaft Siemens & Halske, Berlin, Askanischer Platz 3.

Büttner, Erhard, Dr., Syndikus, Augsburg.

von Buz, Hch., Kommerzienrat, Direktor der Maschinenfabrik Augsburg-Nürnberg A.-G., Augsburg.

Coste, D., Kommerzienrat, Biere.

Dielel, Franz, Geh. Kommerzienrat, Coßmannsdorf.

Dietrich, Dr., Handelskammer-Syndikus, Plauen.

Ditges, Generalsekretär des Vereins Deutscher Papierfabrikanten und des Vereins Deutscher Schiffswerften, Berlin, Lützow-Ufer 17.

von Donnersmarck, Fürst Guido Henckel, Neudeck (O.-S.).

Dulon, M., Kommerzienrat, Magdeburg.

Ehrhardt, Max, Baurat, Weimar, Vorsitzender des Verbandes Deutscher Tonindustrieller.

Eichler, Generaldirektor des Kalisyndikats, Staßfurt.

Evers, Ziegeleibesitzer, Vorsitzender des Verbandes Deutscher Tonindustrieller, Berlin, Gitschinerstraße 109.

Fiebelkorn, Dr., Geschäftsführer des Verbandes Deutscher Tonindustrieller, Berlin, Stephanstraße 50.

Fleitmann, Kommerzienrat, Düsseldorf, Tonhallenstr. 15.

Frölich, Ingenieur, Geschäftsführer des Vereins Deutscher Maschinenbauanstalten, Düsseldorf.

Fuchs, H., Direktor der Norddeutschen Wagenbau-Vereinigung, Charlottenburg, Bleibtreustr. 20.

Goldberger, Geh. Kommerzienrat, Vorsitzender der Ständigen Ausstellungskommission für die deutsche Industrie, Berlin, Markgrafenstr. 53/54.

Gottstein, L., Dr., Generaldirektor, Vorsitzender des Vereins deutscher Zellstoff-Fabrikanten, Breslau I.

Großberger, Generaldirektor, Kneuttingen.

von Guilleaume, Th., Kommerzienrat, Köln.

Haas, Karl, Geh. Kommerzienrat, erster stellvertretender Vorsitzender des Vereins Deutscher Zellstoffabrikanten, Waldhof bei Mannheim.

Haeffner, Ad., Fabrikbesitzer, Frankfurt a. M.

Hallbauer, Kommerzienrat, Lauchhammer.

Haumann, Ober-Bürgermeister, Generaldirektor der Vereinigten Stahlwerke van der Zypen und Wissener Eisenhütten, Köln.

von der Herberg, C., Direktor, Mülheim a. Rh., Vorsitzender der Verkaufsstelle des Deutschen Kupferdrahtverbandes, Köln.

Hirsch, M. d. A., Syndikus der Handelskammer Essen, Essen (Ruhr).

Hoeter, Ministerialdirektor a. D., Berlin W, Kurfürstendamm 220.

Hugenberg, Geh. Finanzrat, Essen (Ruhr).

Jordan, H., Dr., Bankdirektor, Elberfeld.

Junghann, Geheimer Bergrat, Schlachtensee, Zietenstraße.

Kirdorf, A., Geh. Kommerzienrat, Aachen.

Klein, Kommerzienrat, Dahlbruch, Vorsitzender des Vereins Deutscher Maschinenbauanstalten.

Kleine, Bergrat, Dortmund, Vorsitzender des Vereins zur Wahrung der bergbaulichen Interessen im Ober-Bergamtsbezirk Dortmund.

Klemme, Dr.-Ing. h. c., Generaldirektor, Bergassessor a. D., St. Avold (Lothringen).

Körting, Berth., Kommerzienrat, Hannover.

Kramer, i. Fa. Raab, Karcher & Co., Duisburg.

Krause, Max, Baurat, Berlin, Chausseestr. 13.

Krüger, Generalleutnant z. D., Exz., Geschäftsführer des Vereins der Fabrikanten landwirtschaftlicher Maschinen und Geräte, Berlin, Burggrafenstr. 13.

Kuhlo, Dr., Syndikus des Bayerischen Industriellen-Verbandes, München, Pranerstr. 15.

Landsberg, Heinrich, Direktor des Heddernheimer Kupferwerks, vormals F. A. Hesse Söhne zu Frankfurt a. M., Vorsitzender der Verkaufsstelle des Kupferblechverbandes, Kassel.

von Langen, Gottlieb, Köln.

Laval, Direktor der Firma Schäffer & Budenberg, G. m. b. H., Magdeburg-Buckau.

von und zu Loewenstein, Bergassessor, Geschäftsführer des Vereins zur Wahrung der bergbaulichen Interessen im Oberbergamtsbezirk Dortmund, Essen (Ruhr).

Mann, L., Handelsrichter, Vorsitzender des Vereins Deutscher Lackfabrikanten, Berlin, Meinekestraße 4.

March, Fabrikbesitzer, Vorsitzender des Deutschen Vereins für Ton-, Cement- und Kalkindustrie, Charlottenburg, Sophienstr. 23/25.

Martens, Dr., Syndikus der Handelskammer Dortmund, Dortmund.

Marwitz, Kommerzienrat, Vorsitzender des Verbandes Deutscher Baumwollgarnverbraucher, Dresden.

Mathies, Regierungsrat, Generaldirektor der „Union", Dortmund.

Meesmann, Geschäftsführer des Mittelrheinischen Fabrikanten-Vereins und der Süddeutschen Gruppe des Vereins Deutscher Eisen- und Stahl-Industrieller, Mainz.

Menck, J. A., M. d. A., Kommerzienrat, Altona.

Merwitz, Direktor, per Adresse: C. Heckmann, A.-G., Duisburg, Postfach 125.

Meyer, Paul, Dr., Berlin N 39, Lynarstr. 5/6.

Müller, Waldemar, Geh. Ober-Finanzrat a. D., Direktor der Dresdner Bank, Berlin W 9, Bellevuestr. 13.

Müller, Dr., Kalkberge/Mk., Vorsitzender des Vereins Deutscher Portland-Cement-Fabrikanten.

Müller, Th., Direktor, i. Fa. Gebr. Stumm, Neunkirchen Bez. Trier.

Mundt, Arthur, i. Fa. Berliner Gipswerke L. Mundt vorm. H. Kühne, Berlin SW, verl. Trebbiner Straße.

Offermann, Geh. Kommerzienrat, Leipzig.

Oswald, W., Kommerzienrat, Coblenz.

Protzen, Kommerzienrat, Berlin, Köllnischer Fischmarkt 4.

Reinecker, J. E., Dr.-Ing., Chemnitz, stellvertretender Vorsitzender des Vereins Deutscher Werkzeugmaschinenfabriken, Düsseldorf.

Rennen, Kommerzienrat, Oberhomburg.

Rentzsch, H., Dr., Blasewitz bei Dresden.

Rocke, Dr., Geschäftsführer des Fabrikantenvereins für Hannover-Linden und die benachbarten Kreise, Hannover.

Roessing, Kommerzienrat, Präsident der Handelskammer Plauen, Plauen i. V.

Schaafhausen, Direktor, Neu-Welzow (N.-L.).

Schaltenbrand, Vorsitzender des Direktoriums des Stahlwerksverbandes, Düsseldorf.

Schieß, Ernst, Dr.-Ing., Geh. Kommerzienrat, Düsseldorf.

Schmid, Th. W., Direktor, Hof in Bayern.

Herzog Ernst Günther zu Schleswig-Holstein, Schloß Primkenau.

Schott, F., Kommerzienrat, Heidelberg.

Schrey, Geh. Baurat, Kais. Regierungsrat a. D., Vorsitzender des Verbandes Ostdeutscher Industrieller, Danzig, Stadtgraben 16.

Schroers, A., Kommerzienrat, erster Vorsitzender des Vereins der deutschen Textilveredlungsindustrie, Düsseldorf, Crefeld.

von Schubert, Generalleutnant, Exzellenz, Berlin W 35, Kurfürstenstr. 134.

Siemens, Bergrat, Halle a. S., Königstr. 84, Vorsitzender des Deutschen Braunkohlen-Industrievereins, Halle a. S.

von Skene, Karl, Geh. Kommerzienrat, Klettendorf bei Breslau.

Springorum, Kommerzienrat, Generaldirektor, Dortmund, Vorsitzender des Vereins Deutscher Eisenhüttenleute, Düsseldorf.

Steller, Paul, Generalsekretär des Vereins der Industriellen des Regierungsbezirks Köln und des Vereins Deutscher Werkzeugmaschinenfabriken, Köln.

Stinnes, Hugo, Mülheim-Ruhr.

Tille, Alexander, Dr., Syndikus der Handelskammer Saarbrücken, Generalsekretär des Vereins zur Wahrung der gemeinsamen wirtschaftlichen Interessen der Saarindustrie und der Südwestlichen Gruppe des Vereins Deutscher Eisen- und Stahl-Industrieller, Saarbrücken.

Uthemann, Geh. Bergrat, Generaldirektor von Georg von Giesche's Erben, Zalenze, Kreis Kattowitz.

Vischer, Generaldirektor, Untertürkheim, Vorsitzender des Vereins Deutscher Motorfahrzeugindustrieller.

Weinlig, Generaldirektor, Dillingen a. d. Saar.

de Wendel, Humbert, Hayingen.

Wenzel, Kommerzienrat, Direktor der Kammgarnspinnerei zu Leipzig, Leipzig.

Werminghoff, J., Generaldirektor, Dresden, Weißer Hirsch.

Wessel, C., Geh. Kommerzienrat, Bernburg.

van den Wyngaert, Jos., J., Direktor, Wilmersdorf, Prinzregentenstr. 118.

Zanders, Hans, Kommerzienrat, i. F. J. W. Zanders, Papierfabriken, Bergisch-Gladbach.

Zörner, Bergrat, Generaldirektor der Maschinenbauanstalt „Humboldt", Kalk b. Köln.

Zschille, Georg Herm., Dresden Wiener Str. 45.

Geschäftsbericht

für die Zeit vom 29. April 1909 bis zum 9. Dezember 1910.

Seit der Versammlung der Delegierten am 29. Dezember 1909 sind zwei Delegiertenversammlungen am 12. April und 9. Dezember 1910 zu Berlin abgehalten worden. Ferner haben drei Sitzungen des Ausschusses am 15. Dezember 1909, am 12. April, sowie am 8. Dezember 1910 zu Berlin stattgefunden. Das Direktorium des Centralverbandes ist zu neun Sitzungen zusammengetreten, und zwar am 12. Juni, 23. Juni 1909 zu Berlin, am 13. August 1909 in Baden-Baden, am 14. Oktober 1909, 14. Januar, 7. Februar, 11. April, 12. und 13. September und 8. Dezember zu Berlin.

In der Sitzung am 12. Juni 1909 erfolgte die Neukonstituierung des Direktoriums. Es wurden gewählt: Herr Landrat a. D. Rötger, als Vorsitzender, Herr Baurat Dr. ing. und phil. A. von Rieppel, als erster stellvertretender Vorsitzender, Herr Geheimer Regierungsrat Koenig, als zweiter stellvertretender Vorsitzender, nachdem er, wie schon früher, die Wahl zum ersten stellvertretenden Vorsitzenden abgelehnt hatte.

Die zur Interessengemeinschaft gehörenden Verbände: Zentralstelle für Vorbereitung von Handelsverträgen, Verein zur Wahrung der gemeinsamen Interessen der chemischen Industrie Deutschlands und der Centralverband Deutscher Industrieller haben fünf Sitzungen abgehalten.

Die Interessengemeinschaft hat sich insbesondere mit dem neuen Zolltarif der Vereinigten Staaten und der Kündigung des Handelsabkommens zwischen dem Deutschen Reich und den Vereinigten Staaten von Amerika, sowie ferner mit dem deutsch-portugiesischen Handelsvertrage beschäftigt. In Anknüpfung an diese Verhandlungen wurden Wünsche auf Vertiefung der Mitarbeit des wirtschaftlichen Ausschusses sowohl bei der Vorbereitung wie auch bei dem Abschluß der Handelsverträge geltend gemacht. Weiter wurde von der Interessengemeinschaft beschlossen, bei dem Reichskolonialamt vorstellig zu werden, daß für die deutschen Schutzgebiete Vorzugszölle eingeführt werden. Die

Interessengemeinschaft hat sich endlich mit der weiteren Ausgestaltung des amtlichen Informationsdienstes beschäftigt.

Endlich hat eine Reihe von Kommissionen des Centralverbandes ihre Sitzungen abgehalten, auf die wir weiter unten des näheren eingehen werden.

Seit der Delegiertenversammlung am 29. April 1909 sind folgende neue Mitglieder beigetreten:

Verband ostdeutscher Industrieller, Danzig,
Handelskammer Düsseldorf,
Ausschuß der Ton-, Zement- und Kalkvereine, Berlin,
Verein zur Wahrung gemeinsamer Interessen der Ost-Lothringer Industrie, Forbach,
Norddeutscher Lokomotivverband, Berlin,
Stabeisen-Konvention, Düsseldorf,
Vereinigte Kunstseidefabriken A.-G., Kelsterbach a. Main,
Mitteldeutsches Braunkohlensyndikat, G. m. b. H., Leipzig,
Tüllfabrik Flöha, A.-G., Plaue bei Flöha,
Maschinenfabrik Kappel, Kappel-Chemnitz,
Dortmunder Brückenbau, C. H. Jucho, Dortmund,
Westfälische Kohlenverkaufsgesellschaft, G. m. b H., Berlin,
Mechanische Seilerwarenfabrik, Bamberg,
Imperial Continental Gas-Association, Berlin,
Hansen & Neuerburg, Straßburg i. Els.,
Mechanische Netzfabrik & Weberei A.-G., Itzehoe,
Regierungsrat Mathies, Generaldirektor der Union, Dortmund,
Gutehoffnungshütte, Aktienverein für Bergbau und Hüttenbetrieb, Oberhausen, Rhld.,
Lothringer Hüttenverein in Aumetz-Friede, Kneuttingen,
Deutsche Babcock und Wilcox-Dampfkesselwerke A.-G., Oberhausen,
Gouvy & Cie., Stahlwerke, Oberhomburg, Lothringen,
Adolf Bleichert & Co., Leipzig-Gohlis,
Delbrück Leo & Co., Berlin,
Heintze & Blankertz, Berlin,
Generaldirektor a. D. Wilhelm von der Nahmer, Düsseldorf,
Spratt's Patent A.-G., Rummelsburg-Berlin,
Elektrizitäts-A.-G., vorm. Hermann Pöge, Leipzig,

Ihren Austritt aus dem Centralverband haben angemeldet:

Verband deutscher Jalousie- und Rolladenfabriken, G. m. b. H., Stuttgart (infolge Liquidation),
Stanzblechverband, Hagen,

Preisvereinigung mitteldeutscher Braunkohlenwerke, G. m. b. H., Halle a. S. (infolge Ablauf des Gesellschaftsvertrages),
Verband deutscher Messingwerke, Köln (infolge Liquidation),
Ausschuß der Ton-, Zement- und Kalkvereine, Berlin (infolge Auflösung),
Verkaufsstelle der deutschen Gas- und Siederohrwerke, G. m. b. H., Düsseldorf (infolge Liquidation),
Verkaufsverein der Sächsischen Braunkohlenwerke, Leipzig (infolge Auflösung),
Fuldaer Stanz- und Emaillierwerke, F. C. Bellinger, Fulda,
Rugendas & Cie., G. m. b. H., Augsburg,
Duisburger Margarine-Fabrik Schmitz & Loh, Duisburg,
Dr. Georg Doertenbach, Stuttgart,
G. Siegle & Co., G. m. b. H., Stuttgart,
J. P. Bemberg A.-G., Barmen-Rittershausen,
Junker & Ruh, Karlruhe,
Dr. G. Leube, Ulm/Donau,

Ferner sind durch den Tod ausgeschieden:

Generalkonsul Ed. Dubbers, Bremen,
Geh. Hofrat Dr. Felix Hecht, Mannheim,
Direktor Herm. F. Upmann, Bremen,
Geh. Finanzrat Dr. ing. Jencke, Dresden.

Dem Centralverband gehören nunmehr, abgesehen von den Einzelmitgliedern, 195 korporative Vereine und Verbände, Handels- und Gewerbekammern, Syndikate und Berufsgenossenschaften an. Nicht allein als Einzelmitglieder, sondern auch durch die korporativen Verbände sind Gewerbetreibende aller in Deutschland vorhandenen Industriezweige dem Centralverband bzw. der Kartellstelle des Centralverbandes als Mitglieder angeschlossen, und es sind nicht nur diejenigen Industriezweige, welche Rohstoffe fördern, sondern auch diejenigen Industrien, welche Hilfsstoffe und Halbfabrikate herstellen oder Fertigfabrikate erzeugen, im Centralverbande durch maßgebende Persönlichkeiten vertreten. Auch die Inhaber landwirtschaftlicher Nebengewerbe gehören ihm als Mitglieder an. Ferner darf nicht unerwähnt bleiben, daß alle Gewerbezweige, welche den Gewerbekammern der drei Hansestädte angehören, mittelbare Mitglieder des Centralverbandes sind. Es muß daher auch an dieser Stelle wiederholt und mit Nachdruck der von mancher Seite immer wieder aufgestellten Behauptung entgegengetreten werden, daß im Centralverband nur die sogenannte schwere Industrie vertreten sei.

Der Verkehr zwischen den Behörden und dem Centralverbande ist auch in der Berichtsperiode recht lebhaft gewesen. Die dem Centralverbande zugegangenen Mitteilungen seitens des Herrn Reichskanzlers, des Auswärtigen Amts, des Reichsamts des Innern, des Reichskolonialamts, des Ministeriums für Handel und Gewerbe usw. sind, wo es angezeigt erschien, durch Rundschreiben verbreitet oder auch in unserem Organ, der „Deutschen Industrie-Zeitung", bekanntgegeben worden. Wo aber der vertrauliche Charakter eine solche Verbreitung nicht zuließ, ist den Interessenten in anderer Weise Kenntnis von den behördlichen Erlassen gegeben worden. Es sind ferner in zahlreichen Fällen Gutachten von dem Centralverbande eingefordert worden, die in entsprechender Weise erstattet wurden.

Auf dem Gebiet der Handelspolitik hat der Centralverband bezüglich der Neuregelung unserer handelspolitischen Beziehungen zu Schweden sowie zu Japan die Wünsche der Industrie in wiederholten Eingaben den maßgebenden Stellen unterbreitet sowie auch Sachverständige zu mündlichen Verhandlungen über die einschlägigen Verhältnisse entsendet. Ferner hatte das Direktorium des Centralverbandes den Herrn Reichskanzler in einer Eingabe gebeten, den Abschluß eines Meistbegünstigungsvertrages mit Brasilien in ernsteste Erwägung zu ziehen und zu betreiben, zunächst jedoch keine Mittel unversucht zu lassen, um der deutschen Einfuhr in Brasilien so schleunig als möglich die gleichen Vorteile zuzuwenden, die die Ausfuhrartikel der Vereinigten Staaten dort genießen.

Sehr eingehende Gutachten hat der Centralverband unter Berücksichtigung der allgemeinen wirtschaftlichen Verhältnisse und Abwägung der einzelnen Wünsche der hier in Betracht kommenden Interessenten erstattet in bezug auf den Veredelungsverkehr: u. a. den ständigen Eigenveredelungsverkehr mit Dampfkesselteilen der Tarifnummer 798/99 (Vorderböden, Hinterböden, Sektionskammern, Stutzen und Querkasten), die aus England bezogen und im Inlande in zur Ausfuhr bestimmte sogenannte Patentwasserrohrkessel eingebaut werden sollen;

den ständigen Veredelungsverkehr mit rohen, nur gewalzten englischen Stahlblechen (Tarifnummer 786), die im Inland zu Gatter-, Schrott- und Holzkreissägen (Tarifnummer 811) verarbeitet werden sollen;

den Veredelungsverkehr mit englischen Eisenblechen, die im Inlande durch Pressen und Stanzen zu Dampfkesselböden, sogenannten Spezialböden und zu Wellrohren verarbeitet und demnächst wieder nach England ausgeführt werden sollen;

den ständigen Veredelungsverkehr mit polierten englischen Eisenblechen (Glattblechen) der Tarifstelle 787. Die Bleche sollten in den Gewerberäumen der Gesuchstellerin für eigene Rechnung durch Wellen, Richten und Spannen zu Wellblech der Tarifnummer 789 verarbeitet und sodann nach Belgien zurückgeliefert werden, um dort bei der Herstellung von Rolläden Verwendung zu finden;

den aktiven Lohnveredelungsverkehr mit rohen Stahlgußteilen der Tarifnummer 798;

den ständigen Eigenveredelungsverkehr mit Rohluppen, die in Belgien aus Stahlblöcken gewalzt und etwas gezogen und sodann im Inlande zu Scheiden für Infanterie- und Kavalleriesäbel und Lanzenschäfte verarbeitet werden sollen;

den ständigen Eigenveredelungsverkehr zu a) mit ausländischen geschmiedeten oder gewalzten Kupferblechen der Tarifnummer 870, rechtwinklig oder in Segmentform geschnitten, zur Herstellung von Braukesseln (Braupfannen) und b) mit gewalzten Messingblechen derselben Tarifnummer, rechtwinklig oder in Segmentform geschnitten, zur Herstellung von Läuterböden für Brauerei- und Brennereizwecke;

den ständigen Lohnveredelungsverkehr mit bearbeiteten Lampenteilen aus Eisenblech der Tarifnummer 799;

den Veredelungsverkehr mit Stahlplatinen. Die Platinen (gewalzt, nicht gerichtete Flachstäbe von etwa 200 mm Breite und 35 mm Dicke, Tarifnummer 784) sollen in einer Länge von etwa 3 m aus Oesterreich eingeführt und zu Bandeisen von 200 mm Breite und 3 mm Dicke, in Form von Bunden aufgebunden (Tarifnummer 785), verarbeitet werden;

den ständigen Eigenveredelungsverkehr mit rohen, ausländischen Gehäusen aus nicht schmiedbarem Eisenguß für elektrische Maschinen (Tarifnummer 782);

den ständigen aktiven Eigenveredelungsverkehr mit schwedischen schweißeisernen Rohluppen der Tarifnummer 784, die zur Herstellung von geschweißten Röhren verwendet werden sollen. Aus den eingeführten Rohluppen (Rohflachschienen) werden zunächst Streifen gewalzt und aus diesen Streifen im weiteren Walz- und Schweißverfahren die Röhren — Tarifnummer 794 — hergestellt.

Die Zollauskunftsstelle des Centralverbandes ist auch in der Berichtsperiode in sehr umfangreicher Weise von den Mitgliedern in Anspruch genommen worden. Es wurde schriftlich wie auch mündlich Auskunft erteilt über die bestehenden Handelsverträge, die Zollverhältnisse und Zollsätze nachstehender Länder:

Belgien, Bulgarien, Dänemark, Frankreich, Griechenland, Großbritannien, Niederlande, Norwegen, Oesterreich-Ungarn, Portugal, Rumänien, Rußland, Schweden, Schweiz, Serbien, Spanien und der Türkei. Von den außereuropäischen Ländern kamen bei den Anfragen namentlich folgende Staaten in Betracht: Vereinigte Staaten von Amerika, Argentinien, Chile, Kanada, Aegypten, Französische Kolonien, Italienische Kolonien, Japan.

Ferner wurde dem Centralverband eine Reihe von Zollbeschwerden seitens seiner Mitglieder, die sich auf die Zolltarife der Vertragsstaaten bezogen, übermittelt. Dem Centralverband ist es in den meisten Fällen gelungen, eine Abstellung dieser Beschwerden in den einzelnen Vertragsstaaten zu erwirken.

Von dem Herrn Staatssekretär des Innern wurde der Centralverband unter dem 22. März 1910 aufgefordert, drei weitere Sachverständige in den Wirtschaftlichen Ausschuß zu benennen, dessen Mitgliederzahl inzwischen auf 48 erhöht worden ist. Das Direktorium hat dem Herrn Staatssekretär als Vertreter der Papierindustrie Herrn Richard Brückner in Calbe, Vorsitzenden des Vereins deutscher Papierfabrikanten, als Vertreter der elektrischen Industrie Herrn Geh. Regierungsrat Dr. ing. Wilhelm von Siemens-Berlin, als Vertreter der Eisen- und Stahl-Industrie Herrn Kommerzienrat Hugo Röchling in Völklingen, Vorsitzenden des Stahlwerksverbandes, in Vorschlag gebracht. Die genannten Herren wurden berufen.

Alsdann sind auf Vorschlag des Centralverbandes von dem Herrn Staatssekretär des Innern an Stelle des ausgeschiedenen Herrn Kommerzienrat Lang in Blaubeuren Herr Kommerzienrat Heinrich Otto in Stuttgart und als Vertreter der Tuch- und Wollenindustrie Herr Geh. Kommerzienrat Dr. Delius, Vorsitzender der Handelskammer zu Aachen, in den Wirtschaftlichen Ausschuß berufen worden.

In den „Monatlichen Ausweisen über den auswärtigen Handel Deutschlands" des Kaiserlichen Statistischen Amts waren bis April 1909 bei den einzelnen Positionen für die Einfuhr getrennte Zahlenangaben für alle Waren, die verschiedenen Zollsätzen unterliegen, sowie für den Veredelungsverkehr, für die zollfreie Einfuhr von Rückwaren, ferner für Bewohner der Grenzbezirke und für den Bedarf für deutsche Schiffe und zum Schiffbau veröffentlicht worden. Seit dem Monat Mai 1909 wurde nur die Gesamtzahl bei der Einfuhr mitgeteilt; die getrennten Zahlen kamen in den Monatsheften in Fortfall und sollten nur noch in den Jahresbänden der Statistik des Deutschen Reiches bekanntgegeben werden. Gegen diese Beschränkung, welche in vielen Industriezweigen nachteilig empfunden wurde, hatte der Centralverband

Deutscher Industrieller in einer Eingabe an den Staatssekretär des Innern Stellung genommen. Hierauf ist von dem letzteren dem Centralverband die Mitteilung zugegangen, daß das Kaiserliche Statistische Amt angewiesen worden ist, in den monatlichen Nachweisungen über den auswärtigen Handel Deutschlands die Angabe über den Veredelungsverkehr, die verschiedenen Arten der Zollbefreiungen und der Verzollungen zu den einzelnen Zollsätzen im früheren Umfang wieder aufzunehmen. In den Ausweisen über den auswärtigen Handel Deutschlands für den Monat März 1910 und folgende ist das frühere Verfahren wieder angewandt.

Zur Förderung des deutschen Exports wurde im Centralverband am 25. Juni 1909 eine Sitzung abgehalten, über deren Verhandlungen wir auf das in Heft 116 Seite 98 ff. abgedruckte stenographische Protokoll hinweisen.

Am 20. Februar 1910 fand sodann auf Veranlassung des Centralverbandes unter dem Vorsitz des Herrn Landrat a. D. Rötger im Hotel Adlon in Berlin eine Besprechung über eine Reihe von Fragen der Exportpropaganda statt, zu welcher nicht nur zahlreiche Vertreter der beteiligten Industriezweige, sondern auch der größeren Verbände der Exporteure eingeladen und erschienen waren. Es handelte sich namentlich um die Beurteilung der Zweckmäßigkeit von Vorschlägen betreffend die Schaffung eines Exportadreßbuchs; aber auch Vorschläge lagen vor, die sich auf die Herstellung von Katalogen und Prospekten, auf ein schwimmendes Musterlager u. a. bezogen. Die in der Versammlung anwesenden Vertreter der Industrie und des Exportgeschäftes schlossen sich im wesentlichen der Anregung an, es möchte durch den Centralverband eine ständige Kommission geschaffen werden, in welcher alle auf den Export bezüglichen Projekte und Fragen gemeinschaftlich von den Vertretern der Industrie und des Exportgeschäftes beraten werden. Es wurde in Aussicht genommen, diese Anregung weiter zu verfolgen.

Zur Förderung des deutschen Exports, insbesondere nach England und den englischen Kolonien, konnte der Centralverband auch im einzelnen erheblich beitragen, indem er eine große Anzahl — im Jahre 1910 reichlich 200 — englischer Anfragen nach deutschen Bezugsquellen, welche das deutsche Generalkonsulat in London ihm übersandte, entsprechend beantwortete und deutsche Firmen mit den englischen Kunden in Verbindung setzte. Auch den maßgebenden Behörden in Spanien gegenüber hat sich der Centralverband letzthin auf besonderen Wunsch bereit erklärt, im Interesse der Förderung des deutschen Exports die Vermittelung zwischen spanischen und deutschen Geschäftshäusern zu übernehmen und spanischen Interessenten, soweit tunlich, deutsche Bezugsquellen von Industrieerzeugnissen namhaft zu machen. Eine gleiche Vermittelung hat der Centralverband anderen Staaten gegenüber, wie z. B. im Verkehr mit der Schweiz, wiederholt ebenfalls übernommen.

Der Centralverband hat während der letzten drei Jahre die deutsche Schule für Chinesen in Tientsin mit einem Jahresbeitrage von 2100 Mark unterstützt, der von denjenigen seiner Mitglieder aufgebracht wurde, die ein Interesse am chinesischen Markt haben. Das Direktorium beschloß in seiner Sitzung vom 11. April 1910 von einer weiteren Unterstützung der Schule in Tientsin durch den Centralverband wegen der so vielfachen anderweitigen Inanspruchnahme seiner Mitglieder Abstand zu nehmen. Es hatte dabei angenommen, daß die Regierung und der Reichstag die weiteren Mittel für die Unterhaltung dieser Schule gewähren werden.

Der Centralverband war auf Anregung des Stahlwerksverbandes an den Herrn Minister der öffentlichen Arbeiten mit dem Ersuchen herangetreten, endlich mit einer Ermäßigung der Eisenbahntarife einen Anfang zu machen. Er wurde gebeten, die **Abfertigungsgebühr** zu ermäßigen, da die bisherigen Gebühren im Hinblick auf die vielfache Einstellung von Wagen mit höherer Tragkraft als 10 t nicht mehr berechtigt, sondern zu hoch erschienen. Da sich aber der Herr Minister bis dahin passiv verhalten hatte, so wurde das Gesuch erneuert. In der Eingabe, welche zu diesem Zweck der Centralverband unter dem 17. Mai 1909 dem Minister unterbreitete, wurde darauf hingewiesen, daß, während in andern Staaten die Gütertarife ermäßigt wurden, bei uns auf diesem Gebiet seit einem Jahrzehnt ein völliger Stillstand herrschte. Der Durchschnittssatz der Frachtgebühr, die Einnahme für ein Tonnenkilometer betrug 1879: $4{,}_{52}$ Pf, 1889: $3{,}_{81}$ Pf., 1899: $3{,}_{55}$ Pf., 1906: $3{,}_{55}$ Pf., 1907: $3{,}_{54}$ Pf. Im Jahre 1908 aber belief sich laut dem kürzlich vom Minister v. Breitenbach dem Abgeordnetenhause vorgelegten Rechenschaftsbericht die Einnahme für ein Tonnenkilometer auf $3{,}_{56}$ Pf. Danach haben die Gütertarife im ganzen neuerdings eine Erhöhung erfahren und waren 1908 so hoch wie vor einem Jahrzehnt. Auf diese Eingabe ist von dem Herrn Minister eine Antwort dem Centralverband zugegangen, die folgendermaßen lautet: „Von der Eingabe vom 17. v. M., betreffend die Ermäßigung der Abfertigungsgebühren, habe ich mit Interesse Kenntnis genommen. Der Inhalt der Denkschrift wird als schätzbares Material für die weiteren Entschließungen der Reichseisenbahnverwaltung dienen."

Der Centralverband Deutscher Industrieller war vom Reichseisenbahnamt zu einer gutachtlichen Aeußerung über den Entwurf eines internationalen Uebereinkommens über den Personen- und Gepäckverkehr aufgefordert. Er hat eine Rundfrage bei seinen Mitgliedern veranstaltet und dabei festgestellt, daß in den Kreisen der Industrie lebhafte Befriedigung über die Anbahnung eines solchen Abkommens bestehe, sowie daß das Zustandekommen der geplanten Vereinbarung als ein bedeutungsvoller Fortschritt im internationalen Verkehr begrüßt werden könnte. Um die Verhandlungen nicht zu erschweren, hat der Centralverband seine einzelnen Abänderungsvorschläge in engen Grenzen gehalten. Er wünschte u. a., daß bei der Bestimmung, wonach die Eisenbahn für ihre Leute und für andere Personen haftet, deren sie sich bei Ausübung der Beförderung bedient, klargestellt würde, ob hier die Gepäckträger inbegriffen sind oder nicht. Das erstere wäre wünschenswert und ist in der am 1. April 1909 in Geltung getretenen Reichseisenbahn-Verkehrsordnung, wie auch in den Vereinbarungen des Deutschen Reichs mit Oesterreich-Ungarn bereits festgelegt. Eine gleichlautende Regelung dürfte daher zu erstreben sein. Als eine wesentliche Erleichterung des Verkehrs begrüßte der Centralverband die Bestimmung, wonach innerhalb der Geltungsdauer des Fahrtausweises der Reisende berechtigt ist, die Fahrt auf Zwischenstationen zu unterbrechen, und zwar um so mehr, als die entsprechende Vorschrift der deutschen Eisenbahn-Verkehrsordnung eine gegenteilige Interpretation zuläßt. Der Wunsch des Centralverbandes ging dahin, daß, wie dies bereits in der Schweiz der Fall ist, der Reisende die Fahrt auf jeder Zwischenstation der Strecke, für die er eine Fahrkarte hat, auch ohne Formalitäten, insbesondere ohne daß ein weiterer Nachweis gefordert wird, unterbrechen darf. Bezüglich der Verspätung und des Ausfalles von Zügen oder Betriebsstörungen wünschte der Centralverband, daß in das internationale Uebereinkommen die Bestimmung der deutschen Eisenbahn-Verkehrsordnung übernommen werde, wonach in solchen Fällen einer ohne das Verschulden des Reisenden verhinderten vollen Durchführung der Reise ihm auf seinen Wunsch freie Rückbeförderung mit dem nächsten günstigsten Zug auch in der nächsthöheren Klasse zu gewähren ist, wenn dieser Zug die vom Reisenden bezahlte Wagenklasse nicht enthält. Eine weitere Anregung des Centralverbandes ging dahin, daß es dem Reisenden wahlweise überlassen werden sollte, die Zollrevision seines Gepäcks an der Grenze oder an der Bestimmungsstation, falls an derselben ein geeignetes Zollamt vorhanden ist, vornehmen zu lassen, doch müßte diese Bestimmung bei der Aufgabe des Gepäcks getroffen und auf Gepäck und Gepäckschein vermerkt werden. Schließlich wünschte der Centralverband in das internationale Uebereinkommen eine der Bestimmung der deutschen Eisenbahn-Verkehrsordnung über Zahlungsmittel entsprechende Vorschrift aufgenommen zu sehen. Danach ist außer den gesetzlichen Zahlmitteln, wo das Bedürfnis besteht, auch das in den Nachbarländern gesetzlichen Kurs besitzende Gold- und Silbergeld anzunehmen. Den Annahmekurs setzt die Eisenbahn fest und veröffentlicht ihn bei den Abfertigungsstellen durch Schalteraushang.

In den Ausschuß der Verkehrsinteressenten der Ständigen Tarifkommission der deutschen Eisenbahnen sind von dem Direktorium an Stelle des zurückgetretenen Herrn Oberregierungsrat Schrödter Herr Kommerzienrat Theodor Simon, in Firma Carl Simon Söhne-Kirn a. d. Nahe, ferner an Stelle des ausgeschiedenen Herrn Scheidtweiler Herr Baurat Beukenburg-Dortmund und als Stellvertreter des Herrn Beukenburg Herr Generaldirektor Bergrat Williger-Kattowitz zur Wahl vorgeschlagen worden.

Am 3. März 1910 hat der Centralverband eine Besprechung über die gegenwärtig geltenden Bestimmungen der Gewerbeordnung über genehmigungspflichtige Anlagen (§§ 16 ff. RGO.) mit einer Reihe seiner an dieser Frage interessierten Vereine abgehalten. In dieser Besprechung wurde in den verschiedenen Hauptfragen vollständiges Einvernehmen erzielt dahin, eine Abhilfe für die aus dem § 16 ff. der Gewerbeordnung bzw. aus ihrer Anwendung sich ergebenden vielfachen Mißstände zunächst nicht auf dem Wege der Reichsgesetzgebung durch Abänderung der Gewerbeordnung, sondern auf dem Verwaltungswege durch eine Eingabe an die zuständigen Landesregierungen zu erstreben.

Hierauf wurde eine ausführlich begründete Eingabe an den preußischen Minister für Handel und Gewerbe gerichtet, welche zugleich dem Reichsamt des Innern und den Regierungen der Bundesstaaten zur Kenntnisnahme mitgeteilt wurde. In der Eingabe wurde insbesondere um die Berücksichtigung folgender Hauptpunkte gebeten: Tunlichste Beschleunigung des Verfahrens; entsprechende Mitwirkung von Sachverständigen bei den Genehmigungsbehörden; Vermeidung von allzuvielen Bedingungen und Auflagen bei der Erteilung und Handhabung der Konzessionen; sachentsprechende, möglichst gleichmäßige Anweisungen an die Genehmigungsbehörden und besonders an die Gewerbeaufsichtsbeamten wegen Handhabung der §§ 16 bis 25 der Gewerbeordnung, namentlich wegen der Behandlung von Aenderungen bei bestehenden Anlagen.

In Verfolg dieser Eingabe hatte der Herr Minister in Aussicht genommen, unter dem Vorsitz des Herrn Unterstaatssekretärs eine Besprechung der Beschwerdepunkte zwischen den Referenten des Ministeriums und Vertretern einiger in erster Linie daran interessierten

Erwerbskreise zu veranstalten. Der Centralverband wurde ersucht, zu diesem Zweck eine kleinere Anzahl Industrieller zu benennen.

Diese Verhandlungen fanden Ende November im Ministerium für Handel und Gewerbe in Berlin statt. Die Verhandlungen, welche sechs Stunden in Anspruch nahmen, leitete Herr Unterstaatssekretär Schreiber, unterstützt von Räten der zuständigen Dienstzweige. Wenn auch Meinungsverschiedenheiten bestehen blieben, so ist zu hoffen, daß die Aussprache doch nach einzelnen Richtungen befriedigende Erfolge zeitigen wird.

In Angelegenheit der Konkurrenzklausel hatte das Direktorium entsprechend den früheren Beschlüssen des Centralverbandes eine Eingabe an den Herrn Minister für Handel und Gewerbe unter dem 22. August sowie eine weitere unter dem 9. November 1910 gerichtet.

Das Direktorium hatte sich in seiner Sitzung vom 12. September mit der Reform des Strafgesetzbuches bezüglich Streikpostenstehen, Koalitionszwang und Beleidigungen durch die Presse sehr eingehend beschäftigt. Es beschloß unter Berücksichtigung der Eingabe, welche der Arbeitgeberverband in Köln dem Reichsjustizamt unterbreitet hatte, in dieser Hinsicht eine Denkschrift zur großen Strafgesetzbuchnovelle durch die Geschäftsführung anfertigen zu lassen, vorher aber in der Angelegenheit des Streikpostenstehens durch Umfrage bei den Mitgliedern des Centralverbandes noch mehr tatsächliches Material zu sammeln.

Wegen der einschränkenden Bedingungen von Behörden usw. bei Submissionen beschloß das Direktorium, nach dem Ergebnis der von ihm veranstalteten Rundfrage nicht öffentlich im Wege von Eingaben, sondern gelegentlich mit den betreffenden Behörden sich persönlich ins Einvernehmen zu setzen.

Hinsichtlich des Entwurfs einer Reichsversicherungsordnung hat der Centralverband eine Eingabe unter dem 26. Mai 1909 an den Bundesrat und eine solche unter dem 19. Februar d. J. an den Herrn Reichskanzler gerichtet. Ferner trafen auf Anregung der Geschäftsführung des Centralverbandes der Verband deutscher Berufsgenossenschaften, sowie der Verband zur Wahrung der Interessen der deutschen Betriebskrankenkassen mit dem Centralverband zusammen, um die von seiten der Industrie gegen die Bestimmungen der Reichsversicherungsordnung zu erhebenden Bedenken den Mitgliedern der Reichstagskommission gegenüber gemeinsam zu vertreten und den Abgeordneten alles in bezug auf die Verhandlungen der Kommission erforderliche einschlägige Material zur Verfügung zu stellen.

Die Erledigung des Zuwachssteuergesetzes wurde bekanntlich vom Reichstag im Mai v. J. bis zum Herbst vertagt, was wohl im wesentlichen durch die vielfachen und überzeugenden Vorstellungen aus den weitesten Interessentenkreisen veranlaßt worden ist. Der Centralverband Deutscher Industrieller hat, nach verschiedenen anderen von ihm in dieser Angelegenheit unternommenen Schritten, noch am 3. Mai 1910 sämtlichen Reichstagsabgeordneten eine Darstellung persönlich übersandt, in welcher der Grundgedanke, vom Wertzuwachs bei Grundstücken, insoweit er „ohne Zutun des Eigentümers" entstanden ist, eine Abgabe zu Reichszwecken zu erheben, durchaus anerkannt wird, aber die schweren Unbilligkeiten bekämpft werden, mit denen der vorliegende Entwurf auch den vom Eigentümer bezw. Unternehmer hervorgerufenen Wertzuwachs allgemein und u. a. namentlich bei Bergwerken belastet.

Bezüglich der preußischen Wahlrechtsreform hatte das Direktorium beschlossen, keine Stellung seitens des Centralverbandes zu nehmen.

In Sachen der preußischen Verwaltungsreform hatte das Direktorium zunächst mit Rücksicht auf die Tätigkeit der Königlichen Immediatkommission durch Rundschreiben vom 22. Januar d. J. die Mitglieder gebeten, ihm die Wünsche, welche die Industrie zur Verwaltungsreform geltend zu machen hat, zu unterbreiten. Insbesondere wurde Material aus der Praxis an der Hand tatsächlicher einzelner Fälle erbeten, aus dem hervorgeht, daß infolge der gegenwärtigen Organisation der Behörden und ihres Geschäftsganges sich Unzuträglichkeiten und Verzögerungen für die Industrie ergeben und namentlich auch durch die bisherige Handhabung der Geschäfte unnötige Kosten verursacht werden.

In seiner Sitzung vom 12. September d. J. gelangte das Direktorium nach Kenntnisnahme des bei dem Centralverband eingegangenen Materials zu der Ueberzeugung, daß, wenn der Centralverband sich überhaupt mit dieser Sache beschäftigt, er nicht bloß Beschwerden, sondern auch positive Vorschläge vorzubringen habe. Es ist daher beschlossen worden, eine Kommission einzusetzen, welcher die Herren Landrat Rötger, Geheimrat Koenig, Geheimrat Vorster und der jetzige Geschäftsführer, Regierungsrat a. D. Dr. Schweighoffer, angehören. Die Kommission soll zunächst darüber beraten, in welchem Umfang und in welchen Punkten der Centralverband sich eingehender mit der Sache befassen soll, worauf die Durchberatung der betreffenden Gegenstände zu erfolgen hat.

Wegen der erschwerenden Bedingungen, die von Industriellen bei ihren Aufträgen an Industrielle gestellt werden, hatte das Direktorium in Aussicht genommen, unter der Hand bei dem

Vorsitzenden von den Verbänden, in deren Bereich die Klagen hauptsächlich auftreten, auf Abhilfe hinzuwirken. Es handelt sich hauptsächlich um die mit der Aufzwingung von Gegenaufträgen bestehenden unleugbaren Mißstände.

Die dem Centralverband angeschlossenen Kartelle und Syndikate waren am 9. November 1909 zu einer Versammlung nach Berlin berufen, in welcher Vorträge über Kartellwesen, über die jüngste rechtliche und tatsächliche Entwickelung und über Wesen und Entwickelung der Textilkartelle erstattet wurden, an welche sich eine eingehende Erörterung anschloß. Eine weitere Versammlung fand am 10. Dezember 1910 statt, auf deren Tagesordnung die Rechtsprechung im Kartellwesen und die Vereinigungen in der Ziegelindustrie Deutschlands standen. Eine Besprechung über wichtige Rechtsfragen auf dem Kartellgebiet ist für Februar 1911 anberaumt.

Außerdem hat die Kartellabteilung des Centralverbandes in einer Reihe von Fällen auf Ansuchen Gutachten bei Neugründungen von Kartellen und Syndikaten und bei Streitigkeiten abgegeben.

Ueber die Errichtung eines Instituts für ausländisches Recht haben wir schon in Heft 115 unserer Verhandlungen, Mitteilungen und Berichte Seite 169, und in Heft 119, Seite 47ff, berichtet. Die Geschäftsführung des Instituts, das vorläufig dem Centralverband als besondere Abteilung angegliedert worden ist, liegt in den Händen des Geschäftsführers des Centralverbandes, Herrn Regierungsrat a. D. Dr. Schweighoffer. Alle Anfragen sind an die Geschäftsführung des Centralverbandes zu richten. Das Institut erteilt Auskünfte und erstattet Gutachten in allen ausländischen Rechtsfragen des öffentlichen und privaten Rechts, insbesondere gibt es auch im einzelnen Ratschläge darüber, ob sich eine Angelegenheit zur Rechtsverfolgung im Auslande eignet, und an welcher Stelle sie gegebenenfalls dort anhängig zu machen ist. Die in der Berichtsperiode erteilten Auskünfte erstrecken sich insbesondere auf folgende Länder: Belgien, Bulgarien, Dänemark, England, Frankreich, Italien, Rumänien, Rußland, Spanien, Türkei, Ungarn, Kanada und Vereinigte Staaten von Amerika. Ferner werden von dem Institut für ausländisches Recht zuverlässige auswärtige Rechtsanwälte empfohlen und auch Honorare mit diesen vereinbart. Um möglichst weiten Kreisen die Vorteile des Instituts zugängig machen zu können, ist ein Abonnement eingeführt worden, das mit 100 Mark beginnt. Hierfür werden fünf Auskünfte oder Gutachten erteilt. Abonnent kann jedes Einzelmitglied des Centralverbandes, auch jedes Mitglied einer ihm angeschlossenen Vereinigung werden: Letztere können nur für sich selbst, nicht für ihre Mitglieder abonnieren.

Ohne Abonnement erhalten Mitglieder des Centralverbandes oder einer ihm angeschlossenen Vereinigung Gutachten und Auskünfte zum Betrage von je 30 Mark. Wir machen auch an dieser Stelle alle Mitglieder des Centralverbandes auf die Vorteile aufmerksam, die dieses Institut insbesondere durch sein Abonnement bietet; die Kosten sind im Vergleich zu den sehr hohen Gebühren, die an Rechtsanwälte des In- und Auslandes zu zahlen sind, als ganz außerordentlich niedrig zu bezeichnen.

Der Patentausschuß des Zentralverbandes soll gemäß dem Beschluß des Direktoriums demnächst, sobald der vorläufige Entwurf für ein neues Patentgesetz zur Veröffentlichung gelangt, einberufen werden. Verhandlungen und Besprechungen über die von seiten der Industrie in bezug auf die Reform des deutschen Patentgesetzes geltend zu machenden Wünsche haben mit den dem Centralverbande angeschlossenen sowie den interessierten Verbänden bereits im Berichtsjahr wiederholt stattgefunden.

Das Direktorium hat sich wiederholt mit der Angelegenheit der Vertretung des Centralverbandes und der Interessen der Industrie in der Presse beschäftigt.

Ueber die Bildung eines industriellen Wahlfonds ist in der am 15. Oktober 1909 abgehaltenen Ausschußsitzung des Centralverbandes verhandelt worden. Die dort gebildete Kommission hat inzwischen eine Reihe von Sitzungen abgehalten. Vorsitzender derselben Herr Rechtsanwalt Wilhelm Meyer-Hannover; zum Geschäftsführer wurde Herr Flathmann gewählt. Seit Mitte Februar 1910 hat die Geschäftsstelle der Kommission ihre eigenen Bureauräume eröffnet.

Die für den Wahlfonds gezeichneten Beiträge der Mitglieder des Centralverbandes haben bereits eine namhafte Höhe erreicht.

Ueber die Begründung des Hansabundes und die Stellung des Centralverbandes zu ihm ist in der Ausschußsitzung am 15. Oktober 1909 ausführlich von dem Herr Vorsitzenden Bericht erstattet worden.

Auf Anregung des Herrn Oberbürgermeisters zu Dresden ist in Erwägung gezogen worden, im Sommer oder Herbst 1911 während der in Dresden stattfindenden internationalen Hygieneausstellung eine Versammlung der Delegierten abzuhalten.

Im übrigen wird auf die in Nr. 116—120 dieser Hefte enthaltenen Rundschreiben, Eingaben und Berichte hingewiesen, die ein umfassendes Material zur Beurteilung der Tätigkeit des Centralverbandes in der Berichtsperiode enthalten.

Druck: Deutscher Verlag (G. m. b. H.), Berlin SW 48.

Kolibri 360 GmbH
Ferdinand-Jühlke-Straße 7
99095 Erfurt, Deutschland
produktsicherheit@kolibri360.de